Deutschsprachige Literatur im Ausland

V&R

LiLi

Zeitschrift für Literaturwissenschaft und Linguistik

Herausgegeben von Helmut Kreuzer

In Verbindung mit Wolfgang Haubrichs, Wolfgang Klein, Brigitte Schlieben-Lange

Beiheft 13:

Deutschsprachige Literatur im Ausland

Vandenhoeck & Ruprecht · Göttingen

Deutschsprachige Literatur im Ausland

Herausgegeben von

Alexander Ritter

Vandenhoeck & Ruprecht · Göttingen

Adresse des Herausgebers

Studiendirektor Dr. Alexander Ritter, Arbeitsstelle Steinburger Studien, Ferdinand-Sauerbruch-Str. 2, D – 2210 Itzehoe.

Adressen der Autoren

Professor Dr. Annelore Engel-Braunschmidt, Slavisches Seminar der Universität Hamburg, Von-Melle-Park 6, 2000 Hamburg 13.

Professor Dr. Adrien Finck, 47, route de la Meinau, F – 67 100 Strasbourg.

Professor Dr. Fernand Hoffmann, 76, rue Marie-Adélaïde, L – 2128 Luxembourg.

Professor Dr. Ernst Leonardy, Eversestraat 31, B – 1940 Sint-Stevens-Woluwe.

Professor Dr. Peter Hans Nelde, Forschungsstelle für Mehrsprachigkeit, Vrijheidslaan 17, ave de la Liberté, B – 1080 Brüssel

Professor Dr. Erika Nielsen, 2424 Swift, Houston, TX 77 030, USA.

Dr. Gerhard Riedmann, Nicolodistr. 28/64, I – 39 100 Bozen-Haslach.

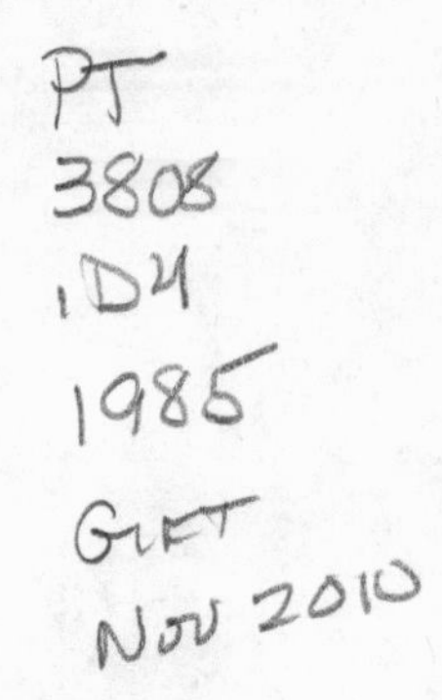

CIP-Kurztitelaufnahme der Deutschen Bibliothek

Deutschsprachige Literatur im Ausland /
hrsg. von Alexander Ritter. –
Göttingen : Vandenhoeck und Ruprecht, 1985.
(Zeitschrift für Literaturwissenschaft und Linguistik : Beiheft ; 13)

ISBN 3-525-21014-0

NE: Ritter, Alexander [Hrsg.]; Zeitschrift für Literaturwissenschaft und Linguistik / Beiheft

Satz: Tutte Druckerei GmbH, Salzweg-Passau
Druck und Einband: Verlagsdruckerei E. Rieder, Schrobenhausen
Printed in Germany

Inhaltsverzeichnis

Helmut Kreuzer

Vorwort

Deutschsprachige Literatur in Europa außerhalb Österreichs, der Schweiz und der beiden deutschen Staaten ist Gegenstand dieses Bandes. Sein Herausgeber, Alexander Ritter, gilt als der verdienstvollste, am vielseitigsten engagierte unter den jüngeren Forschern der Bundesrepublik auf diesem Gebiet, das er selber mit einer knapperen terminologischen Formel als „deutschsprachige Literatur des Auslands" bezeichnet. Der Band bezweckt, die angesprochenen, gegenwärtig von der Germanistik (wie von der überregionalen Literaturkritik) der deutschsprachigen Länder vernachlässigten Literaturbereiche stärker ins fachliche Bewußtsein der Literaturwissenschaften zu rücken (längerfristig und mittelbar, über Multiplikatoren, vielleicht auch in das breitere literarische Bewußtsein). Das erscheint sachlich geboten; es erscheint auch aussichtsreicher als in früheren Jahrzehnten.

Es erscheint sachlich geboten, weil diese Literaturen pauschal nur von Unwissenden als kulturelle quantités négligeables abgetan werden (wie die Autoren der nachfolgenden Beiträge kritisch differenzierend belegen). Mit ihrer vergleichenden, interdisziplinären Betrachtung läßt sich die Erweiterung unseres fachlichen Horizontes produktiv fortsetzen, die sich, vor allem seit den sechziger Jahren, z. B. in den Forschungen und Editionen zur Exilliteratur, zu sozialistischen und feministischen Literaturtraditionen, zur modernen Medien- und zur älteren Populärkultur, neuerdings auch zur sogenannten „Gastarbeiter"-Kultur bzw. zur Ausländerliteratur in Deutschland erfolgreich manifestiert.

Die überregionale germanistische Beachtung der hier thematisierten Gegenstände ist gegenwärtig wohl aussichtsreicher als bisher, weil der neue Regionalismus der siebziger Jahre diese Literaturen gestärkt und eine angemessenere Einstellung ihnen gegenüber vorbereitet hat. Die Vorbehalte der deutschen Nachkriegsgermanistik gegenüber einem einstmals exponierten und kulturpolitisch brisanten Forschungsfeld, auf dem sich nationalistische, völkische, faschistische Germanisten einen Namen gemacht hatten, spielen für die Germanistengeneration nach 1968 – in einem stark veränderten forschungsgeschichtlichen und europäisch-politischen Kontext – wohl keine nennenswerte Rolle mehr. Der kommunikationstheoretisch begründete Ansatz wesentlicher Richtungen literaturwissenschaftlicher Arbeit eignet sich besser als etwa der der „immanenten Interpretation" für Studien zu literarischen Komplexen, die unter den Bedingungen der Mehrsprachigkeit zumeist (das Luxemburger Beispiel weicht hier ab) von Minderheiten – Zuwanderern oder abgetrennten ethnischen Gruppen – hervorgebracht werden, innerhalb einer bestimmten Provinz eines ‚Nationalstaats' nichtdeutscher Prägung, mit Produktions-, Distributions-, Rezeptionsverhält-

nissen, die sich vom ‚literarischen Leben' beider deutscher Staaten beträchtlich unterscheiden.
Wie bei der erwähnten „Gastarbeiter"-Literatur (so verschieden diese im übrigen von den zum Teil sehr alten Literaturen ist, die dieser Band behandelt) kann nur von Fall zu Fall entschieden werden, in welchem Grad und in welchem Sinne ein Werk, ein Autor, eine Gruppe, eine Richtung (oft mit situationsbedingter Genre-Präferenz) einerseits der größeren Literatur zuzurechnen sind, deren Sprache sie gebrauchen, andererseits der anderssprachigen ‚Nationalliteratur' ihres staatlichen Umfeldes – bzw. wie weit sich aus den Charakteristika und Spezifika der jeweiligen Sondersituation ein Eigengepräge (mit engeren oder weiteren Wirkungschancen) ergibt.
Daß germanistisches Forschungsinteresse an den deutschsprachigen Regionalliteraturen im Gegenstandsbereich dieses Bandes neues Licht auf prominente Autoren werfen kann, hat sich bereits an Canetti und Celan erwiesen. Daß die größeren wie die kleineren Regionen der deutschsprachigen ‚Gesamtliteratur' von heute durch ‚Grenzgänger' untereinander verflochten sind, zeigt sich eben nicht nur an spektakulären ‚deutsch-deutschen' Fällen wie Hacks und Biermann, die als Wanderer zwischen politischen deutschen Welten im Rampenlicht des öffentlichen Interesses stehen, sondern auch an der wenig bekannten Biographie eines ‚Experimentellen' wie Oskar Pastior, der zur deutsch-rumänischen wie zur bundesrepublikanischen Gegenwartsliteratur gehört. Daß charakteristische Autoren einer Regionalkultur überregionale und internationale Wirkungschancen haben können (und also auch von Kritikern und Lesern hier in der Bundesrepublik Deutschland für sich zu entdecken wären), zeigt das Südtiroler Beispiel von Joseph Zoderer und Norbert Conrad Kaser – oder die begeisterte Aufnahme des neuesten Werkes der rumäniendeutschen Autorin Herta Müller. So ließe sich fortfahren, wenn dadurch nicht der Rahmen einer Vorbemerkung überschritten würde.
Vielleicht also kann dieser Band einen wirksamen Anstoß für die Integration *aller* deutschsprachigen Literaturbereiche in den Interessenspielraum auch der Germanistik deutschsprachiger Länder geben, nachdem bisher schon die Germanistik der jeweiligen nichtdeutschen Herkunftsstaaten deutschsprachiger Literatur fachliche Beiträge zu deren Geschichte und Kritik erbracht hat. Die Literaturwissenschaft allgemein wird zum Umgang mit diesem Gegenstand die Hilfe der Linguistik, der Soziologie und der politischen Geschichte brauchen; die Germanistik speziell wird notwendigerweise die Grenze zur Komparatistik überschreiten müssen. Sie kann nach übertragbaren Modellarbeiten anderer Disziplinen (z. B. der Amerikanistik und Hispanistik zur Literatur der Chicanos) Ausschau halten, und sie kann eine praktikable Wertungstheorie für solche Texte entwickeln, die nach ihren Voraussetzungen und Funktionen in der Regel eine ‚Provinzliteratur' darstellen, zugleich aber eine Dimension der Multinationalität aufweisen und vor ein permanentes Legitimations-, Identitäts- und Authentizitätsproblem gestellt sind, das sich in vielen formalen Spielarten zwi-

schen lokalpatriotischer „Heimatliteratur“, kritischem Realismus und abstrakt-austauschbarer Entfremdungsliteratur zum Ausdruck bringen läßt.
Der Bandherausgeber begründet, bestimmt und erläutert die angedeuteten Forschungsaufgaben in seiner Einleitung genauer als es meinem Vorwort möglich ist. Der Band hatte eine lange und schwierige Entstehungsgeschichte, die sich teils aus den Lebensumständen seines Herausgebers, teils auch aus der Rand- oder ‚Zwischenlage‘ seiner Gegenstände (jeweils gesehen aus der Perspektive etablierter Disziplinen) erklären läßt. Den Verfassern der Einzelbeiträge, hervorragenden Kennern der jeweiligen Materie, sind wir für ihre Geduld zu Dank verpflichtet.
Die ursprünglich geplante Einbeziehung der deutschsprachigen Gegenwartsliteratur außerhalb Europas hätte sich nicht ohne weitere Verzögerung und weitere Aufschwellung des Bandes realisieren lassen. So ist (auf der Basis jeweils regional begrenzter Vorarbeiten von Hartmut Froeschle, Lisa Kahn, Leslie Bodi, Hans-Bernd Moeller u. v. a.) ein Anschlußband zunächst zu Nord- und Südamerika und zu Australien ins Auge gefaßt. Kenner und Forscher sind zur Mitarbeit eingeladen.

Alexander Ritter

Germanistik ohne schlechtes Gewissen

Die deutschsprachige Literatur des Auslands und ihre wissenschaftliche Rezeption

I

Man kann nur hoffen, daß Elias Canetti es mit dem Langmut des souveränen Dichters verfolgt, wie seine eindringliche Metapher der abgeschnittenen Zunge, Sprachbesitz und Sprachverlust meinend, durch zu viele flinke Journalisten- und Philologenhände in den Essaymustern zum dekorativ farbigen Kreuzstich degeneriert.[1] Diese feuilletonistischen und literaturwissenschaftlichen Berichterstattungen haben Autor und Werk längst dem mitteleuropäischen und deutschen Literaturraum zugeordnet. Über den Ursprung der so zentralen Metapher spricht man wie über einen zeitlich und räumlich fernen, ja fremden biographischen Umstand. Sprachliche Diaspora, Literatur schreiben und lesen in Regionen der konkurrierenden Mehrsprachigkeit, sind weitgehend unerkannte Bedingungen, die das Bild von der Zunge bestimmen.
Elias Canetti, Paul Celan, Rose Ausländer und Czernowitz und die Bukowina, deutsche Sprache in dieser Region, die literarischen Ursprünge dort, die literarischen Folgen, nicht nur bezogen auf diesen Raum, sondern auch auf andere Regionen deutscher Sprache im Ausland, bleiben offenbar exotische Phänomene. Nur Insider scheinen sich auszukennen. Und so fügt es sich paradoxerweise, daß Literatur in deutscher Sprache, deutsche Literatur unter sprachlichen Minderheitenbedingungen, nicht nach sprachlich-literarischen Existenzumständen, sondern eher auch nationalstaatlichen Ansprüchen der Kulturpolitik eingeschätzt wird. Sehen wir es als literargeschichtliche Aussortierung, dann geht es um problematische Klassifizierungen, die Literaturen dieser Entstehungsbedingungen zu Zaungästen aus Nachbars kulturpolitischem Garten werden lassen, die hier bei uns, vom so eindeutigen, sicheren literarisch deutschen Binnenraum aus, gerade noch mit spröder Höflichkeit zur Kenntnis genommen werden.
Eine solche, eigenartige Parzellierung der literarischen Landschaft deutscher Sprache hat natürlich ihre langfristigen, weit in die Geschichte zurückreichenden Voraussetzungen, damit aber auch ihre philologisch noch kaum reflektierten Tabus und Vorurteile. Über Hinweise auf besonders wirksame Einzelereignisse und durch das Skizzieren von geistes- wie zeitgeschichtlichen Zusammenhängen, die diesen fragwürdigen Zustand berühren, lassen sich Konditionen erken-

1 Canetti, *Die gerettete Zunge*, S. 7f.

nen, welche die allgemeine Verlegenheit motivieren, mit der man deutscher Literatur begegnet, die von außerhalb der als verbindlich angenommenen deutschen Publikationsszene, des germanistischen Wissenschaftsbetriebes und einer unbestrittenen Kanonbildung deutscher Literatur kommt.
Die Literaturkritik der deutschen Gazetten und Wissenschaft zeigt seit 1945 ein sparsames, aber immer unsicheres Hantieren im seltenen Umgang mit den Themen ‚deutsche Sprache im Ausland' und ‚deutsche Literatur in sprachlichen Minderheitenregionen'. Rolf Michaelis läßt dem Verfasser für *DIE ZEIT* mitteilen, es fänden sich, aus Gründen begreiflicher kulturpolitischer Vorbehalte, keine Rezensenten für die Werke deutscher Autoren solcher Herkunft. Fritz Raddatz sekundiert mit dem Hinweis, man könne mit *ZEIT*-Feuilleton schon jetzt kaum die *ausländische* (sic!) Literatur bewältigen. Karl Krolows wohlwollende Besprechung des rumäniendeutschen Lyrikbandes *Steingeflüster* (1983) von Nikolaus Berwanger spart die besonderen literar- wie sozialgeschichtlichen Entstehungsbedingungen der Gedichte weitgehend aus.[2] Und der Germanist Gerd Müller hält literaturwissenschaftliche Beschäftigung mit solcher Literatur zwar einerseits für ‚sensationell', andererseits aber „für äußerst fragwürdig".[3] Es existiert allenthalben Unsicherheit in Kenntnis und Wertung, die offenbar auch zum auffällig unbegründeten Ausschluß dieser Literatur von allen derzeit verfolgten Großprojekten deutscher Literaturgeschichtsschreibung in Ost und West geführt haben. Horst Dieter Schlossers abschließende Anmerkungen u. a. zur deutschsprachigen Literatur auf dem vermutlich unbedruckten Bogenrest seines sehr nützlichen *Altas' zur deutschen Literatur* (1983) bestätigen die Versäumnisse.[4]
Wie bei Pawlows berühmtem Hund scheint es feste Reaktionsmechanismen zu geben: Die Bezeichnungen ‚deutschsprachige Literatur des Auslands', ‚deutsche Minderheitenliteratur' lösen etwa die Wortfolge auslanddeutsche Literatur – nationalsozialisische Kulturpolitik – Volkstum – fünfte Kolonne – Irredenta aus; denkbar aber ist auch die Sequenz Nadler/K. K. Klein – Deutschwissenschaft – ‚Sündenfall der Germanistik'. Beide Wortketten münden aber allemal zusammen in dem stereotypen Doppelurteil, in diesem thematischen Zusammenhang könne man eben kaum tätig werden – wegen der kulturpolitischen, fachwissenschaftlichen Belastung und einer literarästhetischen Geringwertigkeit.
Folgerichtig präsentieren journalistische und wissenschaftliche Berichterstatter den deutschen Lesern in Mitteleuropa ein um Literatur, Theater, um Kultur im weitesten Sinne amputiertes Bild der deutschsprachigen Minderheiten, um so vermeintlichen Konflikten mit kulturpolitischer und kulturgeschichtlicher Brisanz auszuweichen, weil literarisch-künstlerische Zusammenhänge zu referie-

2 Krolow, „Meine Gedanken sind Handgranaten".
3 Müller, „*Deutsche Gegenwartsliteratur*".
4 Schlosser, *dtv-Atlas zur deutschen Literatur*, S. 286.

ren, zu diskutieren, zu bewerten sind. Journalisten berichten über Ausreiseprobleme der Rumänien- und Sowjetdeutschen, über die Autonomiebestrebungen in Ostbelgien und Südtirol, über Nordschleswigs Bemühungen um politische Mitwirkung im Kopenhagener Folketing –, die davon an sich nicht trennbare Kulturszene der Minderheiten wird ausgeblendet. Soziologen analysieren Gruppenexistenz der deutschsprachigen Minderheiten in Dänemark, Belgien und Italien, Sozialhistoriker überprüfen Gesellschaftsentwicklung und Gesellschaftsstrukturen der deutschsprachigen Bevölkerung in Chile. Sprachwissenschaftler beschreiben Dialekte, Regiolekte, Mehrsprachigkeit bei den Sowjetdeutschen.[5] Regionalgeschichtliche Detaildarstellungen und Biographien leisten die Landsmannschaften und andere Verbände. Von der Literatur dieser Minderheiten aber ist kaum die Rede. Es muß der Eindruck entstehen, als handele es sich bei den deutschsprachigen Bevölkerungsgruppen im Ausland um aliterarische Bevölkerungsteile anderer Staaten, zufällig sich artikulierend u. a. auch in deutscher Sprache, aber letztlich doch nur existierend im Hinblick auf Assimilierung oder Rückwanderung.

Die Literaturwissenschaft in den vier mitteleuropäischen deutschsprachigen Staaten weiß um den fortwirkenden Zusammenhang von Literatur deutscher Sprache aus dem Ausland, politischem Kontext und eigener Wissenschaftsgeschichte. Das Nachdenken über diese Interdependenzen bleibt aber auch nach den ersten Ansätzen einer öffentlichen Diskussion auf dem Münchener Germanistentag 1966 weiterhin ausgespart. Die wenigen wichtigen Folgearbeiten zu diesem Komplex z. B. von Eberhard Lämmert, Carl Otto Conrady, Uwe Ketelsen, Norbert Oellers u. a. deuten auf dieses Dilemma eines Fachverständnisses und die noch ausstehende fachinterne Klärung.[6] Aber nicht nur dieser fachgeschichtliche Umstand wird als wesentliches Problem einer wissenschaftlichen Rezeption dieser Literatur genannt. Vielmehr verhindern die Bedingungen einer gültigen literarischen Kanonisierung im Bewußtsein der Öffentlichkeit und im Hochschulbetrieb zusammen genommen eine Erweiterung des literarischen Horizontes. Aber auch diese Begründung ist leicht relativierbar in ihrer Verbindlichkeit, wenn man daran denkt, wie ein kanonisierter Literaturbestand vom literarischen Marktgeschehen mitgesteuert wird, von Wissenschaftlerpersönlichkeiten und ihren Neigungen, von Forschungsprogrammen, von Modeerscheinungen in Kultur und Wissenschaft, von forschungsauslösenden Einzelereignissen, Materialvoraussetzungen, Finanzierungsmöglichkeiten usw.

Man kann also angesichts dieses Zustandes der Diskussion bei der Vermutung bleiben, hier werde ein legitimer Gegenstand der germanistischen Literaturwissenschaft – Literatur in deutscher Sprache - übersehen oder gar ausgegrenzt. Dies geschieht, weil ästhetische Geringwertigkeit – ein literarkritisch ungeprüf-

5 Vgl. z. B. die Arbeiten von Sievers; Eisermann/Zeh; Zeh; zur sowjetdeutschen Kulturszene vgl. die Arbeiten von Otto; Hooge; Vejlert.

6 Vgl. Lämmert; Conrady; Ketelsen; Oellers.

tes Urteil – gegen jede Beschäftigung mit solcher Literatur spreche; weil es rezeptionsgeschichtlich im nationalliterarischen Geviert von Österreich, Schweiz, DDR, Bundesrepublik Deutschland kein Publikum dafür gebe; weil literar- und fachgeschichtlich sich allzu rasch kulturpolitisch brisante Komplikationen einstellen könnten; weil Peter Pütz in seiner Sichtung der aktuellen Literaturgeschichtsschreibung zuzustimmen ist, daß der „Begriff der Geschichte" nicht ausreichend „reflektiert" ist, und weil das auch für die Bezeichnung *deutsche Literatur* gilt[7].
Aber so ist die Situation nun einmal: Was von der Literaturkritik und der Literaturwissenschaft in den vier genannten deutschsprachigen Staaten eben nicht beobachtet, gesammelt, dokumentiert, analysiert und bewertet worden ist, kann auch nicht über Medien multipliziert werden und ein Publikum finden, dem von den wesentlich weiter zu ziehenden Grenzen deutscher Literatur mitzuteilen ist. Diese Literatur deutscher Sprache in anderen Staaten – versäumte Reflexionen dank nationalliterarischer Abgrenzung, literargeschichtlich belanglose Nischenexistenzen, literarisches Beiwerk wanderungsgeschichtlich längst historisch gewordener Bevölkerungsbewegungen? Alle Aussparungen und Verlegenheiten in diesem thematischen Zusammenhang haben ihre beschreibbaren Voraussetzungen. Wir können ihnen hier nicht im Detail folgen, wollen aber bestimmte Grundlinien nachziehen.

II

Die Beschäftigung mit deutschsprachiger Literatur des Auslands ist nicht ablösbar von den dazugehörigen zeitgeschichtlichen und kulturpolitischen Konditionen. Alle Fragen, die sich an die kulturelle Leistung von Sprachminderheiten richten, berühren letztlich nationalstaatliches Selbstverständnis in seinen besonders sensiblen Randzonen: *territorial* die räumlich nationale Zugehörigkeit im Konflikt mit dem Minoritätenanspruch der regionalen Eigenständigkeit; *historisch* die nationalgeschichtliche Zugehörigkeit im Konflikt mit dem Status relativer politischer Autonomie; *lingual* die nationalsprachliche Zugehörigkeit im Konflikt mit der Nationalsprache als einem staatlichen Identitätsmuster. Weil Minderheitenexistenz sich in der Regel nicht in gegenseitig wirklicher Toleranz und damit fördernder Koexistenz erfüllt, sondern sich – nun bezogen auf die deutschsprachigen Minderheiten – überwiegend im Spannungsfeld von nationalem gesellschaftspolitischem Anspruch des neuen Heimatstaates und einem mehr oder minder ausgeprägten Beharren auf deutscher Herkunftskultur befindet, so sind in diesem Spannungsfeld die historischen Transportwege für jene Umstände zu suchen, die die wechselnden Einschätzungen erklären können. Die Trias Territorium – Geschichte – Sprache bezieht ihre vor allem ideologi-

7 Pütz, „Projekte", S. 12.

schen Irritationen in dieser Frage aus der jeweils geschichtlichen Situation des staatlichen Miteinander. Die daraus erwachsenden Belastungen z. B. für die literaturwissenschaftliche Beschäftigung werden zwar teilweise vermerkt, aber kaum reflektiert. Während die bundesdeutsche Literaturwissenschaft sicht weitgehend in Schweigen hüllt, gibt es dazu bei der Auslandsgermanistik erste Einlassungen. Darauf werden wir noch zurückkommen, fragen aber erst einmal nach den Anfängen.

Die Entdeckung der deutschen Minderheiten für die Wissenschaft, insbesondere für die Germanistik hat mit einer gleichzeitigen Ideologisierung der Begriffe Raum/Volk/Sprache eingesetzt und damit jene Voraussetzungen geschaffen, die die literaturwissenschaftliche Beschäftigung mit Sprache und Literatur dieser Minderheiten bis heute bestimmen. Es lassen sich, bei vorsichtiger Zueinanderordnung der für diese Zusammenhänge folgenreichen Ereignisse und Fakten aus Geschichte, Wissenschaftsgeschichte sowie der Geschichte einer Betrachtung deutscher Minderheiten, mehrere Phasen im Diskussionsverlauf erkennen.

In einem ersten Schritt, ungefähr zwischen dem ausgehenden 18. Jahrhunderts und 1848, erfolgt die Entdeckung der deutschen Minderheiten als Teil des Aufgabenbereichs deutscher Wissenschaften. Das Offenbleiben der deutschen Frage durch Preußens Niederlage (1806), den Befreiungskrieg (1812) und die sogenannte Neuordnung Europas durch den Wiener Kongreß (1815) ist wesentliche Voraussetzung für eine überhöhende Mythisierung der Begriffe Germanen/Indogermanen/Arier/Rasse/Volk/Spracheinheit zu so ideologisierten Identitätsmustern für deutsche Weltanschauung, die natürlich die fehlende nationale Einigung nur mangelhaft ersetzt. Diese Ideologeme beeinflussen das fachliche Selbstverständnis und die Umschreibung der Aufgabenfelder besonders der Kulturwissenschaften, also auch der Germanistik.[8]

Schon Jacob Grimms nationalgeschichtlich und nationalpädagogisch gemeinte Einschätzung des unmitelbaren Zusammenhangs von Volk und Sprache im Sinne der Voraussetzungen für eine Nation mußte auf dem 1. Germanistentag 1846 zwangsläufig zu der Frage nach allen deutschsprechenden Menschen weltweit führen.[9] Ausgehend von diesem „natürlichen begriff des volkes durch seine sprache und in seiner sprache“, nehmen Grimm und die 200 Gelehrten des Kongresses in Frankfurt am Main eindeutig weltanschauliche Akzentuierungen am Wissenschaftsbegriff *Germanistik* vor, die romantisch-idealistischen Anregungen von Herder und Schiller folgen.[10] Ein so nationalistisches Verständnis dieser wissenschaftlichen Disziplin – Friedrich Ludwig Jahns publizistisches Werben für *Deutsches Volksthum* (1813) zeigt Folgen – führt auch dazu, daß Deutschtumsideologie und germanistische Wissenschaft in fatale verwandtschaftliche Nähe zueinander geraten konnten.

8 Zu diesem Zusammenhang vgl. den Vortrag von Ruth Römer.
9 Vgl. Grimm, „Vorträge“, S. 556ff.
10 Ebd., S. 574.

Die Germanistik hat die deutschen Minderheiten für ihren so national verstandenen Wissenschaftsauftrag entdeckt. Die Einbindung in den eigenen Fachbereich über Vokabeln und Worte wie „sprachgefühl", „weihe", „deutsch-undeutsches", „gemüt", „siegt das nationale über das fremde", „deutschheit" setzt der Betrachtungsperspektive die entsprechenden Akzente auf. Der Historiker Johann Martin Lappenberg erhält für sein Referat „Über die zerstreuung der deutschen im ausland" demonstrativen Beifall. Er verficht die These, es sei erforderlich „der erhaltung ihrer [der Minderheiten] nationalität in sprache und sitte auch außerhalb Deutschland und in fremden welttheilen wirksam zu hilfe zu kommen".[11] Man beschließt während dieses zweiten Teils des Kongresses, nunmehr in Lübeck tagend, die Einsetzung eines Ausschusses, der sich mit diesem neuen wissenschaftlichen Auftrag zu befassen habe.
Diese frühe Aufnahme der deutschsprachigen Minderheiten in den nationalistischen (deutschen) und ideologischen (germanischen) Anspruch auf eine so historisch, politisch, sprachlich, literargeschichtlich, allgemein kulturgeschichtlich begründbare Einheit aller deutsch Sprechenden legt genau diejenigen weltanschaulichen Implikationen fest, die von nun bis in die Gegenwart als Belastungen für die wissenschaftliche Auseinandersetzung nachwirken werden.
Während der zweiten Phase, deren Dauer bis in die Zeit des Ersten Weltkrieges anzunehmen ist, erfolgt die allmähliche Einbeziehung der Minderheitenthematik in fast alle wissenschaftlichen Disziplinen. Parallel dazu zeigen sich erste Ansätze zu einer Verselbständigung der Fragestellung in Richtung einer eigenständigen Wissenschaft. Die wissenschaftlichen Arbeiten, die in dieser Zeit zum Thema *deutsche Kultur im Ausland* in großer Zahl entstehen, leisten zweifellos sachlich Wichtiges, beschreiben aber überwiegend unter nationalistisch-weltanschaulich festgelegten Vorzeichen und leisten über einen solchen Ideologietransport bewußt oder undbewußt einer zunehmenden Interdependenz von germanistischer Wissenschaft und nationalistischer Kulturpolitik Vorschub. In Buchtiteln wie *Die Verbreitung des deutschen Volkes über die Erde* (von Wilhelm Sticker, 1845) und *Der Deutschen Volkszahl und Sprachgebiet in den europäischen Staaten* (von Richard Bökh, 1869) oder über Kartenentwürfe wie z. B. die von Hermann Nabert, *Deutschtum in Europa*, wird diese Bindung an einen auch politisch gemeinten Anspruch kaum noch verdeckt. Die Minderheiten und ihre Sprache als ausschlaggebendes Gruppen- und Zugehörigkeitsmerkmal (Deutschtum) geraten als kulturgeschichtlich so fest an deutsche Kultur angebundener Teil in eine Entwicklung, die einem Funktionsverständnis von Minderheit als kulturellen Vorposten Deutschlands dient.[12] Ein so verstandenes missionarisches Selbstver-

11 Ebd., S. 578 f.

12 Aufschlußreich hierzu sind Informationen und Urteile von Hugo Grothe in seinem *Kleinen Handwörterbuch des Grenz- und Ausland-Deutschtums*. Vgl. die Artikel zu den folgenden Sachbegriffen: „Wissenschaft vom Grenz- und Ausland-Deutschtum", S. 373–377; „Professoren und Lehraufträge", S. 267–270.

ständnis und Fremdverständnis zeigt beispielhaft die Geschichte der deutsch-amerikanischen Kulturszene zum Ende des 19. und zu Beginn des 20. Jahrhunderts. Die offenbar extreme Ideologisierung des Minderheitenverlangens auf entsprechenden politischen und kulturellen Einfluß im öffentlichen Leben der USA führt im Zusammenhang mit dem „Lusitania"-Zwischenfall (1915) und der amerikanischen Kriegserklärung 1917 zum Kollaps der eigenständigen deutsch-amerikanischen Minderheitenszene, von dem diese sich bis heute nicht mehr regenerieren konnte.[13] Eine vor allem sprach*geschichtliche* Betrachtung der deutschen Sprache und literar*geschichtliche* Beschreibung der deutschen Literatur – wesentlich bestimmt von positivistischen Prinzipien –, die Provinzialisierung deutscher Literatur im 19. Jahrhundert und die daran auch gebundene Entwicklung von Vorstellungen einer Heimatkunst lassen eine Literaturgeschichtsauffassung und Literaturgeschichtsschreibung fortbestehen, mit denen ganz selbstverständlich auch Sprache und Literatur der deutschen Minderheiten einbezogen werden können.

Der Erste Weltkrieg, sein Verlauf und Ausgang für das Deutsche Reich, schließt in dem Sinne keine eigentliche Phase der Entwicklung von wissenschaftlicher Einschätzung deutscher Minderheiten und ihrer Kultur ab. Es handelt sich eher um ein zeitgeschichtliches Intervall, das auf Grund der militärischen und ökonomischen Umstände die wissenschaftliche Beschäftigung weniger unterbricht als verzögert. Der verlorene Krieg und der Vertrag von Versailles, politisch als nationale Demütigung genauso wie die Niederlage von 1806 empfunden, verstärken die Hinwendung zur *auslanddeutschen* Kultur und steuern nachdrücklich eine verstärkte Ideologisierung.

Die glücklosen deutschen Truppen im Ausland in der Begegnung mit deutschsprachigen Minderheiten, der verlorene Kolonialraum, die bekannt werdenden Repressionsmaßnahmen anderer Staaten gegenüber den deutschen Minderheiten innerhalb ihrer Grenzen, die Entstehung neuer deutschsprachiger Minderheitenregionen durch die Auflösung der k. u. k.-Monarchie Österrich-Ungarn und die Gebietsabtretungen des Deutschen Reiches (Elsaß-Lothringen, Eupen-Malmedy), die Südtirol-Frage – alle diese Vorgänge leisten wichtige Voraussetzungen dafür, daß nach Versailles und im Zusammenhang mit der politischen Ohnmacht des Deutschen Reiches den deutschsprachigen Minderheiten im Ausland eine weitere ideologische Bedeutung zuwächst. Aus ihrer Minderheitensituation heraus, aus ihrem Existenzkampf, einer für das Deutsche Reich symbolisch begreifbaren stellvertretenden Abwehr kultureller Überfremdung, könne die Kraft auch für eine politische wie kulturelle Regeneration des deutschen Volkes im Reich gewonnen werden. Deutsche Sprache und Literatur in dieser

13 Henry Schmidt hielt hierzu anläßlich der „Tricentennial Conference of German-American History, Politics and Culture" (Philadelphia, 3.–6. Oktober 1983) ein aufschlußreiches Referat mit dem Titel: „The Rhetoric Survival: The Germanist in America, 1900–1925". Die Publikation ist für 1984 vorgesehen.

Sprache aus den Minderheitsregionen verlieren philologisch an Bedeutung, gewinnen stattdessen politischen Rang. So wie der Germanistik ihr Literaturverständnis zwischen Volkstumsideologie und NS-Kulturpolitik später sehen wird, genau in diesem Sinne setzt die Beschreibung von deutscher Literatur aus dem Ausland früh ein.

Wenn die Prämisse, unter der eine Beschreibung und Wertung von Literatur von außerhalb der Reichsgrenzen bis 1945 überwiegend erfolgt, vor allem politisch ausgelegt ist, wenn diese Minderheiten in Vereinigung mit „dem deutschen Volksboden Mitteleuropas [...] die Straße zu schreiten [haben] zur Einheit des deutschen Volkstums im Schoße eines Großdeutschland gemäß Recht und Gerechtigkeit, gemäß eines echten Völkerbundgedanken[s]", wie es Hans Grothe 1932 schreibt, dann mußte bis zum Ende des Dritten Reiches die verstärkte Integration der von deutscher Sprache geprägten Kultur im Ausland in deutschnationales Kulturbewußtsein stattfinden.[14] Für Forschung und Lehre gilt das gleichermaßen.

Methoden und Umfang wissenschaftlicher Zuwendung sowie die Kriterien zur Begründung der wissenschaftlichen Relevanz dieser Thematik geraten in zunehmendem Maße in jenen Zirkel der Rechtfertigungen, in dem Germanistik als deutsche Kulturwissenschaft ihre wissenschaftliche Programmatik, ihre Neigung zu Volks-, stammes-, rassenkundlichen Denkzusammenhängen mehr aus ideologischer Selbstbestätigung denn aus wissenschaftlicher Ethik belegt.

Die publizistischen und organisatorischen Anfänge aus der Zeit des 19. und frühen 20. Jahrhunderts bis ungefähr 1914 finden nach Kriegsende ihre konsequente Fortsetzung und schaffen wesentliche Rahmenbedingungen: u. a. Erweiterung des Zeitschriftenangebots (*Germania*, 1847/50: *Der Auslanddeutsche*, 1918ff.; *Auslanddeutsche Volksforschung*, 1937ff.); Gründung von Vereinen und Institutionen („Allgemeiner Deutscher Schulverein", 1881; „Verein für das Deutschtum im Ausland", 1908ff.; „Volksbund für das Deutschtum im Ausland", 1933ff.; „Deutsches Auslandsinstitut", Stuttgart); „Auslanddeutschtum" als wissenschaftliche Disziplin (Käthe Schirmacher, 1914; Institut der Universität Marburg, 1918; ebd. Lehrstuhl, 1927 usw.).

Die Auseinandersetzung um die Frage nach der wissenschaftlichen Fachqualität einer „Lehre vom Auslanddeutschtum" ist symptomatisch für den Stand der Diskussion in Deutschland. J. W. Mannhardt verlangt 1926 „eine neue Synthese" für den „Gegenstand des Grenz- und Auslanddeutschtums", weist „auf die logische Begründung des Fachs" hin, fordert „praktische Einführung" in den Hochschulbetrieb.[15] In der Argumentation dieses Plädoyers zeichnet sich schon deutlich jener aus sich selbst lebende Zirkelschluß ab, in dem ein Fach oder eine Aufgabe sich aus sich selbst legitimieren, indem eine weltanschaulich bestimmte Notwendigkeit für die Beschäftigung mit einem entsprechend verstandenen

14 Grothe, *Kleines Handwörterbuch*, S. VI.
15 Mannhardt, „Grenz- und Auslanddeutschtum", S. 15.

Thema betont wird. Zwar beruft sich Carl Uhlig in seinen Überlegungen zur Gegenposition gleichfalls auf die „Kraft des Volkstums".[16] Der entscheidende qualitative Unterschied in beiden Äußerungen aber ist dadurch gegeben, daß Uhlig einer ideologisch gemeinten Forderung Mannhardts nach der Zusammenlegung aller Aktivitäten in einen Fachbereich zwei wissenschaftlich sinnvolle Hinweise entgegenstellt: 1. Wissenschaftlich seriöse Auseinandersetzung heißt interdisziplinäre „Arbeitsteilung", begründbar aus der objektiv vorhandenen Vielschichtigkeit des Sachverhaltes; 2. die Auseinandersetzung mit dem komplexen Sachverhalt deutscher Minderheitenkultur kann als Einzelwissenschaft, getragen von einem Lehrstuhlinhaber, nur dilettantisch betrieben werden. Uhlig mußte unterliegen, denn dieser sachgebundene Begründungsteil seines Aufsatzes bezieht eine in den damaligen Jahren unerwünschte Gegenposition zu dem wachsenden politisch bestimmten Verlangen nach Vereinheitlichung.

Die äußerst rege publizistische und organisatorische Tätigkeit bis zum Ende der 20er Jahre scheint durch die weit verbreitete Präsenz des Themas „deutsche Minderheit = Auslanddeutschtum" jede differenzierende Rückfrage nach Betrachtungsperspektive, methodischem Vorgehen und Relevanz des Gegenstandes zunehmend zu erübrigen. Alle Initiativen, seien sie wissenschaftlicher, öffentlich-institutioneller oder privater Herkunft, werden in wachsendem Maße unisono im Zusammenhang von Nationalpolitik/Stammesgeschichte und Volkstum/Deutschtum/Auslanddeutschtum begründet. Fortschreitende Einhelligkeit befördert Glaubwürdigkeit von ideologischer Begründung und Integration, methodische Einseitigkeit und damit die allmähliche Aufkündigung wissenschaftlich qualifizierten Vorgehens.

Die Germanistik und die Definition ihres Selbstverständnisses im philologischen Auftrag wandeln sich rasch, sich ausrichtend nach der verschwommenen Volkstums-Ideologie einer nach 1933 bestimmenden nationalsozialistischen Kulturpolitik. Mit den publizistischen Signalen einer programmatisch verstandenen Umbenennung der Zeitschrift *Euphorion* (gegr. 1894) in *Dichtung und Volkstum* (1934) und der Veröffentlichung des Sammelbandes *Von deutscher Art in Sprache und Dichtung* (1941) wird der Wandel einer Wissenschaft verkündet. Die fast ausschließlich weltanschaulich geprägte Erforschung der deutschen Minderheiten, auch ihrer Sprache und Literatur, fügt sich über solche Voraussetzung widerspruchslos in das konsequent ideologisierte Wissenschaftsprogramm der Germanistik. Die Integration der deutschsprachigen Literaturen des Auslands in die Vorstellung von deutscher Literaturgeschichte und deutscher germanistischer Forschung vollzieht sich entlang den folgenden publizistischen Ereignissen: die Rektoratsrede August Sauers zum Zusammenhang von Dichtung und Volkskunde (1907); Josef Nadlers daran anschließende Überlegungen zu einer stammeskundlich orientierten Literaturgeschichtsschreibung (1912/28); Karl Kurt Kleins Beitrag zum Merker-Stammler (1931); Heinz Kindermanns Vortrag

16 Uhlig, „Auslanddeutschtum", S. 12.

Volksdeutsche Dichtung (1937), die beiden Literaturgeschichten von Wilhelm Schneider (1936) und von Karl Kurt Klein (1939, Reprint 1979).
Eine Ausweitung der Literaturbelege und eine detailliertere Erläuterung würden Ideologisches lediglich bestätigen, dessen kaum faßbare Radikalisierung z. B. in den Schriften von Heinz Kindermann illustrieren. Die Geschichte der wissenschaftlichen Auseinandersetzung mit deutscher Sprache und deutschsprachiger Literatur des Auslands ist Teil der Fachgeschichte der Germanistik, und zwar seit Jacob Grimm und seine Kollegen das Thema als Teil der germanistischen Beschäftigung erkannt, allerdings mit den damals schon vorgenommenen weltanschaulichen Akzentsetzungen belastet haben. Weil eine ideologiekritische Auseinandersetzung mit der Fachgeschichte der Germanistik in der erforderlich konsequenten Durchführung fehlt, ihre „genaue Darstellung Bände füllen würde, die [...] noch geschrieben werden müssen“, wie es Norbert Oellers zu Recht feststellt, kann es auch noch keine wissenschaftlich zufriedenstellende Definition des uns beschäftigenden Themas geben.[17] Es ist zu begrüßen, daß mit dem Bonner Colloquium (1983) zum Thema „Literatur und Germanistik nach der ‚Machtübernahme‘“ die Defizite im Zusammenhang mit der fachgeschichtlichen Herkunft und des wissenschaftlichen Selbstverständnisses während der NS-Zeit offen angesprochen werden. Bedauerlich aber bleibt, daß auch diese Beiträge den Umgang mit unserem Thema vermeiden, obwohl ein solches Umgehen Sachverhalte ausklammert, die bei fachgeschichtlichen Reflexionen als Teil eben dieser Fachgeschichte nicht ausgeklammert werden können. Ein Schweigen dazu toleriert Probleme, unterstützt über das Ausweichen indirekt Stellungnahmen wie die von Friedrich Carl Badendieck (1979) oder von Herbert Cysarz (1982), die für eine dem Sachverhalt angemessene Klärung wenig hilfreich erscheinen.
Wenn man fragt, was ist zwischen 1846 und 1945 für den Sachverhalt deutsche Minderheiten/deutsche Sprache und Literatur im Ausland geleistet worden, dann kann man in der folgenden Weise resümieren:
– die Entdeckung der deutschsprachigen Minderheiten mit ihrer Sprache und ihrer Literatur als Aufgabe für die deutschen Kulturwissenschaften, besonders für die Germanistik; eine nach nationalistischen Volkstums- und Raumkriterien ausgerichtete, weitgehend detaillierte Erfassung und Beschreibung dieser Gruppen und ihrer Literatur; eine überwiegend unabhängig von den historisch, kulturell, soziologisch und politisch variantenreichen Bedingungen der Minderheitenexistenz durchgeführte Forschung; die Festlegung der deutschen Sprache als kollektivierenden Erfassungsstandard; eine daran ausgerichtete nationalgeschichtliche Reklamation deutschsprachiger Literatur im Ausland für die deutsche Literaturgeschichte, eingerichtet nach den uneingeschränkten Wertungsbedingungen von Deutschsprachigkeit und Volkstumszugehörigkeit; eine scheinbar interdisziplinäre Betrachtungsweise, die sich allerdings in einem fächerüber-

17 Oellers, „Dichtung und Volkstum“, S. 232.

greifenden monokausalen Anspruch nationalistischer Wissenschaft selbst relativiert.
Das so Überlieferte fordert zum Benutzen heraus. Ein Umgehen oder pauschales Verurteilen bzw. Adaptieren dient kaum einer wissenschaftlich sachgebundenen Erfassung eines so komplexen und damit schwierigen Sachverhalts wie der Literatur von Sprachminderheiten. Über das bisher Geleistete ist nachzudenken, und zwar
– über die minderheitenexistentiellen Varianten nach Wanderungsgeschichte, geopolitischen Entscheidungen, soziologischen Umständen, Herkunftsregion und Zielland, den Assimilations- und Rückkopplungsefekten;
– über die aus nationaler Sicht als selbstverständlich gesetzte Verbindung von deutscher Sprache, Literatur in dieser Sprache, Auftrag der deutschen Germanistik, Zugehörigkeit zur deutschen Literaturgeschichte, Relativierung standardisierter Literaturwertung;
– über die Situation deutscher Sprache und Literatur in dieser Sprache in ihrer Kontaktexistenz zu Herkunftsland, Zielland oder neuem Heimatland, zur eigenen Kulturtradition;
– über die davon abhängigen wissenschaftlichen Methoden der Erfassung, Beschreibung, Wertung bei internationalem und interdisziplinärem Zusammenwirken, bezogen jeweils auf die besonderen Produktions- und Rezeptionsumstände im regionalen und überregionalen Kommunikationszusammenhang der betreffenden deutschsprachigen Bevölkerungsgruppe;
– über die tradierten ideologischen Verstellungen in Definition des Sachverhalts, Methodenverwendung und faktischen Ergebnissen, um über ein ideologiekritisches Durchdenken vorliegende wissenschaftliche Resultate für die gegenwärtige Forschung freizustellen.

III

Die fachlichen Voraussetzungen sind längst wieder so angelegt, daß auch Literatur deutscher Sprache außerhalb des geschlossenen deutschen Literaturraumes, d. h. in Regionen deutscher Sprachminderheit, über ein methodisch angemessenes Vorgehen betrachtet werden kann. Weil das aber praktisch kaum geschieht, bleibt die Annahme weiterhin naheliegend, daß eine eher nationalliterarisch enge Auslegung des Begriffes *deutsche Literatur* sowie die schon erläuterten fachgeschichtlichen Hypotheken die germanistischen Möglichkeiten nicht wirksam werden lassen. Umstände wie die Erweiterung des Literaturbegriffs, eine sozialgeschichtliche und komparatistische Ausweitung der Fachperspektive im Sinne eines kulturwissenschaftlichen Anspruchs, die international ausgreifende Kooperationsbereitschaft erweisen sich für die auch mit diesen Ausführungen wiederum ins Gespräch gebrachte Thematik offenkundig ohne Impulswirkung. Es scheint fast so, als streiche die sprichwörtlich gemeinte germanistische Katze

eher demonstrativ gelangweilt um den philologisch heißen oder auch als lauwarm angenommenen Brei, dabei in ihrem Gebaren so interpretierbar, als habe sie keinerlei Appetit oder sehe die Schüssel sogar nicht.
Das aber wiederum ist eher ausschließliches Verhalten der Germanistik in den vier deutschsprachigen Staaten Mitteleuropas, denn andere Disziplinen haben längst die Frage nach der von deutscher Sprache getragenen Kultur im Ausland aufgegriffen, haben einen Methodenapparat für die Erforschung von Minderheitenkultur bzw. wanderungsgeschichtlich bedingten Literaturszenen entwickelt, wie z. B. Anglistik und Amerikanistik.[18] Selbst in den thematischen Zusammenhängen, bei deren Betrachtung die Erkundigung nach deutscher Literatur in Sprachminderheitengebieten kaum vermeidbar ist, gemeint sind Arbeiten zur Exilliteratur und zur Literatur im Dritten Reich, wird über die Fußnotenexistenz hinaus kein Engagement geleistet.[19]
Die Auslandsgermanistik aber hat längst wieder begonnen, sich u. a. auch mit der deutschen Literatur zu beschäftigen, die im jeweiligen anderen Nationalstaat von Autoren der dortigen deutschsprechenden Bevölkerungsminderheit geschrieben, dort vervielfältigt und gelesen wird. Für die gegenwärtige (wenn auch insgesamt nicht befriedigende) Forschungslage scheint es neben anderen Bedingungen von Bedeutung zu sein, daß in den 50er und 60er Jahren wenigstens im Ausland in Verbindung mit der politischen Rehabilitation und der dann folgenden kulturellen Regeneration von deutschsprachigen Minderheiten auch die wissenschaftliche Beschäftigung beginnt.[20] Diese Entwicklung findet aber z. B. in der Bundesrepublik Deutschland keine Entsprechung. Ganz im Gegenteil fördern einengende Definitionen und nicht ausreichend reflektierte Verdikte zum Verhältnis auswärtige Kulturpolitik – Minderheitenkultur – wie beispielsweise in Carlo Schmids Parlamentsrede von 1961 oder in Hans Arnolds Formel vom „Deutsche[n] Sprachraum als Kulturregion“ (1974) – auch die in unserer Frage divergenten Arbeitsprogramme von Ausland- und Inlandsgermanistik.
Wenn wir uns in den folgenden Anmerkungen zu Arbeiten literarkritischer Betrachtung von deutscher Literatur in Sprachminderheitengebieten äußern, dann ist nicht beabsichtigt, eine komplette Forschungsübersicht zu leisten. Vielmehr geht es darum, an ausgewählten Publikationen aufzuzeigen, inwieweit methodisch interessante und der Sache angemessene Konzeptionen für eine Literatur-

18 Vgl. beispielsweise den von Heinz Kosok und Horst Prießnitz herausgegeben Band *Literaturen in englischer Sprache* (1977).

19 Vgl. die Sammelbände von Manfred Durzak zur deutschen Exilliteratur (1973) und von Horst Denkler zusammen mit Karl Prümm zur deutschen Literatur im Dritten Reich (1976). Eine Ausnahme stellen die Publikation von Haarmann/ Schirmer/Walach (Hrsg.): *Das ‚Engels'-Projekt* und die sich anschließenden Arbeiten dar.

20 Für eine Überblicksinformation vgl. die im Reprint der Literaturgeschichte von Karl Kurt Klein ausgedruckte „Bibliographie zur deutschen Sprache und deutschsprachigen Literatur im Ausland (1945–1978)“, zusammengestellt von Alexander Ritter, S. 475–555.

beschreibung und Literaturbewertung entwickelt worden sind und für die noch ausstehende Forschung der deutschen Germanistik anregend sein können. Aus der Fülle der Beiträge, die zur rumäniendeutschen Literatur erschienen sind, kann man die Arbeiten von Gerhardt Csejka, Peter Motzan und Heinrich Stiehler deswegen als bedeutsam einschätzen, weil von allen drei Autoren philologische Recherchen konsequent mit methodischen Reflexionen verbunden worden sind.

Der Bukarester Literaturkritiker Gerhardt Csejka vermittelt in seinem Aufsatz „Bedingtheiten der rumäniendeutschen Literatur" (Versuch einer soziologisch-historischen Deutung, 1973) über eine kritische Sichtung der rumäniendeutschen Literaturentwicklung nach 1944 wichtige Hinweise zu den existententiellen Konditionen dieser Literatur.[21] Diese Informationen implizieren beispielhafte Fragestellungen für zukünftige Analysen und Bewertungen:

– Wie jede Literatur so lebt auch eine Minderheitenliteratur aus der „nationalen Wirklichkeit" des Heimatstaates, die die Welterfahrung des Autors, aber auch seine literarischen Voraussetzungen im engeren Sinne der Themen, Motive, Stoffe, literargeschichtlichen Tradition vor allem auch an diesen gesellschaftspolitisch und kulturell so bestimmten Raum bindet.

– Minderheitensprache ist – als Zuwanderersprache oder regionalisierte Minderheitensprache aufgrund politischer Grenzveränderungen – in einer „Zwitterstellung" der gespaltenen Funktionalität befangen, indem sie „einer Realität verpflichtet [ist], mit der sie eben nicht viel mehr als diese Sprache verbindet, und an eine Realität engagiert, die sie mit dieser Sprache nicht voll bewältigen kann". Sprachgeschichtlich semantisch-syntaktisch somit besonders eingerichtetes Sprachpotential einer Herkunftssprache befindet sich in einer Situation der Kollision, des Kontaktes und der Interferenz mit einer nationalsprachlich getragenen Wirklichkeit, der die Autoren als Bürger des betreffenden Staates zugehören.

– Eine Entscheidung über die nationalliterarische Zugehörigkeit (deutsche Literatur / Nationalliteratur des anderen Staates) ist abhängig von der räumlichen, sprachlichen, kulturellen Distanz zur „ursprünglichen Sprachlandschaft" und von der Bevölkerungsgröße im Verhältnis zum Bevölkerungspotential beider Staaten.

– Der Grad der Bewahrung von kultureller Minderheitentradition, des kulturellen Austausches mit dem Herkunftsland und dem Heimatstaat steuern die Erfassungs- und Ausdrucksfähigkeit von Minderheitensprache.

– Literarische Produktionsorientierung an der Erwartungshaltung des Minderheitenpublikums (z. B. Bildungsniveau, Verlangen nach Existenzbestätigung),

21 In: Reichrath (Hrsg.): *Reflexe*, S. 45–54. Zuerst in: *Neue Literatur* 1973, H. 8, S. 25–31. Vgl. auch die folgenden Beiträge von Csejka: „Über den Anfang", in: *Neue Literatur* 1970, H. 5, S. 16–19; „Eigenständigkeit als Realität und Chance", in: *Neuer Weg* v. 20. März 1971.

am Literaturleben des Heimatstaats, des Herkunftsstaates können zu Orientierungsproblemen mit den Bedingungen Provinzialität, künstlerische Adaptation, manieristische „Experimentalliteratur“ führen.

– Die weitergehenden Fragen nach dem Verhältnis von Wirklichkeit und den Möglichkeiten ihrer künstlerischen Bewältigung, nach den literarisch-künstlerischen Ergebnissen und ihrer Existenz im Kommunikationszusammenhang sind mit den aufgeführten Sachverhalten eng verbunden.

Übergeht man bei Csejka einige Undeutlichkeiten, Vereinfachungen und auch ideologische Akzente, dann liefern die Reflexionen des Autors Bausteine für philologische Fragestellungen, bezogen auf grenzregionale und sprachräumlich isolierte Minderheitenliteraturen. Die im Untertitel des Beitrags genannten methodischen Dimensionen einer „soziologisch-historischen Deutung“ sind aber zu erweitern, und zwar um den komparatistischen Ansatz und – bei allem notwendigen Verständnis einer Bewertung dieser Literaturen unter Beachtung der engeren Rahmenbedingungen von Region und Gruppe – die Anwendung standardisierter literarästhetischer Maßstäbe für eine Beschreibung der künstlerischen Qualität.

Gehen wir einmal von diesen Rahmenbedingungen sachlicher und methodologischer Orientierung aus, unterstellen eine für die Sache angemessene Verbindlichkeit, überprüfen diese z. B. an den Arbeitsprämissen sowjetdeutscher Literaturkritik, dann wird an dem methodischen Versagen dieser deutschen Literaturkritik gegenüber der deutschen Minderheitenliteratur in der Sowjetunion die Leistungsfähigkeit der Empfehlungen des rumäniendeutschen Autors deutlich. Ein Vergleich in extenso kann hier nicht durchgeführt werden.[22] Aber wir können darauf hinweisen, wie groß die Gefährdung eines literarkritisch angemessenen und international vergleichbaren Niveaus ist, wenn isolierte Minderheitsliteratur durch zusätzlich isolierende Literaturkritik fast nur noch affirmativ im Sinne einer politisch verstandenen Funktion von Literatur gestützt wird. Sowjetdeutsche Literaturkritik bleibt in das Dialogritual innersowjetischer Literaturgespräche, eher parteipolitisch ausgerichteter Monologie eingespannt, die eben von parteipolitisch-poetologischen und parteipolitisch-literarkritischen Setzungen des Staates gesteuert werden, d. h. eben nicht in literarisch-künstlerischer und wertorientierender Richtung stimulieren können. Das verhaltene Lamento in der sowjetdeutschen Literaturkritik, mit dem über deutliche sprachliche, gattungsformale, generell poetologische und gestalterische Schwächen deutscher Literatur in der Sowjetunion geklagt wird, ist eher ein Beispiel für das aus politi-

22 Aus der Fülle der vorliegenden Literatur sei besonders auf die aktuelle Artikelserie zur „Republikberatung der sowjetdeutschen Literaten“ in der Zeitung *Freundschaft* hingewiesen: Herold Belger: „Sich nach den Gipfeln richtend“ (11. Dezember 1982); Herbert Henke: „Aktive Lebenshaltung erziehen“ (18. Dezember 1982); Alexander Hasselbach: „Realität und Probleme“ (ebd.); Nora Pfeffer: „Einige Überlegungen zu unserer Kinderliteratur“ (25. Dezember 1982).

schen Gründen zu krittelnde Hilflosigkeit reduzierte Klagen methodisch ungeschulten Agierens. Weil es kulturpolitisch unerwünscht ist, von der staatsverordneten Ideologie, dem poetologischen Modell des sozialistischen Realismus, der Einschränkung von Wirklichkeit auf eine sowjetische abzusehen und poetische Möglichkeiten deutscher Sprache in der Auseinandersetzung mit russischer, kasachischer usw. Wirklichkeit deutscher Literatur- und Sprachgeschichte einzuräumen, führen Sowjetisierung des Schreibens und Kritisierens, flacher poetischer Traditionalismus und vordergründiger Realismus in dichterischer Sprache und poetischem Bild zu weit verbreiteter literarischer Monotonie und Stagnation.

Csejka vermerkt aus der Sicht des rumäniendeutschen Betrachters zu solchen Verhältnissen: „Schon deshalb ist alle Literatur, die sich darauf beschränkt, im Sinne einer falsch verstandenen Tradition lediglich der Wahrnehmung spezifischer Interessen innerhalb des rumänischen Staates zu dienen, von Haus aus klein, belanglos, provinziell und – falsch.“[23]

Bereits mit dem Dissertationstitel *Paul Celan, Oscar Walter Cisek und die deutschsprachige Gegenwartsliteratur Rumäniens* (1979) vermittelt der Frankfurter Romanist und Germanist Heinrich Stiehler die methodische Anlage seiner Arbeit und ihre besondere Zielsetzung, die für unseren philologischen Zusammenhang als exemplarisch gelten können: Minderheitenliteratur deutscher Sprache im heimatstaatlich nationalliterarischen und literargeschichtlich binnendeutschen Kontext. Ihrem ausgeprägten Modellcharakter nach ist es eine interessante und lehrreiche Arbeit, sieht man einmal bei hier nur verkürzt möglicher Bewertung von den weniger überzeugenden Seiten ab: von einer vernachlässigten Beachtung literar-ästhetischer Kategorien; von einer kaum geleisteten Berücksichtigung poetologischer Zwänge, entstehend aus dem Zusammenhang von Gegenwartsliteratur und international normierter industriegesellschaftlich geprägter Wirklichkeit; von einem auch aus diesen Bedingungen abzuleitenden Einfluß deutscher Literatur auf Minderheitenliteratur; von einer überpointiert ideologiekritischen Abwehr des „stammesgenetisch-biologischen Geschichtsbildes“ Karl Kurt Kleins und der deutschen Germanistik im Dritten Reich – als ob aktuelle philologische Gefahren aus dieser Richtung dräuen und noch niemand vor diesen Ausführungen darüber nachgedacht und ein Verdikt ausgesprochen hätte.[24]

Ausgehend von einem strikt umgesetzten soziologisch-sozialgeschichtlichen Literaturverständnis, aufbauend auf die Arbeiten vor allem von rumäniendeutschen Autoren wie Gerhardt Csejka, Peter Motzan u.a., können die nachfolgend aufgeführten Frageansätze Stiehlers für die kritische Auseinandersetzung mit Minderheitenliteraturen vergleichbarer Existenzbedingungen nützlich sein:

– Der Verfasser weist zu Recht darauf hin, daß man in methodischer Hinsicht

23 Csejka, „Bedingtheiten“, S. 49.
24 Stiehler, *Paul Celan*, S. 13.

bei der Betrachtung von Minderheitenliteraturen auf Grund ihrer literargeschichtlichen „Labilität oder Stabilität" besonders komplex vorzugehen habe. Eine solche Literatur sei nicht aus sich „selbst zu erklären". Sie sei nach ihren „konstitutiven politischen, kultursoziologischen und spezifisch literarischen Einflüssen" nur dann angemessen zu begreifen, wenn „diese Literatur in ihrem spezifischen Zusammenhang von Entstehung, Distribution und Rezeption, in ihren soziokulturellen, schreibpsychologischen und sprachlichen Determinanten, [...] in ihren Beziehungen zu den umliegenden Landesliteraturen als Gesamtkomplex erfaßt und bewertet" wird.[25]

– Für Minderheitenliteratur als „Literatur zwischen den Sprachen [wird] die Sprache fast zwangsläufig zu einem zentralen Problem" und damit die Sprachsituation zum Inhalt der Schlüsselfrage des Philologen.[26] Dies ist begründet, weil die Herkunftssprache mit ihren semantischen, grammatischen etc. Möglichkeiten durch die Bedingungen von Mehrsprachigkeit und Sprachwandel im Sprachkontakt verändert und dabei reduziert wird („Sprachverdorrung"), gleichzeitig aber über Adaptationen moderner Sprachveränderung des Binnendeutschen modernistische sprachliche Redunanzen gepflegt werden („Sprachwucherung").[27]

– Der sprachliche Rückbezug z. B. der deutschen Sprache in Rumänien und der rumäniendeutschen Literatur zum binnendeutschen Sprach- und Literaturraum erfährt eine zusätzliche Problematisierung, weil Sprachbindung an die nationalen Sprachräume Bundesrepublik Deutschland/Österreich/Schweiz die Unterschiedlichkeit der politischen Systeme, damit auch die historischen Bedingungen von Sprachentwicklung und literarischer Wirklichkeitserfassung berührt. Die Sprach- und Literaturbindung an die DDR wird zwar ein vergleichbares politisches System gestützt. Die aber tatsächlich ebenfalls vorhandene Divergenz entsteht aus Varianten der gesellschaftlichen Realität und aus den daran gebundenen Sprachtraditionen wie poetologischen und sprachlich-literarischen Konsequenzen.

– Die Betrachtung von Minderheitenliteratur bedeutet immer auch Reflexion von Adressatenproblem, „Legitimationskrise" und Authentizitätsunsicherheit. Diese Umstände sind nur erklärbar über eine sorgfältige Bestimmung „des Verhältnisses von Sprach- und Adressatenbezogenheit [...] aus dem linguistischen Kontext von Mehrsprachigkeit, Sprachmischung und Sprachwandel", und zwar immer im Verhältnis zum rumäniendeutschen, rumänischen und deutschen Publikum gesehen.[28]

– Im Zusammenhang mit der literarisch-künstlerischen Bewertung plädiert Stiehler für eine Einschätzung z. B. der rumäniendeutschen Literatur als ‚auslän-

25 Ebd., S. 7 f.
26 Ebd., S. 14.
27 Ebd., S. 162.
28 Ebd., S. 173.

dische Literatur deutscher Sprache' im Verband der rumänischen Literatur, weil unabhängig von unterschiedlicher Sprache beide es mit derselben gesellschaftlich-kulturellen Wirklichkeit zu tun haben und in demselben Kommunikationssystem dieses Staates, seiner Bevölkerung und Medien existieren.
– Jede Beschäftigung mit Minderheitenliteraturen hat bei der Einschätzung von Autorenselbstverständnis und literarischer Leistung als zentrale Irritation die wohl unüberwindliche Ambivalenz von „Identifikation und Distanz" in ethnozentrischer und überethnischer nationaler Kulturbindung zu beachten.
Auf eine weitere methodologisch anregende Arbeit ist hinzuweisen, auf das Buch *Die rumäniendeutsche Lyrik nach 1944. Problemaufriß und historischer Überblick* (1980) des Germanisten Peter Motzan (Universität Cluj). Motzans kenntnisreiche Darstellung ist Stiehlers wissenschaftlichem Ansatz im grundsätzlichen verwandt. Dies ist bedingt durch Übereinstimmungen in Thema, Stoff, Epoche, durch den Rückgriff auf dieselben Forschungsfelder, auf den wissenschaftlichen und privaten Konsens. Unterschiede in der Betonung und Wertung gesellschaftspolitischer Umstände von Literaturentwicklung, in der Beachtung und kritischen Qualität der Diskussion internationaler Forschungsergebnisse, der besonderen Probleme germanistischer Betrachtungsweise vor 1945 – die bei Motzan als ideologiekritische Komponente völlig entfällt – sind allgemein damit zu begründen, daß der eine Verfasser von ‚außerhalb', der andere von ‚innerhalb' der rumäniendeutschen Kulturszene schreibt.
Will Stiehler Typologisches exemplarisch herausstellen, so besteht die Hauptleistung bei Motzan in der materialreichen literargeschichtlichen Aufarbeitung der rumäniendeutschen Lyrikentwicklung (1919–1979). Methodisch konzeptionell folgen die Richtfragen einer sozialgeschichtlich angelegten Literaturbetrachtung.
Der Verfasser setzt die methodischen Akzente in der folgenden Weise. Zur Erforschung einer Minderheitenliteratur
– sind die geschichtlichen, wanderungs- und allgemein kulturgeschichtlichen, aber auch gesellschaftspolitischen Veränderungen als Entstehungs- und Existenzumstände für Sprach- und Literaturentwicklung zu beachten;
– ist deutsche Sprache unter den majorisierenden Bedingungen einer anderen Landessprache nicht nur in ihren horizontalen und vertikalen Gliederungen als Minoriätensprache zu analysieren; deutsche Sprache ist als ethnointerne Muttersprache und als ethnoexterne Fremdsprache (Deutschunterricht) hinsichtlich ihres davon mitbestimmten linguistischen Potentials und einer landessprachlich getragenen Wirklichkeit vor allem auch hinsichtlich der ökonomischen, politischen, kulturellen Steuerungen von Interferenz und Sprachwandel im Zusammenhang mit Sprachisolierung und Mehrsprachigkeit zu beobachten;
– sind mit Hilfe eines komparatistischen Verfahrens die Wechselwirkung zwischen z.B. rumäniendeutscher Literatur, rumänischer und deutscher Literatur und der Weltliteratur zu erfassen, und zwar im Zusammenhang mit den Aspekten Schreibweise, thematische und stoffliche Relation, Übersetzungsleistung,

Multiplikation und Rezeption im gesellschaftlichen Kommunikationsfeld, literarisches Erbe, Buchversorgung, Auffassung von literarisch-künstlerischem Auftrag und seiner Repräsentationsbegründung;
– ist die minderheitenliterarisch typische Dauerkrise der Identitätssuche zu berücksichtigen, die von dem spannungsgeladenen Doppelbezug auf ein die Minderheitenkultur erhaltendes ethnozentrisch bestimmtes Schreiben wie auf ein literarisch-künstlerisch notwendiges, darin zusätzlich verführerisches Verlangen nach einem Schreiben für die nationalliterarische (rumänische/deutsche), die weltliterarische Öffentlichkeit bestimmt wird;
– ist die Frage nach dem Zusammenhang von zumeist einseitiger Gattungswahl (Lyrik, epische Kleinform), gattungsspezifischen Sprach- und Formanforderungen und Sprach- wie literarischer Potenz des Autors zu verfolgen; dabei ist besonders auf Interdependenzen von restringiertem Sprachvolumen und gattungseigener Sprachanforderung, die Offenlegung von Sprachdefiziten (episch breite Gestaltung: Roman) wie die Kaschierung von Sprachdefiziten in der artistischen Verkürzung z. B. lyrischen Sprechens zu achten;
– ist immer wieder danach zu fragen, ob mit Minderheitensprache die gesellschaftliche Wirklichkeit des Heimatstaates überhaupt „adäquat ausgelotet werden“ kann, oder ob es gerade auf Grund dieser scheinbar begrenzenden Voraussetzungen möglich ist, erst recht sich als z. B. „rumänischer Schriftsteller deutscher Sprache der umfassenden Lebenswirklichkeit zu nähern“;[29]
– ist Bewertung im Zusammenhang mit den aufgeführten Überlegungen vorzunehmen; sie hat aber bei Minderheitenliteraturen immer wieder mit dem Dilemma der Extreme von „Enge der Heimatkunst“ (ethnozentrische oder kulturpolitisch ideologisierte Biederkeit) und „Leerlauf der Bildungsdichtung“ (modernistische Artistik) zu tun.[30]
Die bisher erläuterten literaturwissenschaftlichen Konzeptionen zur kritischen Erfassung von Minderheitenliteraturen sind wissenschaftliche Neuorientierungen am Beispiel *einer* deutschsprachigen Literatur des Auslands, der rumäniendeutschen, die literargeschichtlich und in der sich mit ihr auseinandersetzenden germanistischen Berichterstattung auf eine lange Tradition verweisen kann. Aber auch solche Beiträge, mit denen literaturwissenschaftliche Beschäftigung im Hinblick auf andere Minderheitenliteraturen erst begründet werden soll – beispielsweise im Hinblick auf die deutschkanadische und ungarndeutsche Literatur –, fordern vergleichbare methodische Konzepte. Wir können deshalb verkürzend arbeiten, wenn wir zusammenfassend auf die methodischen Hinweise in den Essays des Torontoer Germanisten Hartmut Froeschle deuten (1975, 1976):
– Minderheitenliteratur meint – im Sinne des erweiterten Literaturbegriffs – immer Literatur aller Textformen in deutscher Sprache in einem sprachmehrheitlich anders bestimmten Raum und ist nur über einen interdisziplinär-kom-

29 Motzan, *Die rumäniendeutsche Lyrik*, S. 29.
30 Ebd., S. 28.

paratistischen Ansatz als ein Teilbereich der ethnischen Studien zu begreifen. Entsprechend erscheint es hinsichtlich der Bezeichnungsproblematik als sinnvoll, „Sprachdeutsche“ und „deutschstämmige Kanadier“ als ‚Deutschkanadier‘ zu bezeichnen.

– Weil die Existenz von Minderheitenliteratur unmittelbare Funktion von Minderheitenbewußtsein und damit Gruppenidentität ist, hat die Analyse hier anzusetzen, indem die historischen Voraussetzungen (Zuwandererkultur) und die gesellschaftlichen Bedingungen (Minderheitenkultur) die kulturgeschichtlichen Konstituenten für literarische Leistung und ihre Periodisierung liefern.

– Das Benennen von Bewertungskriterien hat „die spezifischen Bedingungen von Minderheitenliteraturen in Betracht zu ziehen“, den Vergleich mit literarischen Leistungen anderer deutschsprachiber und anderssprachiger kanadischer Minderheitenliteraturen zu suchen, generell die Umstände von Adressatenbezug, Rezeptionserwartung und Multiplikation im Kommunikationssystem des Landes zu berücksichtigen, dabei den übernational diskutierten literarästhetischen Wertungsstandard nicht zu übersehen.[31]

IV

Die Forschungsliteratur läßt aus Gründen fachgeschichtlich ideologischer Hypotheken und in dem Zusammenhang wissenschaftlich so gewollter wie auch zufälliger Ausblendung der Thematik, einer noch unzulänglichen Materiallage und zu geringen Zahl von substantiell ergiebigen Einzelanalysen, der fehlenden binnen- und internationalen Kooperation Unsicherheit in wissenschaftlichem Anspruch und methodischer Ausrichtung erkennen. Es sind zusammengenommen die Symptome eines wissenschaftlichen Neubeginns. Wir können aber im einzelnen an dieser Stelle nicht noch weiter über die Forschungslage berichten und verweisen darum ergänzend auf die Arbeiten zur sowjetdeutschen Literatur von Annelore Engel-Braunschmidt, zur deutschsprachigen Literatur im französischen Elsaß von Adrien Finck, zur sowjetdeutschen Literatur und zu grundsätzlichen Fragen der wissenschaftlichen Auseinandersetzung mit diesem Thema vom Verfasser.

Um dem derzeitigen Fachgespräch, vor dem Hintergrund der bisher geleisteten Überlegungen, eine provisorisch verstandene Grundlage zu geben, werden die bisher kommentierten Beobachtungen nachfolgend systematisiert zusammengestellt. Nach Lage der Forschung wird sich die wissenschaftliche Beschäftigung mit Minderheitenliteratur an den aufgeführten faktischen Umständen und methodologischen Konsequenzen zu orientieren haben:

– *Minderheitenliteraturen entstehen als schriftsprachliche Ausdrucksleistungen in der Folge von wanderungsgeschichtlichen (Zuwandererminderheit) oder politisch-*

31 Froeschle, „Die deutschkanadische Literatur“, S. 27.

territorialen Veränderungen (Grenzregionenminderheit), die eine sprachliche, allgemein kulturelle Minderheitensituation eines Bevölkerungsteils in einer geschlossen besiedelten Region oder in der Siedlungsstreuung bewirken. Für die germanistische Forschung bedeutet dies konsequenterweise, diese Minderheitenliteraturen deutscher Sprache in ihre Literaturbetrachtung mit aufzunehmen: unter Anwendung des modernen philologischen Instrumentariums für Beschreibung und Bewertung, unter Berücksichtigung der spezifischen produktions- und rezeptionsgeschichtlichen Existenzbedingungen. Eine komparatistische Perspektive wie eine daran gebundene internationale Zusammenarbeit sind für ein sachlich angemessenes und im Ergebnis befriedigendes Vorgehen unerläßlich.

– *Minderheitenliteratur ist Literatur einer Sprachminderheit.* Aus diesem Umstand ergeben sich komplexe Verhältnisse der Sprachentwicklung und Sprachverwendung, die nur über entsprechend komplexe Analysen der jeweiligen Sprachsituation beschrieben werden können: diachronische Betrachtung des wanderungsgeschichtlich bestimmten Sprachpotentials, seiner Leistungsfähigkeit, seiner Überlieferung im Verhältnis zum sprachlichen Herkunftsraum und der dortigen Entwicklung, zum dominant monolingualen oder abgestuft multilingualen Sprachraum des Heimatstaates; synchrone Beobachtung des Zusammenhangs von Minderheitensprache, Mehrsprachigkeit, Interferenz, Spracherosion etc. im Kontakt mit der offiziellen Landessprache und in der Rückkopplung zum sprachlichen Herkunftsraum, sondiert unter den zusätzlichen Bedingungen von Sprachpolitik, Hochsprache/Dialekt, Muttersprache/Fremdsprache, Schulleistung, Sprachstatus und Öffentlichkeit, Übersetzungstätigkeit usw.

– *Die literargeschichtliche Zugehörigkeit von Minderheitenliteraturen ist unterschiedlich begründbar.* Die Forschung kann sicher gegenüber diesem ambivalenten Sachverhalt nur dann angemessen äußern, wenn sie in komparatistischer Hinsicht den beiden folgenden Umständen Rechnung trägt: Deutschsprachige Minderheitenliteratur mit ihrem signifikanten Merkmal ‚deutsche Sprache' und den damit verbundenen semantisch-syntaktischen im weitesten Sinne sprachstilistischen Möglichkeiten für eine Literatur in dieser Sprache wird im Sinne der allgemein akezptierten Definition von deutscher Literatur in übernationaler Verbreitung auch von dieser Definition erfaßt. Gleichzeitig ist sie aber deutschsprachiger Teil der jeweils anderen Nationalliteratur, weil sie den Bedingungen von sprachräumlich, kulturgeschichtlich und gesellschaftspolitisch anders geprägter Wirklichkeit unterliegt und die Distribution und Rezeption sich vornehmlich in diesem anderen Literaturraum vollzieht. Diese Position zwischen den Sprachen und Literaturen ist gleichzeitig eine diese Literatur wesentlich prägende Herausforderung an Identität und Autorbiographie, an literarisch-künstlerischen Auftrag und künstlerische Authentizität.

– *Minderheitenliteratur existiert im interkulturellen, intersprachlichen und interliterargeschichtlichen Kommunikationsraum.* Entsprechend diesen Existenzumständen wächst der deutschen Germanistik und der Auslandsgermanistik ein

philologischer Auftrag zu, der an die erforderliche Kooperation mit anderen Disziplinen (Geschichte, Soziologie, Volkskunde usw.) gebunden ist. Die eher nationalphilologischen Argumentationen, etwa in der folgenden Weise, erscheinen nicht stichhaltig: Aus der Sicht der deutschen Germanistik ist deutschsprachige Minderheitenliteratur auf Grund ihrer Existenz im ausländischen, d.h. sprachmehrheitlich anders bestimmten Kommunikationszusammenhang, also außerhalb des mitteleuropäischen, nationalstaatlich geschlossenen Literaturraumes (Bundesrepublik Deutschland, DDR, Österrich, Schweiz) kein Betrachtungsgegenstand des Faches. Eine entgegengesetzt ausgerichtete Begründung ist noch nicht zu belegen.
Auf Grund der gegenwärtigen Situation in der Forschung ist der kritisch prüfende Blick sicherlich besonders auf die fachgeschichtlichen Vorleistungen, aber vor allem auch über den Tellerrand der eigenen Disziplin hinaus erforderlich: ideologiekritische Aufarbeitung deutscher und ausländischer germanistischer Leistungen, Auseinandersetzung mit einem methodologisch vergleichbar eingerichteten Vorgehen im Zusammenhang mit vergleichbaren Fragestellungen z. B. durch die Anglistik, Amerikanistik, Slawistik, Romanistik im Hinblick auf die dort gemachten Erfahrungen im Umgang mit Themenkomplexen wie Minderheitenliteratur, Regionalliteratur, Kolonialliteratur, allgemein interethnischen Überlegungen. Dabei ist auch zu bedenken, wie man vorstellbare philologische Blockaden aufheben kann, die vermutlich dadurch entstehen, daß jede Erforschung von Minderheitenliteratur immer mit erheblichen Anforderungen an komplexe Sprach-, Literatur- und Geschichtskenntnisse des jeweiligen Wissenschaftlers gebunden ist.

– *Minderheitenliteraturen präsentieren überwiegend die dichterische Gestaltung von regional gebundenen Stoffen und Themen.* Die literarisch wiedergegebenen Erfahrungen des Lebens in der Minderheitenregion als Provinz ist in letzter Konsequenz abhängig von der künstlerischen Potenz, die die Entscheidung für thematisch-poetologisch triviale Provinzialität oder dichterisch welthaltige Darstellung von Provinz trägt. Die von Norbert Mecklenburg 1982 in die literarkritische Diskussion eingebrachte Begriffsreihe Regionalismus/regionaler Roman/Regionalität, ihre Definition und Anwendung im Zusammenhang mit der poetologisch-literargeschichtlichen Beschreibung von erzählter Provinz werden sich als methodische Anregungen gerade bei der Betrachtung von Minderheitenliteraturen als zukünftig nicht mehr umgehbar erweisen.[32]

– *Minderheitenliteraturen sind keine besonders zu konservierenden Exoten in der literarischen Landschaft, denen ein besonderer Schutz vor dem wertenden philologischen Zugriff zuzubilligen ist.* Die Wertung hat sich einmal in relativierender Weise an dem besonderen Funktions- und Wirkungszusammenhang von Minderheitenliteratur innerhalb der Minderheit (kulturelle Leistung der sprachlichen, innenpolitischen Existenzsicherung), des Heimatstaates (literargeschicht-

32 Vgl. Mecklenburg, „Einleitung", in: Mecklenburg, *Erzählte Provinz,* S. 7–28.

lich nachgeordnete Sonderszene), des literarischen-sprachlichen Herkunftsraumes (von einem deutschen nationalliterarischen Verständnis abgetrennte Literatur) zu orientieren. Die künstlerische Leistung aber muß sich unabhängig von diesen besonderen Umständen den Standards nationaler und internationaler literarästhetischer Kategorien stellen.

– *Minderheitenliteraturen tragen wechselnde und dabei irritierende Bezeichnungen, selbst bei identischer Sprachzugehörigkeit.* Minderheiten sind in jedem Staat dem besonderen kulturpolitischen Zugriff mehr oder minder ausgesetzt, immer im Sinne der beabsichtigen Assimilation. Die Geschichte der Bezeichnungen deutschsprachiger Minderheitenliteraturen ist auch die Geschichte ihrer jeweiligen kulturpolitischen Einschätzung, ihrer Repräsentationsqualität und ihrer Affinität zum deutschen mitteleuropäischen Literaturraum. Die Diskussion der Bezeichnungen mit den wechselnden tatsächlichen und vielleicht auch nur unterstellten politischen Akzentuierungen (z. B. auslanddeutsche, volksdeutsche, deutsche, deutschsprachige Literatur in Rumänien, rumänische Literatur deutscher Sprache, deutsch schreibender Autoren o. ä.) ist nur am Rande mitzuführen. Trotz der pleonastischen Fügung kann am ehesten mit der Bezeichnung *deutschsprachige Literatur des Auslands* und den jeweiligen besonderen Bezeichnungen wie beispielsweise rumäniendeutsche Literatur, deutschkanadische Literatur usw., mit denen über Deutschsprachigkeit und nationalliterarische Zugehörigkeit informiert wird, weitgehend wertungsfrei und sachentsprechend umgegangen werden.

Notabene

Um keinerlei Mißverständnisse aufkommen zu lassen: Alle in unseren Ausführungen eingeschlossenen appellativen Anmerkungen dienen nicht der Aufforderung, nunmehr dem Helden aus jener kurzen Prosaskizze des rumäniendeutschen Autors Richard Wagner zu folgen.[33]

Wagner berichtet von einem schwäbischen Pendler, dessen Tun und Lassen während eines simplen Tagesablaufs von sich wiederholender penetrant schwäbischer Art ist. Dieser Pendler lebt beständig so, immer wieder bis „zur wohlverdienten schwäbischen Ruhe, aus der ihn jeden Morgen um vier mit schwäbischer Regelmäßigkeit der Wecker reißt“.

Nicht diesem Helden ist in seiner angeblich notorisch bornierten Art eines Minderheitenangehörigen zu folgen, sondern den Defekten und Defiziten, die die ironisierende Erzählweise aufdeckt. Bieten wir dem schweigenden Pendler von uns aus den Dialog an.

33 Wagner, „Der schwäbische Pendler“, S. 11.

Literatur

Allemann, Beda (Hrsg.): *Literatur und Germanistik nach der ‚Machtübernahme'. Colloquium zur 50. Wiederkehr des 30. Januar 1933*, Bonn 1983.

Arnold, Hans: *Kulturexport als Politik? Aspekte deutscher auswärtiger Kulturpolitik*, Tübingen/Basel 1976.

Badendieck, Friedrich Carl: *Volk unter Völkern. Zur Geschichte der Schutzarbeit am deutschen Volke*, Bonn 1979.

Canetti, Elias: *Die gerettete Zunge*, Frankfurt am Main 1979.

Conrady, Karl Otto: „Deusche Literaturwissenschaft und Drittes Reich", in: *Germanistik – eine deutsche Wissenschaft*, Frankfurt am Main [5]1971, S. 71–109.

Csejka, Gerhardt: „Bedingtheiten der rumäniendeutschen Literatur", in: *Neue Literatur* 8/1973, S. 25–31.

Cysarz, Herbert: „Drei literaturwissenschaftliche Wegbereiter des organischen Kollektivismus: August Sauer, Josef Nadler, Adolf Hauffen", in: *Kunst-Landschaften der Sudetendeutschen* (Schriften der Sudetendeutschen Akademie der Wissenschaften und Künste Bd. 3), München 1982, S. 23–38.

Denkler, Horst/Prümm, Karl (Hrsg.): *Die deutsche Literatur im Dritten Reich. Themen-Traditionen-Wirkungen*, Stuttgart 1976.

Durzak, Manfred (Hrsg.): *Die deutsche Exilliteratur 1933–1945*, Stuttgart 1973.

Eisermann, Gottfried/Zeh, Jürgen: *Die deutsche Sprachgemeinschaft in Ostbelgien. Ergebnisse einer empirischen Untersuchung*, Stuttgart 1979.

Engel-Braunschmidt, Annelore: „Russisches und Deutsches bei den Sowjetdeutschen", in: Annelore Engel-Braunschmidt/Alois Schmücker (Hrsg.) *Korrespondenzen. Festschrift für Dietrich Gerhardt*, Gießen 1977, S. 139–166.

–: „Sowjetdeutsches Theater, Fakten und Probleme", in: Eberhard Reißner (Hrsg.): *Literatur- und Sprachentwicklung in Osteuropa im 20. Jahrhundert*, Berlin 1982, S. 20–26.

Finck, Adrien: „La poésie d'expression allemande en Alsace depuis 1945", in: *Recherches Germaniques* No. 6, 1976, S. 205–249.

–: „Mundart und Protest. Zur neuen Mundartliteratur im Elsaß", in: *Recherches Germaniques* No. 7, 1977, 197–221.

Froeschle, Hartmut: „Deutschkanadische Studien. Aufgaben und Möglichkeiten", in: Hartmut Froeschle (Hrsg.): *Deutschkanadisches Jahrbuch* 1975, Bd. II, S. 6–23.

–: „Die deutschkanadische Literatur. Umfang und Problemstellungen", in: Karin Gürttler (Hrsg.): *Annalen 1. Symposium 1976*, Montreal 1976, S. 18–30.

–: „Gibt es eine deutschkanadische Literatur?" in: Hartmut Froeschle (Hrsg.): *Deutschkanadisches Jahrbuch* 1976, Bd. III, S. 174–187.

Grimm, Jacob: „Vorträge auf den germanistenversammlungen zu Frankfurt a. M. und Lübeck 1846 und 1847", in: Jacob Grimm: *Recensionen und vermischte Aufsätze. Kleinere Schriften* Bd. 7, 4. Teil, Berlin 1884, S. 556–581.

Grothe, Hugo (Hrsg.): *Grothes Kleines Handwörterbuch des Grenz- und Ausland-Deutschtums*, München/Berlin 1932.

Haarmann, Hermann/Schirmer, Lothar/Walach, Dagmar: *Das ‚Engels'-Projekt. Ein antifaschistisches Theater deutscher Emigranten in der UdSSR (1936–1941)*, Worms 1975.

Hooge, David: „Slavisches Sprachgut im niederdeutschen Dialekt de UdSSR", in: *Akten des VI. Internationalen Germanistenkongresses Basel 1980*, Teil 2, hrsg. v. H. Rupp und H.-G. Roloff, Bern/Frankfurt am Main/Las Vegas 1980, S. 155–162.

Jahn, Friedrich Ludwig: Deutsches Volksthum, Leipzig 1813 (Neudruck Hildesheim/New York 1980).

Ketelsen, Uwe K.: *Völkisch-nationale und nationalsozialistische Literatur in Deutschland 1890–1945*, Stuttgart 1976.

Kindermann, Heinz (Hrsg.): *Des deutschen Dichters Sendung in der Gegenwart*, Leipzig 1933.
– (Hrsg.): *Rufe über Grenzen. Antlitz und Lebensraum der Grenz- und Auslanddeutschen in ihrer Dichtung*, Berlin 1938.
Klein, Karl Kurt: *Literaturgeschichte des Deutschtums im Ausland*, Leipzig 1939. Neudruck: Hrsg. v. Alexander Ritter und erweitert um eine Bibliographie 1945–1978, Hildesheim/New York 1979.
Kosok, Heinz/Prießnitz, Horst (Hrsg.): *Literaturen in englischer Sprache*, Bonn 1977.
Krolow, Karl: „Meine Gedanken sind Handgranaten. *Steingeflüster* – lyrische bekenntnisse von Nikolaus Berwanger", in: *Frankfurter Allgemeine Zeitung* v. 21. Januar 1984 (Rez. zu: Nikolaus Berwanger: *Steingeflüster – lyrische bekenntnisse eines rumäniendeutschen*, Hildesheim (New York 1983 [Auslandsdeutsche Literatur der Gegenwart 14]).
Lämmert, Eberhard: „Germanistik – eine deutsche Wissenschaft", in: *Germanistik – eine deutsche Wissenschaft*, Frankfurt am Main [5]1971, S. 9–41.
Mannhardt, J.W.: „Grenz- und Auslanddeutschtum als Lehrgegenstand", in: *Schriften des Instituts für Grenz- und Auslanddeutschtum an der Universität Marburg*, Jena 1926, Heft 4, S. 1–17.
Mecklenburg, Norbert: *Erzählte Provinz. Regionalismus und Moderne im Roman*, Königstein/Ts. 1982.
Motzan, Peter: *Die rumäniendeutsche Lyrik nach 1944. Problemaufriß und historischer Überblick*, Cluj/Napoca 1980.
Müller, Gerd: „*Deutsche Gegenwartsliteratur: Ausgangspositionen und aktuelle Entwicklung*, hrsg. v. Manfred Durzak (Stuttgart: Reclam 1981)", in: *Moderna Språk* 1982, Nr. 4, S. 390–392 [Rezension].
Oellers, Norbert: „Dichtung und Volkstum. Der Fall der Literaturwissenschaft", in: Beda Allemann (Hrsg.): *Literatur und Germanistik nach der ‚Machtübernahme'*, Bonn 1983, S. 232–254.
Otto, St.: „Deutsche Sprache und deutsch-slawische Sprachkontakte auf dem Territorium der UdSSR. Bibliographische Auswahl 1965–1975", in: *Zeitschrift für Slawistik* 23, 1978, S. 786–882.
Pütz, Peter: „Projekte der Literaturgeschichtsschreibung", in: *Mitteilungen des Deutschen Germanistenverbandes* 27, 1980, S. 10–14.
Reichrath, Emmerich (Hrsg.): *Reflexe. Kritische Beiträge zur rumäniendeutschen Gegenwartsliteratur*, Bukarest 1977.
Ritter, Alexander: „Deutschsprachige Literatur des Auslands. Perspektiven germanistischer Analyse, Beurteilung und Aufgabenstellung", in: Reingard Nethersole (Hrsg.): *Literatur als Dialog. Festschrift für Karl Tober*, Johannisburg 1979, S. 215–224.
–: „Zwischen literarkritischem Vorbehalt und kulturpolitischer Empfindlichkeit. Die deutschsprachige Literatur des Auslands", in: *Literatur und Kritik* 1980, H. 146–147, S. 416–430.
–: „Deutschsprachige Literatur der Gegenwart im Ausland", in: *Deutsche Gegenwartsliteratur. Ausgangspositionen und aktuelle Entwicklungen*, hrsg. v. Manfred Durzak, Stuttgart 1981, S. 632–661.
–: „Deutsche Lyrik aus der sprachlichen Diaspora. Kritische Anmerkungen zu einem ungeschriebenen Kapitel der deutschen Literaturgeschichte", in: *Zeitschrift für Kulturaustausch* 33, 1983, H. 2, S. 200–215.
–: „Weiße Felder in germanistischen Forschungsprogrammen. Thesen zur notwendigen Reflexion deutschsprachiger Literatur des Auslands", in: *Germanistische Mitteilungen* H. 19, 1984, S. 29–36.
–: „Sowjetdeutsche und rumäniendeutsche Lyrik. Beobachtungen zu den Problemen deutscher Minderheitenliteraturen", in: *Deutsche Studien* 22, 1984, H. 88.

Römer, Ruth: „Der Germanenmythos in der Germanistik der dreißiger Jahre", in: Beda Allemann (Hrsg.): *Literatur und Germanistik nach der ‚Machtübernahme'*, Bonn 1983, S. 216–231.

Schlosser, Horst Dieter: *dtv-Atlas zur deutschen Literatur. Tafeln und Texte*, München 1983.

Schneider, Wilhelm: *Die auslanddeutsche Dichtung unserer Zeit*, Berlin 1936.

Schmid, Carlo: „Zur auswärtigen Kulturpolitik", in: *Deutsche Reden*, Teil II, hrsg. v. Walter Hinderer, Stuttgart 1973, S. 1109–1126.

Sievers, Kai Detlev (Hrsg.:) *Beiträge zur Frage der ethnischen Identifikation des Bundes Deutscher Nordschleswiger*, Sankelmark 1975.

Stiehler, Heinrich: *Paul Celan, Oscar Walter Cisek und die deutschsprachige Gegenwartsliteratur Rumäniens. Ansätze zu einer vergleichenden Literatursoziologie*, Frankfurt am Main/Bern/Cirencester 1979.

Uhlig, Carl: „Auslanddeutschtum und deutsche Hochschularbeit", in: *Reden bei der Rektoratsübergabe am 29. April 1926 im Festsaal der Universität Tübingen*, Tübingen 1926, S. 12–26.

Vejlert, Arthur A.: „Etymologische Textstruktur. Nach Angaben des mitteldeutschen Dialekts im Gebiet von Karaganda (Kasachstan)", in: *Zeitschrift für Dialektologie und Linguistik* 48, 1981, S. 1–16.

Wagner, Richard: „Der schwäbische Pendler", in: *Neue Literatur* 1980, H. 3, S. 10f.

Wiese, Benno von/Heuß, Rudolf (Hrsg.): *Nationalismus in Germanistik und Dichtung. Dokumentation des Germanistentages in München v. 17.–22. Oktober 1966*, Berlin 1967.

Zeh, Jürgen: *Die deutsche Sprachgemeinschaft in Nordschleswig. Ein soziales Gebilde im Wandel*, Stuttgart 1982.

Peter Hans Nelde

Deutsche Minderheiten und ihre Sprache in Europa

Sprachbewahrung und Sprachvariation der germanisch-romanischen Sprachgrenze unter besonderer Berücksichtigung Belgiens

0. Wissenschaftsbereiche des 20. Jahrhunderts sind als Abbild einer ständig sich im Wandel befindlichen Gesellschaft Trends, Tendenzen und modischen Entwicklungen unterworfen. Das gilt im geisteswissenschaftlichen Bereich vor allem für interdependentielle oder sogenannte „Bindestrichdisziplinen" wie Sprachsoziologie und Soziolinguistik. Themen wie Sprachkontakte, Minderheiten-, Zwei- und Mehrsprachigkeitsforschung und die Einbeziehung zahlreicher außersprachlicher Faktoren beherrschen zur Zeit so sehr die Diskussion, daß mit Fug und Recht von einer Kontaktlinguistik gesprochen werden kann.[1]
Da Deutsch offensichtlich Europas „kontaktfreudigste" Sprache ist – keine andere europäische Sprache weist ein derart vielfältiges und zugleich verzetteltes Minderheitenbild auf – könnte das in den siebziger Jahren neuerwachte Interesse für diskriminierte Minderheiten, für regionale Eigenständigkeit im politischen wie im kulturellen Bereich, für grenzübergreifende Kontakte in erster Linie dem Deutschen zugute kommen. Das steigende Selbstbewußtsein isolierter ethnischer Gruppen, die sich mehr als gleichberechtigte Partner im Staatsverband denn als „Minderheit" – das Wort selbst mag schon eine gewisse Diskriminierung enthalten – zu fühlen beginnen, kommt in zahlreichen Initiativen zur Rettung des (oft mundartlichen) Sprachbestandes und zur Belebung der Regional- und Heimatliteratur zum Ausdruck.[2]
Somit haben sich die Bedingungen für ein Überleben der deutschen Muttersprache und der Regionalliteratur im nichtdeutschsprachigen Europa aufgrund außersprachlicher, allgemeinpolitischer Faktoren, die auch kleinere deutschsprachige Bevölkerungen und ihr vorrangiges Anliegen, in ihrer Muttersprache aufwachsen, erzogen werden und ausgebildet werden zu können, wieder „gesellschaftsfähig" gemacht haben, objektiv verbessert.
Im folgenden soll deshalb versucht werden, aufzuzeigen, welche Rolle die deutsche Sprache gegenwärtig spielt, inwieweit sie sich in Europa als Minderheitssprache behaupten kann und welchen Veränderungen sie im wichtigsten europäischen Kontaktbereich, der germanisch-romanischen Sprachgrenze, unterworfen ist.

1 Dazu ausführlich: Nelde, „Sprachen in Kontakt", S. 79–90.
2 Vgl. Ritter, „Zwischen literarkritischem Vorbehalt und kulturpolitischer Empfindlichkeit", S. 71–88.

1. Deutsch in der Welt

Die Stellung des Deutschen als Mutter- wie als Fremdsprache war in diesem Jahrhundert – und das ist eine Binsenwahrheit – im In- wie im Ausland zahlreichen Schwankungen, Rück- wie Fortschritten unterworfen. Aufgrund Jahrzehnte andauernder Weltkriegsfolgen mit einschneidenden Rückwirkungen auf den Sprachbestand, die Zahl der Sprachteilhaber, das Ansehen und die Bedeutung des Deutschen in der Welt, lassen sich kaum kontinuierliche Entwicklungen aufzeigen, aus denen die Prägung des gegenwärtigen Deutsch abzulesen wäre. Verallgemeinernd ließe sich höchstens feststellen, daß – was die Bedeutung des Deutschen außerhalb der deutschsprachigen Länder angeht – geisteswissenschaftlich-kulturelle Präponderanz technisch-ökonomischen Faktoren Platz machen mußte, die deshalb bei jeglicher Gegenwartsbetrachtung im Vordergrund stehen sollten.
Bemerkenswert an der deutschen Sprachsituation ist die unumstrittene Tatsache, daß diese Feststellung für zwei völlig unterschiedliche Gesellschaftssysteme gilt und zwar sowohl für die sozialistisch bestimmte DDR wie die marktorientierte Bundesrepublik, wobei angesichts der Vormachtsrolle, die das westliche Deutschland seit nunmehr zwei Jahrzehnten spielt, die BRD vom sogenannten kapitalistischen wie neutralistischen Ausland mit dem Begriff Deutschland gleichgestellt wird.[3] Hierin ist jedoch weniger eine Anerkennung des von der Bundesrepublik stets betonten Alleinvertretungsanspruchs, als vielmehr eine „terminologische Begradigung“ des in die Schwebe geratenen Deutschlandbegriffes eben aufgrund der wirtschaftlichen Vorrangstellung zu sehen.[4]
Nun sind wohl jedermann die Unkenrufe im Zusammenhang mit dem Rückgang des Deutschen in der Welt als Kultursprache zumindest seit dem Zweiten Weltkrieg bekannt.[5] Die gewaltige Verkleinerung des ehemaligen Deutschen Reiches samt dem Verschwinden des Deutschen im Osten sowie eine für die Ausstrahlung von Sprache und Kultur psychologisch ungünstige Verlierer- und Wiedergutmachungsrolle Restdeutschlands – der Schweiz und Österreich kommt hier weltpolitisch nur eine untergeordnete Stellung zu – schienen das Los der deutschen Sprache als eine der großen Weltsprachen endgültig zu besiegeln. Auch war der mit Wirtschaftswunder und DDR-Stabilisierung parallel laufende Neubeginn in den fünfziger und sechziger Jahren nicht besonders ermutigend,

3 Vgl. Titelgeschichte des *Spiegel*, Nr. 1/2, 1975.
4 Die DDR operiert vom sprachlichen Gesichtspunkt her zwar konsequent, jedoch ungeschickt, wenn sie das Staatszugehörigkeitsadjektiv *deutsch* durch das unhandliche Lexem *Bürger der DDR* ersetzt, und es bleibt fraglich, ob sich trotz konnotativer Vorteile ein solcher Adjektiversatz durchsetzen wird.
5 Ein überzeugendes Beispiel hierfür liefert H. Kloss in seinem Festschriftaufsatz für Paul Grebe: „Vier Verlierer“, S. 28–39. Dieser Festgabe erster Teil ist bezüglich des Deutschen von derart pessimistischen Formulierungen geprägt, die allerdings historisch motiviert werden, daß die Zukunft des Deutschen in recht trübem Licht erscheint.

da er westlicherseits von einer Zersplitterung der kulturell und sprachlich wirksamen Organisationen (Goethe-Institut, DAAD u. a.), in Hinblick auf das getrennte Deutschland durch einen oft unerquicklichen Wettbewerb zwischen DDR-(Herderinstitut) und BRD-Verbänden (z. B. in Finnland, Indonesien und anderen Ländern) gekennzeichnet war. Angloamerikanische und französische Kultur- und Sprachinstitute hatten offensichtlich den besseren Ausgangspunkt. Daß jedoch auch hier sprachlich-kulturelle Intentionen von weltpolitischen überlagert bzw. von ihnen dominiert werden können, zeigen die Besetzungen und Teilzerstörungen der aufwendig errichteten Amerikahäuser in der Bundesrepublik und anderen westlichen Ländern gegen Ende der sechziger Jahre infolge der Studentenunruhen und der europäischen Auswirkungen des Vietnamkrieges.

Zu Anfang der siebziger Jahre hat sich die Weltlage weithin zugunsten der deutschsprachigen Länder enwickelt – die deutschsprachigen Länder sind UNO-Mitglieder, Generalsekretär war ein Österreicher, die BRD ist neben den USA und Japan wohl der Welt stärkste Wirtschaftsmacht, die DDR zählt zu den zehn größten Industrienationen – so daß einige Überlegungen zum gegenwärtigen Stand und zur Bedeutung des Deutschen ein klareres Situationsbild ergeben. Bei einer rein quantitativen Betrachtung der Deutschsprachigen in der Welt muß sich das Deutsche einen bescheidenen sechsten Platz nach Chinesisch (780 Mill.), Englisch (320 Mill.), Hindi (220 Mill.), Spanisch (215 Mill.) und Russisch (142 Mill.) teilen mit vier anderen Sprachen (Arabisch, Bengalisch, Japanisch, Protugiesisch), die ebenfalls von ungefähr 100 bis 120 Mill. Menschen gesprochen werden.[6]

Ein solcher Vogelflugüberblick zeigt zur Genüge, daß die tatsächliche Bedeutung einer Sprache nicht ausschließlich von der Zahl ihrer Benutzer abhängig ist, sondern sich oft umgekehrt proportional verhält, wie das Beispiel des Französischen beweist, das mit etwa 70 Mill. Muttersprachlern erst an zwölfter Stelle in der Weltbevölkerungsstatistik auftaucht (nach Malayisch und vor Italienisch). Bei einer vorurteilslosen Betrachtung des Stellenwertes der Bedeutung einer Sprache ergeben sich eine Reihe von Faktoren, die mehr oder weniger für den augenblicklichen Sprachzustand verantwortlich sind. Eine derart synchronische Beurteilung berücksichtigt weniger aus Geschichte und Tradition resultierende Komponenten, die jedoch im Falle des Deutschen nach zwei Neuanfängen und einem gewissen Traditionsbruch nach dem letzten Weltkrieg nur noch von untergeordenter Bedeutung sind.

6 Die aus der einschlägigen Literatur bekannten Zahlenangaben werden nur insoweit korrigiert, als sich aus dem *Statistischen Jahrbuch der UNESCO* (1972!) abweichende Zählungen ergeben. Für die folgenden Angaben wird ebenfalls dieses Jahrbuch herangezogen. Allerdings sollte in Ermangelung stichhaltiger Untersuchungen der weitgehende Schätzcharakter jeglicher Bevölkerungs- und Sprachstatistik bei der Beurteilung berücksichtigt werden.

Deutsch als Muttersprache außerhalb Europas spielt – vielleicht mit Ausnahme von Südamerika[7] und Rußland – wegen der weiten Fächerung und Zerstreuung der Deutschsprachigen keine überragende Rolle mehr; dazu ist die ehemalige Kolonialmacht Deutschland wahrscheinlich zu kurzlebig gewesen.
In Europa dagegen ist Deutsch (90 Mill.) neben Russisch (99 Mill.)[8] mit großem Abstand vor Englisch (57 Mill.) und Italienisch (55 Mill.), gefolgt von Französsisch mit 53 Mill. Muttersprachlern Europas größte Sprache.
Welcher Unterschied jedoch zwischen Muttersprache einerseits und Staatssprache andererseits bestehen kann,zeigen zur Genüge die ehemaligen englischen und französischen Kolonialgebiete, in denen die Bevölkerung heute weitgehend eigene Sprachen und Dialekte spricht, während sich die Führungsschichten diglossisch verhalten. Diglossie herrscht – dem teiloffiziellen Status zufolge, den das Deutsche nach 1945 erhalten hat – in Luxemburg, Südtirol usw.
Das weltweite Ansehen, das die deutschsprachigen Länder aufgrund ihrer Vorrangstellung in zahlreichen Wissenschafts-, Forschungs- und Bildungsbereichen seit dem 19. Jahrhundert genossen (Philosophie, Musik, Literatur, Technik, Medizin, Sozialismus) hat infolge der zweifachen Niederlage im 20. Jahrhundert einen deutlichen Rückschlag zu verzeichnen, darf aber mit Fug und Recht zu den vier Weltsprachen gerechnet werden (Englisch, Französisch, Spanisch, Deutsch), die über den muttersprachlichen Bereich hinaus in der Welt Bedeutung haben und als Fremdsprache erlernt werden.
Laut Angaben des westdeutschen Außenministeriums erlernen annähernd 20 Mill. Menschen Deutsch als Fremdsprache,[9] davon 17 Mill. als Schüler staatlicher oder halbstaatlicher Schulen. 13. Mill. Schüler erlernen allein in der UdSSR die deutsche Sprache, was im allgemeinen weniger bekannt sein dürfte. Hinzu kommen (ohne UdSSR) noch 600000 Studenten und 1,3 Mill. Studierende in der Erwachsenenbildung.
Im Bereich der Medien und Veröffentlichungen kommt der deutschen Sprache eine führende Rolle zu.[10]

a) Aufgrund der Zahl der Fernsehteilnehmer belegen die deutschsprachigen Länder einen dritten Platz auf der Weltrangliste.

7 Vgl. Froeschle, *Die Deutschen in Lateinamerika*; Rez. in: *Germanistische Mitteilungen* 13, 1981, S. 90.
8 Vgl. Fishman, „Bilingualism".
9 Angesichts der Schwierigkeiten bei der vollständigen Erfassung der Deutschlernenden in der Welt dürften diese und folgende Zahlen wahrscheinlich nur die Mindestgrenze angeben.
10 Die Gleichsetzung deutschsprachiger Länder mit getrennt aufgeführten englischsprachigen Ländern mag auf den ersten Blick nicht konsequent erscheinen, entspricht jedoch den kulturell-literarischen Gepflogenheiten (vgl. den Unterschied der Begriffe *deutsche* und *englische Literaturgeschichte*, welche die amerikanische Literatur gewöhnlich unberücksichtigt läßt). Für alle Fälle sind jedoch die Zahlen für die Bundesrepublik Deutschland, soweit möglich, noch gesondert aufgeführt.

b) Die Auflagenhöhe der Tageszeitungen ergibt einen vierten Platz auf Weltbasis.
c) Jeder vierte in Europa erscheinende Titel wird deutsch verfaßt.
d) Deutsch steht an dritter Stelle der Sprachen, aus denen Wissenschaftliches übersetzt wird.
e) Während Deutsch als Ausgangssprache für Übersetzungen wahrscheinlich nur ein dritter Platz zukommt, nimmt es als Zielsprache, als Sprache, in die übersetzt wird, die erste Stelle ein. Eine Gegenüberstellung dieses Bedeutungsunterschiedes des Deutschen, je nachdem, ob die Betrachtung aus ziel- oder aus ausgangssprachlicher Perspektive erfolgt, wäre sicherlich für verschiedenartige Interpretationen faßbar (Bedeutungsrückgang, Weltoffenheit, Verringerung der wissenschaftlichen Eigenproduktion, internationale Verflechtung, fremde Einflüsse usw.).

Im Hinblick auf die Sprach- und Kulturpolitik der Länder mit Weltsprachen lassen sich, gröblich vereinfacht, zwei Denkrichtungen erkennen. Auf der einen Seite stellt sich Sprache als ein wesentliches, Geist und Kultur vermittelndes Element dar, durch welches der Lernbegierige in den Denk-, Wert- und Bildungskontext der Fremdsprache einbezogen wird. So ließe sich die deutsche Sprachpolitik bis zum Zweiten Weltkrieg, die französische wahrscheinlich heute noch einordnen. Auf der anderen Seite soll Sprache in erster Linie als Kommunikationsmittel im weitesten Sinne dienen, weniger kulturelle Werte als vielmehr – oft technische – Informationen vermitteln, so daß Sprachvermittlung vom Nützlichkeitsstandpunkt aus ohne kulturpolitischen Nebensinn betrieben wird und sich im Sinne der westlichen Marktwirtschaft nach der Nachfrage richte. Aufgrund entmutigender Mißerfolge in der Vergangenheit scheint das Deutsche sich in sprachlicher Hinsicht mit einem solchen kommunikativen Informationscharakter zu begnügen. Letzteres gilt erstaunlicherweise für alle deutschsprachigen Staaten, also auch für unterschiedliche Gesellschaftssysteme.
Eine so definierte, beinahe marktpolitisch sich am Bedarf orientierende Sprachausstrahlung wird sicherlich in den meisten Ostblockstaaten vorhanden sein. Das zeigt der dort betriebene und mit Hilfe östlicher Germanisten modernisierte Deutschunterricht. So hat beispielsweise in Polen im Schulunterricht in der Reihenfolge der Fremdsprachen das Französische dem Deutschen Platz machen müssen. Aus fast allen ost- und südosteuropäischen Staaten ist die starke Schul- und Hochschulgermanistik bekannt. Viel uneinheitlicher ist das Bild im Westen, selbst im EG-Bereich. Von Ländern mit praktisch fehlendem Deutschunterricht (Italien) über vorsichtig geförderten (Frankreich mit Ausnahme Elsaß-Lothringens) bis hin zu den tatsächlichen Erfordernissen angepaßten Deutschunterricht (Niederlande) sind alle möglichen Abstufungen vertreten. Im allgemeinen ist jedoch aufgrund der Führungsrolle der Bundesrepublik im EG-Bereich eine leichte Zunahme des Interesses für das Deutsche festzustellen.
Eine Sonderrolle spielt in diesem Zusammenhang Belgien, das sich offensichtlich

trendwidrig verhält. Obwohl Deutsch hier eine gebietsmäßig zwar beschränkte, jedoch offizielle Landessprache, die Bundesrepublik außerdem der wichtigste Handelspartner, der zukünftige Bedarf an Deutschkundigen sicherlich nur schwer abzuschätzen ist, hat das Englische das Deutsche weit überflügelt. Die letztliche Schulreform des sogenannten erneuerten Sekundärunterrichts in Belgien – in einigen Punkten vergleichbar mit der westdeutschen Einführung der Kollegstufe im Oberschulunterricht – degradiert das Deutsche im Mittel- und Oberschulbereich weitgehend zu einem Wahlfach, so daß intensiver Deutschunterricht nur noch in Berufs-, Gewerbe- und Wirtschaftsschulen stattfinden kann. Weltweit betrachtet jedoch scheint sich trotz des abrupten Niedergangs des Deutschen in einigen Weltteilen, wie zum Beispiel im amerikanischen Schulunterricht nach dem Zweiten Weltkrieg, die deutsche Sprache als Fremdsprache langsam zu stabilisieren und zu behaupten, kann zum Teil auch Fortschritte verzeichnen (Japan). Hierfür ist neben den eingangs angeführten Gründen wahrscheinlich auch die Doppelausstrahlung zweier hochindustrialisierter Staaten verantwortlich. In beiden Großmachtblöcken ist der Einfluß der beiden Deutschlande erheblich, so daß Rückwirkungen auf das Interesse an der Sprache dieser Länder nicht ausbleiben können. Das verstärkte Engagement in der Dritten Welt im Zeichen intensivierten Wettbewerbs deutschsprachiger Staaten dürfte der Situation des Deutschen in der Welt nur förderlich sein.
Schließlich darf nicht vergessen werden, daß Deutsch zur Zeit die einzige Sprache der Welt ist, die sowohl in Ost- wie in Westeuropa über eine ausreichende Basis verfügt, um als Mittlersprache zwischen den Großmachtblöcken in Europa zu dienen, da sie im mutter- wie im fremdsprachlichen Bereich auf beiden Seiten tief verankert ist.

2. Deutsch als Minderheitssprache in Europa

Soziologische Faktoren wie Migration und Assimiliation, Zentralismus auch in kleineren Ländern, ein Zug zur sprachlichen Vereinheitlichung im Sinne einer nationalen Standardsprache und schließlich die auch in den achtziger Jahren noch vorhandenen Vorurteile aus der Zeit der Weltkriege, die das Bild vom „häßlichen Deutschen"[11] mitgeprägt haben, erschwerten den deutschen Minderheiten der Grenz- und Randzonen Europas das Überleben bis in die Gegenwart, so daß bis heute das Recht auf eine eigene Sprache und Kultur für die meisten Volksgruppen noch längst keine Selbstverständlichkeit ist.
Die zahlenmäßig stärksten deutschen Minderheiten befinden sich sicherlich in den sozialistischen Ländern, über deren tatsächliche Zahl jedoch keine zuverlässigen Angaben vorliegen. Die staatlich verordneten Zählungen und Befragun-

11 Breitenstein, *Der häßliche Deutsche?*

gen nach dem Beispiel des amerikanischen und russischen Census halten wir für unsinnig und unglaubhaft.[12] Die Bevölkerung mehrsprachiger Gebiete ist einem solch komplizierten Gefüge von sozialem Druck und ideologischen Faktoren ausgesetzt, daß die Ergebnisse eher als Loyalitätserklärung oder als Identifikationsmuster interpretiert werden müssen denn als objektive Wiedergabe eines Sprachbekenntnisses.[13] So können die Rußlanddeutschen auf mehrere Millionen, die Deutschsprachigen Rumäniens, Ungarns, der Tschechoslowakei, Polens und Jugoslawiens mindestens auf eine Million und einige Hunderttausend geschätzt werden. Sie befinden sich in einem fortschreitenden Prozeß der Polarisierung, der sie, aufgrund der Tatsache, daß ihre weltanschauliche Orientierung nicht kongruent mit ihrer sprachlich-kulturellen Einstellung ist, zu ständigen Entscheidungen für oder gegen ihre Muttersprache zwingt.[14]
Allerdings darf die Sitution des Deutschen als Muttersprache in den ostLändern nicht zu sehr verallgemeinert werden, da die Unterschiede von Land zu Land erheblich sind.
Da die Deutschen Jugoslawiens als Minderheit im Vielvölkerstaat nicht anerkannt werden, sind sie gezwungen, sich einer Minderheit mit offiziellem Status – z. B. den Ungarn – anzuschließen. Besonders rigoros wird gegenwärtig die starke deutsche Volksgruppe in Rumänien benachteiligt. Zur Diskriminierung, unter der ebenfalls die ungarische Minderheit zu leiden hat, gesellen sich ökonomisch-ideologische Probleme. Eine ähnliche, wenn auch weniger extreme Situation trifft man in der Tschechoslowakei an, einem Staat auf dem Wege zu einem gewissen sprachlichen Föderalismus, der wenig Augenmerk für seine deutschen, ungarischen und andere Minderheiten hat.
Relativ günstig entwickelt sich in jüngster Zeit die Lage der deutschen Minderheit in Ungarn, wo man mit Fug und Recht von einer aktiven Minderheitspolitik des Staates sprechen kann, die sich sicherlich auf die negativen Erfahrungen mit den eigenen ungarischen Volksgruppen in den Nachbarländern stützt.
Polen hat diesen Weg einer konstruktiven Konzeption des Minderheitenschutzes noch nicht eingeschlagen und wird aufgrund der ökonomischen Situation eine doch recht kostspielige Minderheitenförderung nicht in nächster Zeit verwirklichen.
Große Teile der deutschen Bevölkerungsgruppe der UdSSR leben – ähnlich wie die religiösen deutschen Minderheiten in den USA und Kanada – so sehr isoliert und zugleich verstreut, daß weder über ihre Zahl[15] noch ihre Sprachbewahrungskraft eindeutige Aussagen gemacht werden können. Die Wirtschaftsausstrahlung und Zusammenarbeit mit der DDR und die große Bedeutung des

12 Ausführlicher Kommentar bei: Nelde, „Plädoyer“, S. 3–13.
13 Ebd., S. 7.
14 Ebd., S. 9–14.
15 Nelde, „Zur Situation“, S. 35.

Deutschen als Fremdsprache wirken sich allerdings günstig im Sinne der Spracherhaltung aus.
Noch uneinheitlicher, jedoch übersichtlicher gestaltet sich das Bild im Westen. Während in den sozialistischen Ländern das neu geschaffene nationale Selbstbewußtsein mit einem Trend zur Einsprachigkeit, zur Staatssprache, erkauft wird,[16] kämpfen die deutschen Minderheiten in den kapitalistischen Ländern gegen die Anpassung an die gleichmacherische (EG-)Konsumgesellschaft, die bisher zwar kulturelle und sprachliche Eigenständigkeit duldete, aber kaum förderte, so daß vielen Deutschsprachigen die Anpassung an die Mehrheitsgruppe, die – mit der Ausnahme Italiens im Falle Südtirols – sozialen und wirtschaftlichen Aufstieg monopolisierte, angeraten schien. Das gilt auch für kleine Minderheitsgruppen wie die deutsche Bevölkerung Süddänemarks, die sich bisher allerdings behaupten konnte, da sie sich stets mit der dänischen Minderheit Schleswigs vergleichen kann.
Im Gegensatz zu den Ansichten der kontaktlinguistischen Literatur der vergangenen Jahre[17] ist die Lage der deutschen Bevölkerungsgruppe Belgiens weniger günstig als allgemein angenommen, da nur gut die Hälfte der deutschsprachigen Bevölkerung (64000 von ca. 105000) ihre Muttersprache öffentlich verwenden darf.[18]
Während die moselfränkische Mundart nur in Belgisch-Luxemburg, nicht aber im Großherzogtum gefährdet ist, gibt es im angrenzenden Elsaß-Lothringen mit mehr als 1,5 Mill. Deutschsprachigen eine deutliche Tendenz zum Bilingualismus (deutsche Mundart und französisch), so daß Sprachwechselvorgänge bereits als automatisiert erscheinen, da die Muttersprache völlig auf den Familienbereich zurückgedrängt wird.
Im Süden der germanisch-romanischen Sprachgrenze, in der Schweiz und in Südtirol herrscht eine überwiegend stabile Diglossie, die seltener zum Sprachwechsel Anlaß gibt.

16 Das gilt ebenfalls für offiziell mehrsprachige sozialistische Länder wie die ČSSR, die UdSSR und Jugoslawien, wobei das interne Gerangel um die Gleichberechtigung aller Staatssprachen in der Praxis zu einer weiteren Vernachlässigung der Minderheiten führt. Eine Ausnahme bildet in gewissem Sinne die sorbische Minderheit in der DDR, die sich einer intensiven Förderung erfreut.

17 Als Beispiel möge dienen: Eisermann/Zeh, *Die deutsche Sprachgemeinschaft in Ostbelgien*.

18 Mit einem psychologischen Trick gelang es der damaligen belgischen Regierung (1962) das deutschsprachige Gebiet zu halbieren, so daß die drei altbelgischen Gebiete ein völlig anderes Sprachstatut haben als die drei neubelgischen Gebiete. (Siehe dazu: Nelde, „Sprachsoziologische und soziolinguistische Überlegungen", S. 35–49).

3. Zur Sprachvariation deutscher Minderheiten am Beispiel der romanisch-germanischen Sprachgrenzgebiete

Ein Überblick über die gegenwärtige Minderheitssituation des Deutschen in Europa muß unvollständig bleiben, solange das innersprachliche Geschehen, der Grad der sprachlichen Verfremdung und Beeinflussung nicht deutlich wird. Aus diesem Grunde soll am Beispiel von Interferenz und Sprachvariation und deren linguistischen Universalien die Interdependenz deutsch-romanischer Faktoren dargestellt werden, die den Grad der Abweichung von einer standarddeutschen Norm bestimmen. Ausgehend von einem unterschiedlichen Normbegriff, der im romanischen Bereich durchweg strikter gehandhabt wird als im germanischen,[19] soll für die grammatische Ebenen die Sprachveränderung im Deutschen im einzelnen überprüft werden.
Die Schwierigkeiten der Beschreibung oder Kategorisierung des Normstrebens potenzieren sich noch unter dem Einfluß eines fremden Kommunikationsschemas wie des Französischen im deutschsprachigen Belgien.
Das Bemühen, auf verschiedenen grammatischen Ebenen die dem Deutschen nicht vertraute Sachwelt in den Griff zu bekommen, führt zu Abweichungen, die sich sicherlich auch in anderen Ländern, in denen Deutsch Minderheitssprache ist, nachweisen ließen. Ein Katalog sprachlicher Interferenzen und Abweichungen hätte nicht nur einen methodischen, sondern auch einen didaktischen Wert, da es nicht schwerfallen dürfte, ähnliche Kontaktuniversalien für weitere sprachliche Kontaktzonen zu erarbeiten.[20]
Eine mehrmonatige Analyse der einzigen deutschbelgischen Tageszeitung, die auch in einigen altbelgischen Gebieten verbreitet ist, liefert eine Reihe von Besonderheiten im:
A. morphosyntaktischen Bereich,
B. semantisch-stilistischen Bereich,
C. lexikalischen Bereich.
A. Morphosyntaktischer Bereich
Abweichende Formen können nur in wenigen Fällen als völlig ungrammatisch charakterisiert werden. Vielmehr handelt es sich häufig um archaische, hyperkorrekte oder selten gebrauchte Formen. Als Ursachen lassen sich folgende morphosyntaktische Bereiche darstellen:[21]

19 Dazu: Nelde, „Kontaktlinguistik", S. 76–92.
20 Nelde, „Language ‚Contact Universals'", S. 117–126.
21 A. a Ausbildung *auf* den neuen Techniken (frz. Instruction *sur* des techniques nouvelles)
A. b *Sich* auf *einen* Platz bemerkbar machen
A. c Telefonieren *an* die Firma (fr. téléphoner *à* la firme)
A. d Meinung eines verstorbenen *Landwirten*
A. e Handtücher *er*teilen
A. f *Eine* Kur folgen (frz. *suivre une cure*)
A. g Für dieses Jahr sind vorgesehen: *die Anschlüsse*.

A. a Präpostionalverben mit abweichenden Präpositionen
A. b Präpositionalverben mit abweichendem Kasus
A. c Abweichender Präpositionalgebrauch
A. d Kasusabweichungen
A. e Abweichender Präfixgebrauch bei Verben
A. f Verstöße gegen Verbvalenzen
A. g Wortstellungsverstöße

Diese Übersicht zeigt zur Genüge, daß eine Fehleranalyse in einem deutschen Minderheitssprachgebiet ähnliche Verstöße ans Licht brächte, wie sie von Ausländern, die Deutsch als Fremdsprache lernen, verübt werden.
Selbstverständlich lassen sich bei Sprachteilhabern, deren Muttersprache Deutsch ist, Agrammatikalitäten nicht einfach als Fehler schlechthin einordnen. Vielmehr wird sich aus jeglichem empirischem Material eine Hierarchie aller Abweichungen ergeben, wobei Verstöße gegen Verben, die im Deutschen bestimmte Präpositionen und Kasus regieren, Präpositionalabweichungen und Kasusfehler am stärksten als ungrammatisch bewertet würden, während Wortstellungsfehler noch diesseits der Toleranzschwelle lägen, da beispielsweise die Anfangsstellung des Verbs in romanischen Sprachen einer Tendenz des gegenwärtigen Deutsch entspricht, der Ausklammerung.
Aufgrund dieser Feststellungen ließe sich eine Fehlerhierarchie erstellen.

B. Semantischer-stilistischer Bereich
Eine Klassifizierung, die Allgemeingültigkeit auch für andere minderheitssprachliche Kontaktzonen besäße, läßt sich aufgrund der unfesten Ausprägung semantisch-stilistischer Kontaktuniversalien kaum erstellen, da sie in besonders hohem Maße von außersprachlichen Faktoren wie dem Bildungs- und Kulturniveau, der sozioökonomisch oder politisch bedingten Bereitschaft, fremde Sprach- und Wertsysteme zu adaptieren oder schließlich dem Prestigegrad der Kontaktsprachen abhängen. Es ließen sich höchstens durch Trans- und Interferenzen ausgelöste Kennzeichen einer Übersetzungssprache wie Ungenauigkeiten, Verschwommenheit und Ungeschicklichkeit im Ausdruck von den Ergebnissen sprachschöpferischer Bemühungen unterscheiden.
Ein solcher Katalog von Abweichungen sähe, ungeordnet, etwa wie folgt aus:[22]

22 B. a *Audi bezahlt alles, Öl eingeschlossen*
B. b Aus *Fond de la Formation professionelle de la construction* wird: *Stiftung für Berufsbildung im Bauwesen*
B. c *Erstdivisionäre* statt *Oberligaspieler*
B. d Kakao löst sich auf ohne zu *klumpern*
B. e *Crèmerie, Dactylo*
B. f *Atelier* und *Garage* als *Autowerkstatt*
B. g *praktisch, absolut*
B. h *Klaviere in Gelegenheiten*.

B. a Wörtliche Übersetzungen in die Zielsprache der Minderheit erschwert die Verständigung mit der Außenwelt.

B. b Sprachschöpferische Bemühungen sind nur dann erfolgreich, wenn außer- und innerminoritäre Begriffsfelder berücksichtigt werden.

B. c In Ermangelung einer der Minderheit angepaßten standardsprachlichen Begriffswelt wird eine typische Eigenschaft des Deutschen häufig überstrapaziert: Sogenannte Augenblickskomposita ergänzen die Lücken im sprachlichen System.

B. d Mangelndes Sprachgefühl und die soziale Struktur der Adressatengruppe, deren soziologische Elite häufig bereits zum Sprachwechsel übergegangen ist, führen zu übermäßig starkem Gebrauch umgangssprachlicher Wendungen oder seltener regionaler Varianten.

B. e Die Frequenz von Fremdlexemen liegt deutlich über der der nicht interferierten Standardsprache.

B. f Internationalismen mit national geprägten Bedeutungsschattierungen bekommen den Bedeutungsgehalt der dominierenden und interferierenden Kontaktsprache, so daß die Minderheitssprachen zahlreiche Bedeutungserweiterungen aufweisen.

B. g Ausdrucksunsicherheiten führen zu verbalistisch anmutenden Wortanschwellungen, für die in erster Linie sogenannte Füllwörter verantwortlich sind.

B. h Die Trennung von der einsprachigen standardsprachlichen Welt führt zu gewissen Verständnisdefiziten, die sich im aktiven Sprachgebrauch in einer oft unverständlichen Doppelsemantik ausdrückt.

C. Lexikalischer Bereich

Besonders ergiebig ist bei sämtlichen Kontaktsprachen der lexikalische Bereich, da er am stärksten modischen, ideologischen, bildungspolitischen und sozioökonomisch bedingten Schwankungen der Begriffswelt einer Minderheit ausgesetzt ist.

Charakteristisch sind im Nominalbereich zwei von der Standardsprache abweichende Wortbildungsmuster: Einerseits die Verwendung von Hilfssprachen und andererseits der Gebrauch von Fremdlexemen jeweils als Belgizismen (Gallizismen, Italianismen, Niederlandismen).

Diese Lexeme treten überwiegend als Komposita auf.

C. a Hilfssprachen

C. a. 1 Latinisierungen

Nach Schweizer Modell verwenden mehrsprachige Länder lateinische oder latinisierende Begriffe, um eine ökonomisch nicht zu verantwortende oder aus ästhetischen oder informativen Gründen (Briefmarkenaufdrucke, Vereinsbezeichnungen) unzweckmäßige Wiederholung zu vermeiden. Zugleich wird dadurch in sprachlichen Konfliktzonen eine tatsächliche oder vermeintliche Objektivität angestrebt.[23]

C. a. 2 Französierungen

Über die scheinbare Neutralität latinisierender Bezeichnungen hinaus gilt – vor allem bei kleineren und mittleren Sprachen ohne Weltgeltung – im wirtschaftlichen Bereich der Prestigestatus der dominierenden und interferierenden Sprache als nachahmenswert, so daß statt eigensprachlicher bzw. standardsprachlicher Bezeichnungen die fremdsprachliche Benennung bevorzugt wird.[24]

C. a. 3 Angloamerikanisierungen

Mit sinkender Weltgeltung des Französischen erhält teilweise bereits das Englische den modisch-internationalen Mehrwert, den früher das Französische besaß, so daß im wirtschaftlichen Bereich sich ein Rückgang des Französischen gegenüber dem Englischen bereits sprachlich bemerkbar macht.[25]
Dieser Vorgang ist jedoch sekundär, da als Teilursache die zunehmende Bedeutung des *franglais* verantwortlich sein dürfte.[26]
Bei den Französierungen wie bei den Angloamerikanisierungen kann die Fremdbenennung sowohl von den Sprachteilhabern der Minderheit ausgehen wie auch wegen eines sozialen und ökonomischen Übergewichts der Mehrheit der Minderheit auferlegt werden.

C. b Fremdlexeme als Belgizismen

Eine Einteilung dieser zahlreichen Lexeme, die für das sprachliche Funktionieren in einer Kontaktzone anscheinend von überragender Bedeutung sind, läßt sich aufgrund des Abweichungsgrades von der Standardsprache[27] vornehmen, wobei als Akzeptabilitätskriterium die Verständlichkeit dienen soll.

C. b. 1 Standardsprachliche Äquivalenzen

Hierbei handelt es sich um Lexeme, die eine standardsprachliche Entsprechung kennen und deshalb von Sprechern der Standardsprache noch verstanden werden dürften.[28]

C. b. 2 Eigenbildungen der minoritären Sprachteilhaber

Diese Neubildungen sind in den seltensten Fällen Neuschöpfungen, überwiegend Ableitungen und noch häufiger Zusammensetzungen. Normalerweise

23 *Flandria* als Fahrradmarke, ähnlich *pro iuventute* in der Schweiz.
24 *Patisserie* für *Konditorei; Pistolet* für *Brötchen.*
25 *Leichtes Fuel* verdrängt *Mazout.*
26 *Standing, Building.*
27 H. Moser verwandte hierfür die Bezeichnung *Binnendeutsch*; wir bevorzugen die für alle deutschsprachigen Länder gültige Bezeichnung *Standarddeutsch.*
28 *Parkingplatz.*

bleibt standardsprachlichen Sprechern die genaue Semantik dieser Bildungen verborgen.[29]

C. b. 2. 1 Assoziative Bildungen
Aufgrund seiner Kenntnis von fremden Abstrakta und Internationalismen ist der standardsprachliche Sprecher in vielen Fällen in der Lage, die ungefähre Bedeutung dieser Begriffe zu assoziieren.[30]

C. b. 2. 2 Eigenbildungen ohne standardsprachliche Referenz
Hierzu gehören die Lexeme, die der standardsprachliche Sprecher weder assoziieren noch ohne Kenntnis der anders gearteten Lage im Nachbarland eruieren kann. So kann er schwerlich ausmachen, ob der jeweilige Begriff mit oder ohne Entsprechung in der Standardsprache verwandt wird.[31]

C. b. 2. 2. 1 Parallelbildungen
Wegen fehlender Kontakte beispielsweise im wirtschaftlichen oder bildungspolitischen Sektor entstehen neue Begriffe, die in der Standardsprache vorhanden sind und bereits über eine Eigenbezeichnung verfügen.[32]

C. b. 2. 2. 2. Sachfremde Bildungen
Ohne genaue Einsicht in das politisch-administrative Funktionieren der Strukturen der minderheitssprachlichen Umwelt müssen derartige Bildungen, die einen fremden Sachverhalt decken, unverstanden bleiben. Charakteristisch ist obendrein, daß Abstrakta häufig gerafft als Satzausdrücke auftreten, so daß eine Übertragung in das eigene Denkkonzept des standardsprachlichen Sprechers nur mittels Definitionen oder Umschreibungen möglich ist.[33]

Es ist offensichtlich, daß derartig eingreifende Abweichungen auf den wichtigsten grammatischen Ebenen das Sprachverhalten des diglossischen Sprechers eines sprachlichen Minderheitsgebietes nachdrücklich beeinflussen. Vor allem wird dessen Normbewußtsein besonders stark auf die Probe gestellt. Eine rein dialektische oder soziolektische Überprüfung des Wortschatzes ohne ausdrückliche Berücksichtigung der Interferenzsituation scheint mir deshalb unzureichend. Ob sich allerdings Parallelen zu anderen Minderheitssprachgebieten ergeben und ob diese generalisierbar sind, muß der Vergleich empirischen Materials zeigen.

29 *Laureat der Arbeit*; als Neuschöpfung: *Erstminister* statt *Premierminister*.
30 *Milizpflichtiger* statt *Wehrpflichtiger*.
31 *Permanentdeputation* für *Länderregierung* (BRD).
32 *Fantasiebrot* für eine nicht standardisierte *Brotsorte*.
33 *Schulfrieden* als Raffwort, das entscheidend ist für das Verständnis der belgischen Nachkriegsgeschichte.

4. Vorbedingungen für einen Forschungsschwerpunkt Deutsch als Minderheitssprache

Ein Blick auf die außer- und innersprachliche Bedingtheit des Fortlebens des Deutschen als europäische Minderheitssprache dürfte den interessierten Sprach-, Literatur- und Kulturwissenschaftlern einige bisher unzureichend berücksichtigte Perspektiven aufzeigen, die sich aus der jüngsten Entwicklung des Deutschen ergeben. Zur Zeit besteht auch in Fachkreisen ein erhebliches Informationsdefizit. Die jahrelange Abstinenz der „etablierten" Sprach-, Literatur- und Kulturwissenschaftler gegenüber unserem Themenkreis führte zu einer häufig einseitigen Betrachtungsweise, die bei anderen – auch kleineren – ethnischen Minderheitsgruppen unbekannt ist.[34]
Die in vielen Fällen verdienstvollen Veröffentlichungen im populärwissenschaftlichen Bereich der Heimat- und Regionalliteratur und deren vielfach emotioneller Charakter trugen noch zu dem Eindruck bei, daß es sich hier eher um ein Randgebiet der Forschung handele und nicht – wie wir aus gegenwärtiger Sicht heute behaupten würden – um ein zentrales Thema der Sprachkontaktforschung.
Um den erforderlichen wissenschaftlichen Bezugsrahmen zu erstellen, müßte die Minderheitsforschung endgültig ihre „prälinguistische" Einstellung ablegen und sich statt dessen vorzugsweise kontaktlinguistischer Strategien und Methoden bedienen, um die Enge und Absonderung ihrer bisherigen Themenwelt zu verlassen.
Zu einer anwendungsorientierten Kontaktlinguistik gehört die Einbeziehung sprachsoziologischer und soziolinguistischer außersprachlicher und innersprachlicher Faktoren, Ergebnisse der Konflikt- und Vorurteilsforschung, demnach ein interdisziplinäres Vorgehen. Dagegen – so glauben wir aufgrund der Entwicklung der jüngeren Sprachwissenschaft der siebziger Jahre annehmen zu können – trägt die abstrakte Systemlinguistik für unseren Forschungsbereich wenig bei, da sie sich auf die Illusion einer homogenen Sprachgemeinschaft stützt, der jeglicher Bezug zur sprachlichen Wirklichkeit, zur Variationsbreite, zur Situations- und Umweltgebundenheit von Sprache fehlt.[35]
Ehe jedoch eine kontaktlinguistische Modell- und Methodendiskussion und eine – angestrebte – Vergleichbarkeit von Sprachkontakten deutscher Minderheiten ins Auge gefaßt wird,[36] sollten empirische Arbeiten über die Unhaltbarkeit

34 Es sei an vorbildliche Kulturinitiativen aus dem niederländischen Sprachraum erinnert wie den *Algemeen Nederlands Verbond* oder die gesamtniederländische Zeitschrift *Ons Erfdeel*.

35 Nelde, Sprachen in Kontakt, S. 79.

36 Einige Veröffentlichungen der Forschungsstelle für Mehrsprachigkeit in Brüssel betonen den kontaktlinguistischen Charakter von Sprachminderheitsforschung: *Deutsch als Muttersprache in Belgien*, Wiesbaden 1979. – *Volkssprache und Kultursprache*, Wies-

von staatlich verordneten Sprachenzählungen, die Polarisierung innerhalb kleinerer deutscher Minderheiten, die fortschreitende Sprachwechselsituation, die Einflüsse von zentralstaatlichen Verwaltungsmaßnahmen im Bereich von Sprachplanung und Sprachpolitik erstellt werden.

Die „Vierphasenstruktur" der Nachkriegsentwicklung des deutschsprachigen Belgiens könnte das erläutern: Die *erste Phase* nach dem Zweiten Weltkrieg diente einer oberflächlichen Verarbeitung der aus der jüngsten Vergangenheit resultierenden Probleme des Sprachrückgangs und stellte die ideologisch gefärbte Schuldzuweisungsfrage in den Mittelpunkt jeglicher sprachkulturellen Diskussion.

Die *zweite Phase* in den sechziger Jahren zeigt einen neuen Forschungsstand: Objektiver als zuvor wird die Sprachenfrage behandelt, und es werden die Rahmenbedingungen – nach einer Aufarbeitung der Faktoren für Sprachverlust bzw. -stillstand – ausgearbeitet, die ein Überleben der Minderheit in den nächsten Jahrzehnten ermöglichen könnten.

In einer *dritten Phase* werden – nach der Ziehung einer allerdings völlig diskriminierenden Sprachgrenze, die das deutschsprachige Gebiet willkürlich halbiert – infrastrukturelle Maßnahmen im Kultur- und Verwaltungsbereich ergriffen, die der Minderheit als kultur- und sprachpolitisches Instrumentarium dienen müssen, um eine ethnopolitische Eigenständigkeit innerhalb des Staates zu erzielen. Eine parlamentähnliche Institution wie der Rat der deutschsprachigen Gemeinschaft mit einer weitgehenden kulturpolitischen Zuständigkeit für den offiziell deutschsprachig verbliebenen Rest von 64000 Neubelgiern und Bürgerinitiativen wie der Volksgruppenrat schufen die Voraussetzungen für eine zukünftig angestrebte Gleichberechtigung der deutschen Minderheit.

Zur Zeit befindet sich diese Minderheit in einer *vierten Phase* (seit Ende der siebziger Jahre), in der es auch Wissenschaftlern (Politologen, Sprach-, Literatur- und Kulturwissenschaften) möglich ist, kulturrelevante Phänomene wie Sprachkontakte und -konflikte empirisch zu erfassen, zu bewerten und das Ergebnis einer inzwischen sensibilisierten Öffentlichkeit vorzulegen. Im Bereich der Minderheitsforschung hat diese „Linguistisierung" der ethnopolitischen Fragen nach Jahren der Enthaltsamkeit zu einer erstaunlichen Zunahme von kontaktlinguistischen Arbeiten geführt, die ein objektives Bild von Sprachverhalten, -bewahrung und -wechsel zu vermitteln versuchen.

Die für die nächsten Jahre angekündigten Untersuchungen aus sprachökologischer Perspektive zeigen, welch zentraler Stellenwert, welch tendenzieller Aktualitätswert einer deutschen Minderheitsforschung aus kontaktlinguistischer Sicht zukommen kann.

baden 1979. – *Sprachkontakt und Sprachkonflikt* , Wiesbaden 1980. – *Gegenwärtige Tendenzen der Kontaktlinguistik*, Bonn 1983. – *Theorie, Methoden und Modelle der Kontaktlinguistik*, Bonn 1983. – *Vergleichbarkeit von Sprachkontakten*, Bonn 1983. – *Mehrsprachigkeit*, Bonn 1983.

Ob es all diesen Ansätzen gelingen wird, den Blick der Forschung von der Theorie wiederum auf die alltägliche Realität der Minderheiten, d. h. auf die ständige sprach- und kulturpolitische Bedrohung durch die Mehrheit zu lenken und damit als gesellschaftsbezogene Wissenschaft den Minderheiten die erforderliche argumentative Schützenhilfe zu geben, die ein Überleben auch im einundzwanzigsten Jahrhundert ermöglicht, kann vorläufig noch keineswegs mit Sicherheit angenommen werden. Erste positive Ergebnisse kontaktlinguistischer Forschungen mit direkten schul- und bildungspolitischen Rückwirkungen berechtigen jedoch zu einem vorsichtigen Optimismus.

Literatur

Amian, Werner: „Die gegenwartssprachliche Problematik Altbelgiens", in: *Handelingen van het XXXI. Vlaams Filologencongres*, Brüssel 1977, S. 146–151.
Breitenstein, Rudolf: *Der häßliche Deutsche?* München 1968.
Eisermann, Gottfried/Zeh, Jürgen: *Die deutsche Sprachgemeinschaft in Ostbelgien*, Stuttgart 1979.
Fishman, Joshua A.: „Bilingualism with and without Diglossia; Diglossia with and without Bilingualism", in: *Journal of Social Issues* 3, 1967, S. 7–48.
–: *The Sociology of Language*, Rowley, Mass. 1972.
Froeschle, Hartmut: *Die Deutschen in Lateinamerika*, Tübingen/Basel 1979.
Hoffmann, Fernand: *Sprachen in Luxemburg*, Wiesbaden 1980.
Kloss, Heinz: „Vier Verlierer. Verluste der deutschen Sprachgemeinschaft in jüngerer Zeit" – Festschriftaufsatz für Paul Grebe, in: *Linguistische Studien III*, hrsg. v. Hugo Moser u. a., Düsseldorf 1973, S. 28–39 (Sprache der Gegenwart XXIII).
Mackey, William F.: *Bilinguisme et contact des langues*, Paris 1976.
Nelde, Peter H. (Hrsg.): *Deutsch als Muttersprache in Belgien*, Wiesbaden 1979.
–: „Diglossie und Norm", in: *Kongressberichte der GAL Mainz 1977*, Trier 1978.
– (Hrsg.): *Gegenwärtige Tendenzen der Kontaktlinguistik*, Bonn 1983 (Plurilingua I).
–: „Interférences du français chez une minorité germanophone", in: *Le cas du Québec – Langages et collectivités*, Ottawa, 1981, S. 212–247.
–: „Kontaktlinguistik und Minderheitsforschung", in: H. Baetens Beardsmore (Hrsg.), *Elements of Bilingual Theory*, Brüssel 1981, S. 76–92.
–: „Language ‚Contact Universals' Along the Germanic-Romanic Linguistic Border", in: *Journal of Multilingual and Multicultural Development* 2, 1981, S. 117–126.
– (Hrsg.): *Mehrsprachigkeit – Multilingualism*, Bonn 1983 (Plurilingua IV).
–: „Normabweichungen im Zeitungsdeutsch Ostbelgiens", in: *Deutsche Sprache* 3, 1974, S. 233–251.
–: „Plädoyer für eine Linguistik von Sprachen in Kontakt", in: ders., *Theorie, Methoden und Modelle der Kontaktlinguistik*, Bonn 1983, S. 3–13 (Plurilingua II).
–: „Problems of Multilingualism in Eastern Belgium", in: M. Hartig (Hrsg.), *Angewandte Soziolinguistik*, Tübingen 1981, S. 107–116.
– (Hrsg.): *Sprachkontakt und Sprachkonflikt*, Wiesbaden 1980.
–: „Sprachsoziologische und soziolinguistische Überlegungen zur deutschen Minderheit in Belgien", in: H. Moser (Hrsg.), *Zur Situation des Deutschen in Südtirol*, Innsbruck 1982, S. 35–49.
–: „Sprachen in Kontakt", in: *Germanistische Mitteilungen* 14, 1981, S. 79–90.

– (Hrsg.): *Theorie, Methoden und Modelle der Kontaktlinguistik*, Bonn 1983 (Plurilingua II).
– (Hrsg.): *Vergleichbarkeit von Sprachkontakten*, Bonn 1983 (Plurilingua III).
–: *Volkssprache und Kultursprache*, Wiesbaden 1979.
–: „Zur Problematik von Sprachenzählungen“, in: S. Ureland (Hrsg.), *Kulturelle und sprachliche Minderheiten in Europa*, Tübingen 1981, S. 219–233.
–: „Zur Sprachvariation im deutschsprachigen Belgien“, in: W. Meid und K. Heller (Hrsg.), *Sprachkontakt*, Innsbruck 1981, S. 181–186.
–: „Zur Situation des Deuschen in der Welt“, in: *Germanistische Mitteilungen* 2, 1975, S. 35.
Ritter, Alexander: „Zwischen literarkritischem Vorbehalt und kulturpolitischer Empfindlichkeit: die deutschsprachige Literatur des Auslands“, in: *Germanistische Mitteilungen* 11, 1980, S. 71–88.
Ureland, Sture (Hrsg.): *Kulturelle und sprachliche Minderheiten in Europa*, Tübingen 1981.
Verdoodt, Albert: *Les problémes des groupes linguistiques en Belgique; Cours et documents de l'Institut de linguistique*, Löwen 1973.
Verdoodt, Albert: *Zweisprachige Nachbarn. Die deutschen Hochsprach- und Mundartgruppen in Ost-Belgien, dem Elsaß, Ost-Lothringen und Luxemburg*, Wien 1968 (Ethnos Bd. 6).
Weinreich, Uriel: *Sprachen in Kontakt*, München 1977.

Ernst Leonardy

Dichtung und dokumentierte Minderheitenkultur

Die deutschsprachige Literatur im ostbelgischen Raum

Der vorliegende Beitrag befaßt sich mit der Literatur deutscher Sprache in den sogenannten belgischen „Ostkantonen“, d.h. im Eupener und St. Vither Raum, im deutschsprachigen Bereich des Kantons Malmedy und im Montzener Raum (Altbelgien Nord). Zu einer Erfassung der hochdeutschsprachigen und Dialektliteratur im Areler Gebiet, die sich eng an den Luxemburger Kulturraum anschließt (Altbelgien Süd), fehlen bisher die nötigen Vorarbeiten.[1] Der Begriff „Literatur“ wird hier im Sinne von Belletristik gefaßt; berücksichtigt wird die seit 1945 erschienene Produktion lebender Schriftsteller. Die methodologische Ausgangsposition des Verfassers besteht darin, diese Literatur als einen geschlossenen Komplex innerhalb der sogenannten „auslandsdeutschen“ Literatur zu betrachten. Dies besagt: die literarische Produktion der deutschsprachigen Ostgebiete Belgiens wird hier als Einheit angesehen, in der sich die Sonderlage einer sprachlichen Minderheit spiegelt.

1. Die sozialen Bedingungen

1.1 Innerhalb des oben umrissenen Zeitraums läßt sich das Schaffen von ca. 30 Autoren repertorieren. Schon die Beachtung der biographischen Daten ergibt Auskünfte über das Erscheinungsbild und die Entwicklungstendenzen dieser Literatur. In seiner Löwener Lizenzarbeit „Vorarbeiten zu einem Lexikon. Belgische Dichter deutscher Sprache“[2] zählt Guido Ossemann 29 Namen auf, dar-

1 Hier sei auf die nun im dritten Jahre erscheinende Zeitschrift *Arelerland a Sprooch* hingewiesen.

2 Die beim Verfasser dieses Beitrags entstandene Arbeit besteht aus der Wiedergabe der Antworten auf einen Fragebogen, in dem die Autoren nach biographischen und literarischen Daten befragt wurden, und aus einem bibliographischen Teil. Einige Mängel sind in Ossemanns Arbeit unübersehbar: ein hie und da sehr freigebiger Umgang mit dem Attribut „Autor“, andererseits aber auch das Fehlen einiger Schriftsteller (z. B. Peter Zimmer, Leo Hermanns), schließlich die Unvollständigkeit der Bibliographie. Im Fragebogenteil wird leider nicht immer erkennbar, wo Ossemann redaktionell in die Antworten der Autoren eingreift und wo er sie wörtlich zitiert. Solche Mängel beeinträchtigen jedoch nicht die Tatsache, daß Ossemann hier ein äußerst wertvolles und brauchbares Arbeitsinstrument vorlegt.

unter diejenigen von 15 nach dem 2. Weltkrieg geborenen Autoren; zwei von ihnen gehören den Jahrgängen seit 1953 an. Von den übrigen wurden 8 in den späten zwanziger und in den dreißiger Jahren geboren; die Geburtsdaten der restlichen 6 liegen zwischen 1899 und 1918. Das Durchschnittsalter dieser Autoren liegt bei der außerordentlich niedrigen Quote von 39,6 Jahren[3]; in graphischer Darstellung ergäbe die Zusammenstellung der Geburtsdaten ein auf den Kopf gestelltes Dreieck; die gleiche Figur entstände, wenn man die – in entsprechendem chronologischen Abstand folgende – Produktionssteigerung, die wachsende Anzahl vorliegender Texte also, darstellen wollte. M.a.W.: es handelt sich hier um eine junge, in voller Expansion begriffene Literatur. Die Zahl der Schriftsteller nimmt in geometrischer Progression zu; gleiches gilt für die Anzahl der entstehenden Werke.

1.2 Werfen wir einen Blick auf die geographische und soziale Herkunft der Autoren, so zeichnen sich ebenfalls bedeutsame Felder ab. 21 der 29 von Ossemann repertorierten Autoren wurden im Eupener Raum geboren (Eupen-Raeren-Hergenrath-Kettenis-Gemmenich-Walhorn); 6 im Umkreis von St. Vith (St. Vith-Deidenberg-Montenau-Lascheid-Ober-Emmels); 2 in den wallonischen Gebieten des Kantons Malmedy (Sourbrodt-Faymonville). Das Bild vervollständigt sich, wenn wir die soziale Herkunft der Autoren (über die 27 der 29 von Ossemann Befragten Auskunft erteilten) mit in Betracht ziehen. Von den 14 vor dem 2. Weltkrieg geborenen Autoren entstammen 12 dem Bauern-, Arbeiter- oder Kleinhandwerkerstand; keiner der Betreffenden stammt direkt aus Eupen-Stadt. Diese recht hohe Anzahl ist wohl als Ausdruck einer allgemeinen Entwicklung zu werten, nämlich eines mächtigen Aufstrebens in den bürgerlichen Mittelstand. Nur zwei – beide sind Frauen – geben eine bürgerliche Herkunft an; beide sind aus dem Eupener Raum gebürtig (Eupen-Hergenrath). Von den 15 Autoren, deren Geburtsdaten in die Nachkriegszeit fallen, verweisen 8 – sämtlich aus Eupen – auf ihre bürgerliche Herkunft; 2 machen keine Angaben, die 5 übrigen – unter ihnen zwei aus dem St. Vither Raum – entstammen aus Bauern-, Handwerker- oder Angestelltenfamilien. Mit 6 von 29 Namen sind die Frauen im Vergleich zu anderen Minderheitsliteraturen nicht schlecht vertreten;[4] allerdings kommt keine einzige von ihnen aus dem St. Vither Gebiet.
Die hier angeführten Zahlenverhältnisse stellen zunächst einmal im Raum der literarischen Produktion eine Entsprechung dar zu dem strukturellen Unterschied zwischen der ländlichen St. Vither Gegend und dem eher städtisch-bür-

3 Zum Vergleich einige Zahlen: das Durchschnittsalter der 34 in den *Nachrichten aus Kasachstan* aufgenommenen Autoren liegt bei ca. 63,4 Jahren; im Rumänienband aus der gleichen Reihe lauten die entsprechenden Zahlen: 38 Autoren – ca. 46,6 Jahre; im Elsaß-Band; 33 Autoren – ca. 68,2 Jahre.

4 Vgl. dazu die Verhältnisse in den eben genannten Bänden: Kasachstan-Band: 4 Frauen (insgesamt 34 Autoren); Rumänien-Band: 6 Frauen (38 Autoren); Elsaß-Band: 5 Frauen (33 Autoren).

gerlich geprägten Eupen. Der unleugbare Vorsprung, den Eupen als Zentrum hier aufzuweisen hat, dürfte im wesentlichen auf zwei Faktoren zurückzuführen sein, die übrigens in enger Beziehung zueinander stehen. Zunächst gehört zu den Rezeptionsbedingungen heutiger Literatur wahrscheinlich ein in gewissem Sinne „verbürgerlichtes" Publikum, das Ohr und Verständnis aufbringt für so indirekt-komplexe, tendenziell und subjektiv gefärbte Äußerungen, wie es beispielsweise Gedichte sind, und zwar vor allem, wenn diese Äußerungen aus der eigenen Mitte kommen und in eigener Sache Stellung nehmen. Erst eine solche Aufnahmebereitschaft wird die Errichtung eines literarischen Produktionsapparates (in Zeitungen, Zeitschriften, Verlagen, Rundfunk...) ermöglichen. Sodann wird ein Milieu, das Literatur nicht nur als Import, als von außen her kommendes Bildungsgut anzunehmen gesinnt ist, sich auch literarisch viel produktionsfreudiger verhalten.
Versuchen wir an dieser Stelle, einen vorläufigen Überblick zu gewinnen. Das ständige Wachstum der Produktion in der Nachkriegszeit sahen wir im Zusammenhang mit der allgemeinen sozialen, kulturellen und wirtschaftlichen Entwicklung, die selbstverständlich nicht nur im eng regionalen Rahmen zu fassen ist. Innerhalb der literarischen Produktion war ein stark ausgeprägtes Gefälle zwischen dem Eupener und dem St. Vither Raum festzustellen, und zwar zugunsten des städtisch-bürgerlich geprägten Eupen. Einiges spricht allerdings dafür, daß in vergleichbaren Entwicklungssparten (etwa Zugang zum akademischen Studium, politische und Verwaltungslaufbahnen) dieser Unterschied lange nicht so ausgeprägt ist, daß also die literarische Situation nicht als Modellfall zu verallgemeinern wäre. Auch dürfte auf kulturellem Gebiet die günstigere geographische Lage Eupens, insbesondere die Nähe zu Aachen, einen nicht zu unterschätzenden Einfluß ausüben. Ohnehin vermag Eupen selber in kultureller Hinsicht seinen Einwohnern mehr zu bieten, als das gut fünfmal kleinere Städtchen St. Vith.

1.3 Daß zwischen der allgemeinen Entwicklung des deutschsprachigen Gebiets und der Entwicklung der literarischen Produktion ein enger Zusammenhang besteht, legt auch ein Blick auf die berufliche Ausbildung der Autoren nahe. Das Universitätsstudium, in den Vorkriegsjahren die große Ausnahme, ist in der Nachkriegszeit geradezu der Regelfall geworden. Von den 10 vor 1933 geborenen Autoren erhielten 2 eine Ausbildung auf Universitätsniveau (davon einmal Theologie);[5] von den 19 übrigen, die Ossemann anführt, besuchten oder besuchen 13 die Universität; unter den 6 restlichen befinden sich ein diesjähriger Abiturient, aber auch 2 Frauen. Einer der wesentlichen Gründe für diesen stupenden Wechsel ist gewiß im Abbau der Vorurteile zu suchen, die die sozialen Kreise, denen die meisten unserer Autoren entstammen, gegen ein Universitäts-

5 Es sei daran erinnert, daß in Belgien die theologische Ausbildung zum Priester nicht den Universitäten, sondern Priesterseminaren obliegt.

studium hegten. Die früheren Elterngenerationen waren augenscheinlich im Höchstfall nur dazu bereit, begabten Kindern eine Ausbildung zum Volksschullehrer zu finanzieren (4 unter den 10 oben erwähnten Autoren).

1.4 Das Studium sowie das jugendliche Alter vieler Schriftsteller bringen es natürlicherweise mit sich, daß ein unverhältnismäßig großer Anteil der vorliegenden Texte aus Schüler- und Studentenliteratur (insbesondere bei der Lyrik) besteht. Als wichtige Publiktionsmedien erwiesen sich dabei die Schülerzeitschriften *Wir* des Colège Patronné in Eupen und *Der Schnüffler* der Bischöflichen Schule zu St. Vith (beide seit 1971); zu erwähnen ist auch die Eupener Jugendzeitschrift *Pfeil* (seit 1969). Die Autoren, die jetzt das Alter von ca. 25 Jahren erreicht haben, debütierten in der Regel hier. Es gehört auch zu den Besonderheiten einer regional so eng begrenzten Erscheinung wie dieser Literatur, daß ganze Gruppen (so die Eupener Gruppe „es ist einmal") auf die Bekanntschaft der Autoren untereinander seit den Schuljahren, ja zum Teil auf eine gemeinsam verbrachte Schulzeit zurückgehen.[6] Daß mit Schüler- und Studentenlyrik auch bestimmte Inhalte verbunden sind, wird niemand wundern. Sowohl die Schülergedichte des St. Vithers Marcel Cremer wie die der Eupenerin Patrice Gerckens atmen noch ganz den Geist der Protestbewegungen der späten sechziger Jahre. Der kulturkritisch-pessimistische, bitter resignierende Tonfall, der die Gedichte der Gemeinschaftspublikation *es ist einmal* durchgehend prägt, kennzeichnet durchaus die Mentalität der Studentengeneration, die den Rebellen folgte. Die Studienjahre, fast immer an den französischsprachigen Universitäten Löwen oder Lüttich verbracht, und der damit verbundene Aufenthalt im fremdsprachigen Raum des eigenen Landes, vermitteln den Studenten schließlich noch einen Reflex, der zwar selten thematisiert wird, dafür aber tief zum Habitus, ja zum Selbstverständnis gehört: das Gefühl nämlich, „eine Sorte für sich" zu sein, die Erfahrung der Nicht-Assimilierbarkeit in die Gemeinschaft ihrer Kommilitonen, die von diesen übrigens meist in anerkennendem Sinne gefördert wird. Von Ossemann nach Schlüsselerlebnissen befragt, antwortet der St. Vither Pierre Messerich u. a.: „Ja,... (von mir ausgelassen: d. Vf.) die Beobachtung einer Stadt: Verviers, Aus der Sicht des Beobachters, des Lernenden, wird sie geliebt und gehaßt. Er ist Einzelgänger und nicht bemerkter Beobachter. Er ist Außenseiter oder Fremder"[7]. Bezeichnete Fritz René Allemann die Elsässer als eine „Minorität, die keine sein will"[8], so muß die Formel für die Literatur, von der hier die Rede ist, umgekehrt werden. Sie ist durchaus Ausdruck einer „Minorität, die eine sein will".

6 „es ist einmal" ist zugleich de Name einer Gruppe von jungen Eupener Lyrikern (W. Barth, P. Gerckens, E. Gries, G. Havenith, G. Hick, L. Müllender, U. Timmermann) und der Titel ihrer 1976 im Selbstverlag (Eupen) herausgegebenen Gemeinschaftspublikation.
7 Ossemann, Vorarbeiten, S. 103.
8 Allemann, „Die Elsässer".

2. Verwendete Sprachen

In diesem Zusammenhang stellt sich nun die Frage: in welchen Sprachen schreiben unsere Autoren? Denken wir dabei nur an die elsässische Literatur, in der die Kombination hochdeutsch/elsässisch oder hochdeutsch/französisch schon fast zu den Selbstverständlichkeiten gehört.[9] Auch in der rumäniendeutschen und sowjetdeutschen Literatur stellt das Schreiben in mehreren Sprachen keine Seltenheit dar. Hinsichtlich der Verwendung verschiedener Sprachen durch die deutschsprachigen Autoren Belgiens (im belletristischen Bereich) ergeben Ossemanns Angaben – sofern wir uns auf sie stützen dürfen –[10] schon fast verblüffend eindeutige Resultate. Als Grenzscheide fungiert hier wiederum das oben bereits erwähnte Geburtsdatum 1933. Vorerst sind allerdings zwei Sonderfälle herauszuheben. Französische Gedichte – allerdings unveröffentlichte – schreibt der 1902 in der damaligen „preußischen Wallonie" (Sourbrodt) geborene Victor Rousseau wie auch die 1933 im ebenfalls wallonischen Faymonville Simone Schouteden-Huby. Von den übrigen neun vor 1933 geborenen Autoren veröffentlichten 5 in ihrer Mundart, zum Teil das Wesentliche ihres Werks (Kurt Fagnoul, in geringerem Maße Gérard Tatas).[11] Kein einziger der nach 1933 Geborenen gab Ossemann nach eine Veröffentlichung in der Mundart an; zwei der Begabtesten unter ihnen publizieren auch (Gerhard F. Heuschen) oder bisher fast nur (Robert Schaus) in französischer Sprache. Dabei sollte nicht vergessen werden, daß bei sämtlichen Autoren des St. Vither Raums der Dialekt die eigentliche Mutter- und Umgangssprache ist (was sehr wahrscheinlich auch einen der gravierenden Gründe für den strukturellen Rückstand in Sachen Literatur darstellt). Andererseits fällt der schroffe Gegensatz zu einer anderen „auslandsdeutschen" Literatur, der des Elsaß, sofort ins Auge: dort ein Dialekt, der von Dichtern so liebevoll gepflegt wurde, daß er an Flexibilität und Ausdrucksmöglichkeiten der Hochsprache in nichts mehr nachsteht, der auch von jüngeren Dichtern (wie Sylvie Reff und Conrad Winter) zum Teil sogar virtuos gehandhabt wird, hier bei den jüngeren Autoren eine eindeutige und nicht immer unverkrampfte Tendenz, den Dialekt schlichtweg auszuschalten. Merkwürdig ist ebenfalls der Kontrast zur Areler Gegend, wo sich im Augenblick eine wirkliche literarische Erneuerung um Dialektdichtung und Dialekttheater zu vollziehen scheint.

9 Nach den Texten und fragmentarischen bio-bibliographischen Antworten in den *Nachrichten aus dem Elsaß* schreiben von den 33 aufgenommenen Autoren zwei elsässisch und hochdeutsch oder nur elsässisch; drei zumindest veröffentlichen in hochdeutscher und französischer Sprache, 6 weitere bedienen sich aller drei Idiome.

10 Es gehört zu den Nachteilen von Ossemanns Arbeit, daß er sich für die Aufzählung der publizierten Werke auf Gedächtnis und Archiv der Autoren und nicht auf eigene Nachforschungen verläßt.

11 Auch die von Ossemann nicht berücksichtigten L. Hermanns und P. Zimmer veröffentlichten in ihrer Mundart.

3. Gattungen

In den verwendeten Formen und Gattungen beschränkt sich die deutschsprachige Literatur Ostbelgiens fast ausschließlich auf jene Klein- und Elementarformen, die in den meisten „kleinen" Literaturen mit beschränktem Wirkungsbereich die Grundlage der literarischen Kommunikation bilden: das Gedicht und die (meist erzählende) Kurzprosa. Daneben wäre höchstens noch der Reisebericht zu erwähnen, ein Bereich, in dem vor allem Freddy Derwahl Beachtenswertes leistete (*Die Freiheit der Kirschbäume*). Eine solche Armut in den Formen stimmt freilich mit dem Bild überein, das uns andere „auslandsdeutsche" Literaturen anbieten; sie hängt also strukturell mit der Erscheinung der Minderheitsliteraturen zusammen, besonders mit dem Raum und der Funktion, welche dort der Literatur in Tageszeitungen, nicht auf Literatur spezialisierten Zeitschriften und eventuellen anderen Publikationsorganen zugewiesen wird. Innerhalb dieser allgemeinen Regel siedelt sich die deutschsprachige Literatur Ostbelgiens fast schon an einem Extrempol an – darin der sowjetdeutschen Literatur vergleichbar. In Ossemanns Bibliographie ist ein einziger Roman aufgezeichnet (Leonie Wichert: *Das Ferienparadies*, München 1973). Es ist vielleicht kein bloßer Zufall, daß gerade die Seniorin unter den lebenden Autoren (geb. 1899) diese Leistung erbrachte; wurde doch unter den Autoren zu Jahrhundertbeginn und in der Zwischenkriegszeit die Kunst des Romans hier geachtet und gepflegt (Nanny Lambrecht, Clara Viebig, Ludwig Mathar, Josef Ponten, W. A. Imperatori, Peter Schmitz).[12] An Dramatischem ist außer Emil Gennens Krippenspiel *Wir suchen Herberg für die Nacht* und dem Hörspiel *David* des jungen Gerd Havenith nichts nachzuweisen. Im Vergleich dazu sei an das Wiederaufleben des Dialekttheaters im Areler Raum erinnert. Verwunderlich ist vor allem angesichts der gewichtigen Rolle, die mündlicher Vortrag und Lesung als literarische Kommunikationsform gerade bei den jüngeren Autoren spielen, das Fehlen des gesungenen Lieds in Bänkelsang- oder Chansontradition, wie es fast überall in der Welt heute in hoher Blüte steht. Daß unter den traditionellen Strophen- und Gedichtformen der kreuzgereimte Vierzeiler (fast immer mit drei- oder vierhebigen Versen verbunden) ein unerfreuliches Primat ausübt und kompliziertere Formen wie das Sonett nicht anzutreffen sind, gehört zum gleichen Kapitel. Auf der anderen Seite steht die unbestreitbare Tatsache, daß die freirhythmischen Gebilde, die sich auch hier immer mehr durchsetzen, eine ungleich größere Varietät an Gedichtformen geschaffen haben. Ohnehin kann die Armut an Formen nur dann gerecht beurteilt werden, wenn man zwei weitere Faktoren mit in Betracht zieht: die Veröffentlichungsmöglichkeit dieser Dichter, sowie einen Geschmacks-, ja sogar einen Funktionswandel, der sich in Sachen Literatur von der älteren zur jüngeren Generation vollzogen hat.

12 Nähere Angaben über die Werke dieser Autoren findet der Leser in den Arbeiten von L. Wintgens und K.H. Bodensiek.

4. Wege zur Öffentlichkeit und Generationsproblematik

4.1 Von Ausnahmen abgesehen verzeichnet Ossemanns Bibliographie Veröffentlichungen seit der Mitte der sechziger Jahre. Das mag zum Teil damit zusammenhängen, daß seine Arbeit die früher erschienenen Publikationen ungenügend erfaßt.
Symptomatisch ist aber auch das späte Hervortreten in der literarischen Öffentlichkeit, welches bei den Autoren älterer Jahrgänge den Regelfall darstellt; wie man Ossemann gleichfalls entnehmen kann, trennen oft Jahrzehnte die Schreibanfänge vom ersten öffentlichen Auftreten. Für die Veröffentlichung der Texte spielten zwar auch außerregionale Publikationsorgane wie *Die Eifel* (Zeitschrift des Eifelvereins), das Dürener *Eifeljahrbuch* und die Overmaas-Zeitschrift *Heem* eine beschränkte Rolle; im wesentlichen sahen sich die Autoren jedoch auf Tageszeitungen wie das *Grenz-Echo*, die *Aachener Volkszeitung* und – in bescheidenerem Maße – die *St. Vither Zeitung* angewiesen. Zu nennen ist ebenfalls die vom Belgischen Bauernbund in Löwen herausgegebene Zeitschrift *Der Bauer*. Ungeachtet der unbestreibaren Verdienste dieser Organe und ihrer jeweils verschiedenen Selektionsprinzipien für die Aufnahme literarischer Texte liegen dennoch die engen Beschränkungen auf der Hand, die für die Autoren mit solchen Veröffentlichungsmöglichkeiten verbunden sind. Für die Lyrik bedeutet das u. a. Kürze des Textes, Eingängigkeit der Form und Ausdrucksweise, faßbarer, vorzugsweise meditativ gefärbter Inhalt, der sich oft genug dem Zyklus der Jahreszeiten oder dem Festreigen des katholischen Kirchenjahres anzupassen hat. Dazu sei etwa als Kuriosum erwähnt, daß sich im *Bauern* eine recht spezialisierte Weihnachtsliteratur herausbildete. Oder eine kleine Liste von Gedichttiteln, die hier in völlig zufälliger Auswahl dem *Grenz-Echo* entnommen wurde: *Wenn et Vröhjoor köönt – Dr Keremesmengsch – Karussel – Die St. Annakapelle – Kinder spielen – Gegen den Strom – November – Gruß an mein Göhltal – Jahresende – Vom König Winter*. Jahreszeiten, Feste, die Merkwürdigkeitn der heimatlichen Landschaft bestimmen in den meisten Fällen die Wahl des lyrischen Motivs. Die Art, in der die Dichter hier vorgehen, ist durchaus vergleichbar mit der Weise, wie ein Maler sein pikturales Motiv auswählt; behandelt wird das Sujet durch unmittelbar beschreibenden Zugriff oder durch wörtlich zu nehmende Reflexion zum Thema. An ähnliche Bedingungen ist die Prosa gebunden, auch hier lautet die Vorschrift auf Kürze, mit einem Vorzug für das anekdotisch-historische oder humoristische Genre; tragbar sind ebenfalls „Kindheitserinnerungen", besonders dann, wenn sie das heimatkundliche oder geschichtliche Interesse anzuregen wissen. Bedeutend bessere Möglichkeiten vermochten da die Zeitschriften zweier Geschichtsvereine, *Zwischen Venn und Schneifel* (seit 1965) und *Im Göhltal* (seit 1967) zu bieten; besonders letzterer gelang es – vermutlich eines der Verdienste ihres Begründers Leo Wintgens – einen großen Teil der Produktion im Eupener Raum aufzufangen. Die Trennung jedoch der Gebiete diesseits und jenseits des Hohen Venns illustrieren beide Zeitschriften bei-

nahe exemplarisch; bezeichnend ist in diesem Zusammenhang auch, daß zwei der Mitbegründer von *Zwischen Venn und Schneifel* aus der ehemaligen „preußischen Wallonie" stammen (Victor Rousseau, Kurt Fagnoul). Auf die Rolle der seit 1971 erscheinenden Schülerzeitschriften wurde bereits hingewiesen. Jedenfalls ist es angesichts der hier geschilderten Lage begreiflich, daß 1970 eine Gruppe junger Eupener Lyriker (M. Bauer, S. Visé, H. Niessen, F. Derwahl) zur Selbsthilfe griff und die Gemeinschaftspublikation *In Eupen. Mappe I* im Selbstverlag herausgab; das Experiment wurde 1976 von der Gruppe „es ist einmal" (nun mit öffentlicher Unterstützung) mit viel Erfolg wiederholt. Es ist übrigens erstaunlich, wie viel von dieser Literatur im Selbstverlag erscheint. Der Idealismus, mit dem die Autoren finanzielle Risiken auf sich nehmen, verdient Bewunderung. Verständlich vor solchen Hintergrund wird auch, wenn Leo Wintgens auf die von Ossemann gestellte Frage nach Werkphasen antwortet (Auslassungen von mir: d. Vf.):

„1. ab 1960... Texte in der Tagespresse und verschiedenen Zeitschriften;
2. ab 1966 sozial- und medienkritische Orientierung...".[13]

Derselbe Autor zog die Konsequenzen, indem er 1976 die *Obelit*-Hefte (Abkürzung für *Ostbelgische Literaturhefte*) gründete, mit denen ein spezialisiertes Organ für literarische Texte (und auch für literarische Traditionspflege) entstanden ist. Nach den drei bisher vorliegenden Nummern zu urteilen, gelang es Wintgens dabei, den Eupener und St. Vither Raum zu verklammern. Zu wünschen wäre eine rege Teilnahme ebenfalls der älteren Generation. Sehr anregend wirkte in diesem Prozeß die von dem Lütticher Professor J. Aldenhoff und von F. Pauquet liebevoll betreute *Anthologie ostbelgischer Dichter*. Sie erbrachte zum ersten Male auf dem Gebiet der Lyrik einen Überblick über das Geleistete. Als Verleger fungierte das „Belgische Kulturministerium. Kulturamt für die deutschsprachige Gegend" (1971) und machte somit die Möglichkeiten kulturpolitischer Förderung sichtbar.

4.2 Die Verschiedenheit der Wege zur Öffentlichkeit, wie sie im vorigen Abschnitt skizziert wurden, ist ihrerseits wiederum eng verbunden mit einem literarischen Generationsbruch innerhalb dieser Literatur.[14] Betrachtet man Ossemanns Bibliographie genauer, so fällt auf, wie viele der älteren Autoren primär auf dem Gebiet der Heimatkunde und der Lokalgeschichte tätig sind; es wurde ja auch bereits erwähnt, daß die Geschichtsvereine zu den wichtigsten Fundamenten des Schreibens und Veröffentlichens zählen.[15] Angesichts der vorliegenden Daten fühlt man sich beinahe zu der These herausgefordert, daß für die

13 Ossemann, *Vorarbeiten*, S. 184.
14 Vgl. dazu auch das in den Arbeiten von L. Wintgens Gesagte.
15 Zu erwähnen ist an dieser Stelle ebenfalls die sehr ehrenhafte Rolle, die – auch für die Literatur – von dem *Jahrbuch Eupen-Malmedy-St. Vith* hrsg. v. Heinrich Neu und Bernhard Willems (1966 u. 1967) gespielt wurde.

Autoren der älteren Generation – ausgenommen für wenige Fälle, in denen großbürgerliche Traditionen vorzuliegen scheinen – die heimatkundlichen Veröffentlichungen in der Regel eine Vorstufe zu literarischen Veröffentlichungen bilden. In dieses Bild paßt die Antwort, die Ossemann verblüffend oft bei älteren Autoren auf die Frage nach Schlüsselerlebnissen erhält (oft als die Frage nach der Schreibmotivation verstanden): immer wieder taucht die Formel von der „Verbundenheit mit der Heimat" auf, und zwar mit einem Nachdruck, der durchaus auf Existenzielles schließen läßt (sogar bei jüngeren Autoren wirkt dies bisweilen mehr oder weniger bewußt nach). Die Übersetzung jener „Verbundenheit mit der Heimat" in literarische Äußerungen scheint jedoch generell an Formen gebunden zu sein, die wir gewöhnlich als traditionell, die die jüngere Generation durchgehend als veraltet bezeichnet. Dazu gehört z. B. im Bereich der Lyrik die ungebrochene Gefühlsäußerung durch Sprache, das Stimmungshafte, die Identität von dichterischem und ethischem Erkenntnisakt (wenn die Dichtung nicht gar Lebenssinn auszusagen hat), das Landschafts-, Natur-, Fest- und Gelegenheitsgedicht, das Vorziehen regelmäßig gebundener Vers- und Strophenformen, die Verweigerung von Dissonanz und Krisenhaftigkeit als Ausdruckssubstanz des Gedichts, der Verzicht auf sprachforcierende Formulierungen und alogisch-sprunghafte Bild- und Aussagekombinationen, stattdessen aber eine zusammenhängend beschreibende oder berichtende Rede, das Vermeiden jedenfalls von Schockästhetik und gezielter Provokation. Für die Prosa ließe sich ein gleichartiger Katalog aufstellen. Wir begnügen uns aber mit einigen Gattungsbezeichnungen, die wir Ossemann entnehmen und mit denen die älteren Autoren ihre eigenen Arbeiten definieren möchten: Erlebnisschilderung, geschichtliche Erzählung, Kindheitserinnerungen, Kriegserinnerungen, Beschauliches über die Heimat, Porträt (eines Künstlers oder einer historischen Figur: d. Vf.), Anekdotensammlung, heimatkundliche Betrachtung, Heimatdichtung (als Sammelbezeichnung gemeint: d. Vf.), Geschichten und Schnurren, Schmunzelgeschichten, Märchen, Weihnachtsgeschichte – einmal als hübsche Ausnahme: parapsychologische Geschichte. Solche Angaben lassen einen traditionellen Literaturbegriff erkennen, wie er uns aus früheren Zeiten her im Rahmen eines beschränkt regionalen literarischen Lebens bekannt ist. Der Autor respektiert hier voll und ganz die sozialen Bindungen an sein Publikum; fast immer läßt sich das verbindende Element beim Namen nennen: ein Fest, die Jahreszeit, das Interesse an der Lokalgeschichte, u. a. Ja, solche konkreten Zwecke und Anlässe scheinen vielfach erst die literarische Tätigkeit in den Augen der betreffenden Autoren zu legitimieren. Selbstverständlich ist mit solchen Bestimmungen noch nichts über den ästhetischen Wert oder Unwert der Produkte ausgesagt. Aber ebenso einleuchtend ist es, daß sich die jüngeren Autoren nicht mehr mit einer Auffassung von der Literatur als Dienst an der Lokalkultur abfinden konnten. Dies übrigens im Zuge einer allgemeinen Entwicklung regional-bürgerlicher Mentalität: gelang es doch auch andernorts nicht immer, das oben beschriebene Ideal der jungen Generation zu übermitteln. Die Wendung vollzog sich im ost-

belgischen Raum in den späten sechziger und frühen siebziger Jahren; als Grenzscheide ist hier wieder einmal das Jahr 1933 als Geburtsdatum zu nennen. Die Jungen, deren Auftreten vor allem die Gemeinschaftspublikation *In Eupen. Mappe I* dokumentierte, waren sämtlich Lyriker und zudem beflissene Celan-Leser. Sie suchten den Anschluß an die internationale literarische Aktualität, d.h. an die „moderne" Lyrik im Sinne der fünfziger und frühen sechziger Jahre mit ihren Sprachexperimenten, dunklen oder alogisch-traumhaften Bildern und Bildfügungen, und schließlich ihrem Hermetismus. Ausdrucksweise und Inhalte tragen das Gepräge äußerster Subjektivität; Konflikte und Problematik persönlicher, aber auch politischer sowie kultur- und gesellschaftskritischer Art bestimmen die Thematik. Mochte das Dichterbild, das ein solches Dichten voraussetzt, in seinen Grundzügen seit dem Sturm und Drang die europäische Literatur bestimmen, so mußte es durch das extreme Herausspielen der eigenen Subjektivität und die isolierte Protest- und Oppositionsrolle zur Gemeinschaft (in diesem Falle einer Gemeinschaft, in der schließlich doch jeder jeden kennt) die meisten älteren Autoren tief abschrecken. M.a.W.: die Übernahme dieser „modernen" Dichterrolle ist wahrscheinlich eines der Indizien für eine umfassende gesellschaftliche Veränderung, die allerdings nicht mehr mit dem Instrumentarium der Literaturwissenschaft meßbar ist.
In den letzten Jahren hat sich diese Auffassung von Literatur bei den jüngeren Autoren zwar leicht modifiziert, aber nicht grundlegend verändert. Den Fortschritt und die Bereicherung, die diese Wende bedeutet, wird niemand leugnen. Dem Verfasser dieses Beitrags scheint es aber auch, daß die jüngere Generation damit eines ihrer wesentlichen literarischen Probleme geerbt hat: eine manchmal fruchtbare, bisweilen in ihren künstlerischen Auswirkungen aber auch schädliche Spannung zwischen Überregionalität als Norm und Anspruch, andererseits der regionalen Situation, in der diese Literatur dennoch wurzelt. So ist in manchen von den Texten der Jüngeren eine geradezu zwanghafte Tendenz wahrnehmbar, um auch die alltäglichsten Situationen oder Inhalte sprachlich und erlebnismäßig zu verfremden. Häufig vermag auch ein relativ simpler Inhalt den Anspruch nicht einzulösen, den die modern-komplexe Form stellt. Zu den Folgeerscheinungen dieser „Modernität" gehört ebenfalls eine – im Vergleich zur Gesamtproduktion – sehr einseitige Spezialisierung auf die Lyrik. Möglicherweise führt dieser Faden noch viel weiter: darf man etwa die zahlreichen Reiseberichte eines Freddy Derwahl, in denen das Reisen und die Entfernung eine Selbstvertiefung, wenn nicht gar Selbstfindung bedeutet, auch in diesem Zusammenhang interpretieren?

5. Die verschüttete Tradition

Eine wichtige Frage für jede Literatur ist die der Traditionsabhängigkeit. Thesenhaft läßt sich behaupten, daß die deutschsprachige Literatur Ostbelgiens zwar eine sehr ehrenhafte Vorgeschichte, aber keine eigentliche Tradition aufzuweisen hat. Diese Vorgeschichte, zu deren Erhellung Leo Wintgens ausgezeichnete – wenn auch fragmentarische – Arbeit geleistet hat, beginnt, soweit bisher ersichtlich, in der Zeit der Befreiungskriege mit dem Eupener Dichter Wilhelm Fremerey;[16] der aus St. Vith gebürtige Laurian Moris engagierte sich für die liberal-demokratischen Ideale der Vormärz-Periode.[17] Ihre wirkliche Chance bekam diese Literatur mit der Dorfgeschichte realistischer Prägung, vor allem mit der Dorf- und Heimatliteratur des Naturalismus, der die erstere fortsetzt. Hier sind bedeutende Namen wie Clara Viebig, Nanny Lambrecht und Ludwig Mathar zu nennen; auch für die Folgezeit nennt Wintgens neben Josef Ponten markante Figuren wie Wilhelm A. Imperatori und Peter Schmitz. Allerdings wird man hier mit K.H. Bodensiek von einer Grenzlandliteratur reden müssen statt von ostbelgischer Literatur:[18] denn abgesehen von den politischen Realitäten der damaligen Zeit strebten jene Autoren entweder nach Integration in die herrschenden Tendenzen der deutschen Literatur ihrer Zeit, oder sie legten – in der realistisch-naturalistischen Tradition – den Schwerpunkt auf Landschafts- und Menschentypen, wie sie sie erkannt zu haben glaubten, wobei es dann keine sonderliche Rolle spielt, ob das jeweilige Werk in Trier, Monschau oder Malmedy entstand. Das wichtigste Fazit aus dieser Vorgeschichte scheint negativer Art zu sein: eine Tradition, die von jenen Autoren aus in die Gegenwart führt, ist – im Gegensatz zur elsässischen und besonders zur luxemburgischen Literatur – nicht vorhanden: die Kunst der Älteren, besonders die des Romans und der Novelle geriet in Vergessenheit und Verfall; ihre Werke wurden nicht mehr gelesen; sie werden nun von Spezialisten ausgegraben; sie hinterließen weder einen Produktionsapparat (Zeitschriften, Verlage...), noch Kritiker oder fachmännische Ratgeber. Der Begriff „Kahlschlag" wäre hier für die Nachkriegsjahre um vieles angebrachter als in der hochdeutschen Literatur.

6. *Autoren und Werke*

In der Absicht des vorliegenden Beitrags lag es, eine Situationsschilderung, nicht aber eine Aufzählung von Namen, Werkcharakteristiken und individuellen Leistungen zu bieten. Letzteres geschieht nachfolgend lediglich zur Abrundung, wobei der Schwerpunkt bewußt mehr auf die subjektiv-kritische denn auf die deskriptive Perspektive gelegt wird.
Schon in ihrem Wortschatz und im Gebrauch der Stil- und Redefiguren heben sich zwei Frauen als gesonderte Gruppe ab: Leonie Wichert-Schmetz (*1899)

16 Vgl. dazu Wintgens, „Der Freiheitssänger".
17 Vgl. dazu Marquet, „Laurian Moris".
18 Vgl. Bodensiek.

und Maria-Theresia Weinert-Mennicken (*1913). Sie retteten bürgerliche Schreib- und Empfindungskultur in die Nachkriegszeit hinüber. Beide traten als Lyrikerinnen auf, daneben erstere hauptsächlich mit erzählender Prosa, letztere mit Märchen. Viele Gedichte der Maria-Theresia Weinert-Mennicken gehören mit ihrer sicheren Verskunst, ihrer gekonnten Abrundung der lyrischen Motive und der sprachlichen und geschmacklichen Makellosigkeit zum Schönsten, was in dieser Literatur geschrieben wurde. Gleiches gilt für jene stark autobiographisch gefärbten, manchmal bis zur Prosanähe entspannten Verse der Leonie Wichert-Schmetz, welche um das Thema der Erinnerung und der Wiederbegegnung mit der alten Heimat kreisen.
Mehr dem Volk und dem Volkstümlichen verpflichtet sind im Eupener Raum der Raerener Peter Emonts-pohl [sic!] (1910–1978) und der Gemmenicher Gérard Tatas (1918–1980). Der erstere, auch als bildender Künstler tätig, verdient seiner Kurzprosa (geschichtliche Themen und Jugenderinnerungen) und seiner Dialektgedichte wegen Erwähnung, besonders aber um seiner Bemühungen um die Ballade mit lokalen Sagenthemen willen. Gérad Tatas, lebenslang eng mit seiner Gemmenicher Heimat verwachsen, schrieb zahlreiche Dialektgedichte, die teilweise direkt mit dem Lokalgeschehen in Verbindung stehen, daneben auch hochdeutsche Verse. Sein Bestes leistet dieser witzige Kopf dort, wo sein Humor zur Ironie, Satire und Kritik wird.
Im Raum um St. Vith sind aus dieser Generation zwei Namen zu nennen, die ihr Schaffen ebenfalls als volksverbundenen Dienst an der Heimat verstehen. Da ist der Reuländer Lehrer Emil Gennen (*1932), dessen Gedichte in regelmäßig-traditionellen Formen meist um bäuerliche oder ländliche Themen kreisen. Seit kurzem versucht Gennen sich ebenfalls in modern-experimentierenden Formen. Kurt Fagnoul (*1928) sammelt Dialektgeschichten, wie sie im Volk oft seit Generationen im Umlauf sind. Unter seiner Redaktion und Verwortung werden die besten zu Anekdoten. Fagnouls Ziel besteht darin, die Eigenheit eines Menschenschlags zu proträtieren.
Auf die Publikation *In Eupen. Mappe I* wurde bereits ausführlich eingegangen. Zumindest in ihren besten Stücken stellt sie ebenfalls einen qualitativen Höhepunkt in dieser Literatur dar. Unter den Autoren jener Anthologie trat später vor allem der begabte Freddy Derwahl (*1946) hervor. Bisher findet sich das Beste von ihm in seiner Lyrik und in seiner stimmungsverdichteten Kurzprosa; dennoch sind deutliche Bemühungen um die Bewältigung größerer Formen spürbar.
Zwei Autoren der Vorkriegsjahrgänge traten seitdem voll in Erscheinung: Leo Wintgens (*1938) und Gerhard Friedrich Heuschen (*1934). Leo Wintgens, dessen organisatorischer Leistung die ostbelgische Literatur sehr vieles zu verdanken hat, trat bisher hauptsächlich mit seiner Lyrik hervor. In ihr wird ein neues Element sichtbar, das auch die Gedichte der Jüngeren kenneichnet und im übrigen der allgemeinen literarischen Entwicklung in den sechziger Jahren entspricht. Äußerte sich der gesellschaftliche Protest in der „modernen" Lyrik bis-

her – wie etwa in der Mappe *In Eupen* – indirekt als Manifestation der eigenen Nicht-Assimilierbarkeit, die in sprachlicher Verschlossenheit und der Behauptung einer kaum noch mitteilbaren Innerlichkeit ihren Ausdruck fand, so wird er jetzt direkt-agressiv zur Kritik an der modernen Welt und dem ihr unterliegenden System. Dies bringt zwar generell eine Dämpfung, aber keineswegs eine Aufgabe der Modernität und des poetischen Experiments mit sich. Zum anderen verbindet Wintgens mit der älteren Generation ein sehr betontes Engagement für die Regionalkultur. Ausdruck dieser verschiedenartigen Tendenzen ist das großangelegte Gedicht „Einklänge", das als erste Nummer der *Obelit*-Hefte erschien: zugleich Gelegenheitsgedicht (zum 50-jährigen Bestehen des Eupener Männerquartetts), Ausdruck der Verbundenheit mit einer kulturellen Institution der Heimat, Kombination der verschiedensten modernen Experimente (Zitat- und Montagetechniken, Wortreihungen, Stil- und Stimmungsbrüche...), das alles auf dem Thema des Wohlklangs und seiner Gefährdungen (wieder spielt auch das Thema von Reise und Ferne eine gewichtige Rolle). Einen besonderen Hinweis verdient die jüngste Kurzprosa von Wintgens, so das „land der vaterländer": hier werden zum ersten Male seit dem Kriege die konkreten Probleme politischer und historischer Art angefaßt, die das Gebiet erbte. Ihnen war mit „Kriegserinnerungen" nicht beizukommen.
Seit 1962 trat in einzelnen Veröffentlichungen, die meist in sehr schwer zugänglichen Organen erschienen, der Lyriker Gerhard Heuschen hervor. Dies geschah leider viel zu selten, angesichts der Fülle von unveröffentlichten Texten, über die Ossemann uns informiert. Obgleich das vorliegende Material zu schmal ist, um ein Urteil zu gestatten, spricht vieles dafür, daß sich hier ein Dichter von Rang ankündigt. Zu den Grunderlebnissen Heuschens zählen ein Entsetzen vor den Greueln der Zeit, in der wir leben, und die empörte Bewußtheit, als Mensch bis in die Seele hinein mit in einem System verplant zu sein. Zonen der Rettung scheinen sich momentan aufzutun, werden aber nur hermetisch und chiffrenhaft angedeutet. Sowohl die schwere inhaltliche Zugänglichkeit wie auch das Experimentieren mit den Formen wirken hier nie aufgelegt, sondern immer mit der Substanz der Aussage verschmolzen.
Unter den Jüngeren seien noch der Vt. Vither Pierre Messerich mit seiner Experimentalprosa und die bereits erwähnte Gruppe „es ist einmal" genannt. Unter ihnen wäre vielleicht der Name der Patrice Gerckens hervorzuheben, bei der sich ein eigener zarter Ton herausbildet; auch Werner Bath gelangen in *Plattenlänge* (als „Rundschreiben" veröffentlicht) Gedichte, die sowohl als formale wie auch als inhaltiche Experimente überzeugen.

7. Niemand wird billigerweise eine Nationalliteratur wie die hochdeutsche mit der Literatur einer Region von ungefähr 100000 Einwohnern vergleichen wollen. Doch erzwingt diese durch die Dynamik ihrer Entwicklung, die auf jedem Stadium durch Leistungen belegt wird, Respekt und Anerkennung. Die große Gefahr für sie sind ständige Traditionsbrüche; ihre Chancen liegen wahrschein-

lich in der vollen Bewußtwerdung ihrer regionalen Situation und Eigenart sowie in der optimalen Ausnutzung von deren Möglichkeiten.

Nachtrag 1984

In einem zeitlichen Abstand von knapp vier Jahren sind in der literarischen Landschaft des deutschbelgischen Raumes keine wesentlichen Schwerpunktverlagerungen festzustellen. Gewiß hat sich die Liste der Autoren um einige Namen bereichert: Cäcilia Förster-Kaut, Vera Heubrecq-Schröder, Bruno Kartheuser, Rolf Lennertz, Alfred Rauw, Nikolaus Schenk, Verene von Asten-Eckart (Kinder- und Jugendbücher). Das allgemeine Panorama bleibt jedoch unverändert. Das gilt auch für die Demarkationslinien zwischen Stilen und Generationen: einer der Tradition, der „Heimat", den moralisch-kulturellen Werten der älteren Generation und manchmal sogar dem Folklore (z. B. Mundartanekdoten und -schnurren in Prosa und Versen) verpflichteten Autorengruppe steht eine jüngere gegenüber, die sich als modernistisch, subjektivistisch und intellektualistisch versteht. Letztere wollen denn auch keineswegs als Vertreter einer Region, sondern als individuelle Autoren deutscher Sprache vernommen werden.
Repräsentativ für diese letztere Tendenz ist die nach bereits bewährtem Rezept (und mit Unterstützung des „Kulturamts für das Gebiet deutscher Sprache") herausgebrachte Sammelpublikation *wo wir uns trafen* (1980) der ehemaligen Gruppe „es ist einmal" (zu der sich hier Hubert Miessen gefügt hat). Das äußerst unterschiedliche Qualitätsniveau der innerhalb eines Buches veröffentlichten Texte gehört zu den Eigentümlichkeiten dieser Literatur; ein Verlagslektor hätte hier Entscheidungen getroffen. Neben dem begabten Miessen sind Barth und Reinhardt-Gerckens auch deshalb zu nennen, weil bei ihnen die „neue Sensibilität" deutlich eingewirkt hat, bei dieser in einer an Rilke angelehnten Form lyrischer Prosa, bei jenem unter der Maske trocken-verschwiegener statements aus der Privatsphäre. Werner Barths inzwischen überarbeitete und als Broschur veröffentlichte *Plattenlänge* (Spa 1980) darf als ein qualitativer Höhepunkt in der lyrischen Produktion des Raumes betrachtet werden.
Zum erfreulichen Progreß einer unterwegs zu sich selber befindlichen Literatur gehören die Versuche zur Bewältigung epischer und dramatischer Großformen. Leo Wintgens experimentiert mit den Formen des Oratoriums (Die Erprobung des Petrus Hebraicus – nach Butor und Pousseur); besonders der Roman ist im Kommen: die erzähltechnisch am besten gebauten Jugendbücher der Verene von Asten (etwa *Glücklicher Reitersommer* 1981) zeugen von beachtlichem Geschick in der Verknüpfung zahlreicher Handlungsfäden. Das gilt in noch stärkerem Maße für die Verschmelzung verschiedener Handlungsebenen in Freddy Derwahls Roman *Die Füchse greifen Eupen an* (1979). Derselbe Autor arbeitet zur Zeit an einem Theaterstück.

Einen literarischen Regionalismus im Sinne der Elsässer, Bretonen, Basken, Okzitanier oder der „neuen deutschen Mundartdichtung" gibt es nicht, wie auch Mundartdichtung als Ausdruck einer modernen Protesthaltung fehlt - umso erstaunlicher, da sie seit den späten 70er Jahren im Areler Raum aufkommt. Dennoch ist eine Regionalisierung in einem ganz bestimmten Sinne das auffälligste Kennzeichen in der Entwicklung der letzten Jahre. Das hat zunächst strukturelle Ursachen. Das Bewußtsein, eigenes literarisches Schrifttum zu haben, ist viel stärker bei der Bevölkerung eingedrungen. Das mag mit dem allgemeinen Zeitklima zusammenhängen, welches der Rückbesinnung auf die eigene Region förderlich ist, wird aber auch von den lokalen Presse- und Rundfunkmedien und den kulturellen Institutionen begünstigt. Der Literaturpreis des Rates der deutschen Gemeinschaft spielt gewiß auch eine gewichtige Rolle. Unbestreitbar haben sich ein Teil der Autoren und ihr Publikum gegenseitig gefunden. Das wird in einer zugespitzten Form an einem Fall wie Derwahl ersichtlich: um *Die Füchse greifen Eupen an* in seiner Dimension als Schlüsselroman zu lesen, bedarf es genauer lokalpolitischer Kenntnisse; allerdings hatten Derwahls beide früheren Prosawerke auch schon die lokale Thematik mit einbezogen. Eine solche Hinwendung zum regionalen Publikum kann wohltuend und entkrampfend wirken, birgt aber andererseits die Gefahr des Provinziellen oder seiner versponnenen Idyllik. In den gleichen Kontext ist es wohl einzuordnen, daß in Derwahls oben erwähntem Buch etwas viel „geschmunzelt" wird, wenn auch Ironie und Sarkasmus nicht abwesend sind. Nur selten wird bisher die ökologische Thematik behandelt; in Derwahls *Füchsen* klingt sie an und in wenigen Gedichten aus dem St. Vither Raum, dort besonders bei Gennen, bei dem sogar die Friedensthematik nicht fehlt. Was den gleichen Gennen im übrigen nicht daran hindert, gleichzeitig „Heimatgedichte' im Ton altbekannter Idyllik zu verfassen.

Die mit den Schreibstilen verbundene Rezeptionsproblematik reicht bis in die wichtigsten Publikationsorgane hinein. Die Zeitschrift *Zwischen Venn und Schneifel*, deren lokalhistorische Beiträge ein beachtliches Niveau aufzuweisen haben, publiziert nur wenige Gedichte, die nach dem Willen der Redaktion offensichtlich dazu dienen sollen, den „Heimat"-Begriff zu dokumentieren. Gedichte moderner Faktur erscheinen dort nur selten. Schon die Rubrik „Die Heimat im Gedicht", unter der sie im jährlichen Inhaltsverzeichnis repertoriert werden, spricht für sich. Auch Goethe, Eichendorff, Heine u. a. sind dort übrigens anzutreffen. Gerade in dieser Zeitschrift des südlichen Raumes wird „Heimat" zur ideologischen Kernvokabel. Wenn nun aber Kurt Fagnoul in einem kurzen Grundsatzartikel[19] den alten Begriff „Heimat" mit dem modernen der „Kultur" quasi gleichsetzt, wird daraus ersichtlich, wie weit wir hier von einem Regionalismus moderner Prägung und von Entwürfen einer Alternativkultur entfernt sind – dies im schroffen Gegensatz zu den Autoren des Areler Raums. In den letzten Jahrgängen dieser Zeitschrift hat sich auch eine seltsame Mischgat-

19 Fagnoul, *Venn und Schneifel* 17, 1981, S. 54.

tung entwickelt, die – schon allein wegen der stilistisch-poetischen Überformung – von Seiten der Autoren schriftstellerische Motivationen voraussetzt, die sich aber nicht eindeutig entlarven wollen: es sind „Kindheitserinnerungen" (z.B. von Aloys Paquet oder Cäcilia Förster-Kaut), in denen einmal die Stimmungsverdichtung und das epische Element, dann wieder das lokalgeschichtliche oder volkskundlich-dokumentarische Interesse überwiegt. Die Zeitschrift *Im Göhltal*, die im Norden eine ähnliche Rolle spielt und auch in ihrem Qualitätsniveau vergleichbar ist, gibt der Literatur einen etwas breiteren Raum. Aber auch dort wirkt in der Auswahl ein betont konservativer Geschmack und wird der älteren Generation der Vorrang gelassen – um nicht zu sagen das Monopol. In beiden Fällen dürfte auch Rücksichtnahme auf Lesergeschmack und Publikumserwartungen die Auswahlkriterien mitbestimmen; denn es ist nicht so, daß die Zeitschriften in ihren übrigen Beiträgen von einer Generation beherrscht würden. In den jeweils um ein Thema konzipierten *Obelit*-Heften sind hingegen die „Modernen" viel stärker vertreten – wenn auch keineswegs ausschließlich. Sie veröffentlichen dort ihre „moderne Lyrik" (im Sinne Hugo Friedrichs) und experimentelle, intellektualistisch oder betont artistisch gemeinte Texte anderer Gattungen. Leider sind die Hefte ins Stocken geraten: die bisher letzten Nummern erschienen 1978 und 1983. Nochmals zu erwähnen ist die großzügige Subsidiierungspolitik des Rates der deutschsprachigen Gemeinschaft. In vielen Fällen mag davon nicht unabhängig sein die reiche Ausstattung und bibliophile Schönheit der erscheinenden Bücher (u.a. ihre seltenen Formate und reiche Illustration).

Literatur

Allemann, Fritz René: „Die Elsässer. Eine Minorität, die keine sein will", in: *Der Monat* 1962, H.170 u. 171, S.9ff bzw. 10ff.

Bodensiek, K.H.: „Sprache und Literatur im Grenzland", in: *Die Eifel* 1978, H.4, S.234–239.

Fagnoul, Kurt: „Kultur um jeden Preis", in: *Zwischen Venn und Schneifel*, 17, 1981, S. 54.

Finck, Adrien (Hrsg.): *Nachrichten aus dem Elsaß. Deutschsprachige Literatur im Elsaß*, Hildesheim/New York 1977 (Auslandsdeutsche Literatur der Gegenwart 3/1).

Hecker, H.: *Die deutsche Sprachlandschaft in den Kantonen Malmedy und St. Vith*, Göppingen 1972 (Göppinger Arbeiten zur Germanistik 59).

Kohnemann, Michel (Hrsg.): *Nachrichten aus Belgien. Deutschsprachige Literatur in Belgien*, Hildesheim/New York 1985 (Auslandsdeutsche Literatur der Gegenwart 9).

Magenau, D.: *Die Besonderheiten der deutschen Schriftsprache in Luxemburg und den deutschsprachigen Teilen Belgiens*, Mannhem 1964.

Marquet, Maria: „Laurian Moris. Eine biographische Skizze", in: *Zwischen Venn und Schneifel* 15, 1978, H.2, S.28–31; H.3, S.44–47; H. 4, S. 68–70; H. 5, S. 84–87.

Ossemann, G.: *Vorarbeiten zu einem Lexikon. Belgische Dichter deutscher Sprache*, Université Catholique de Louvain 1978.

Ritter, Alexander (Hrsg.): *Nachrichten aus Kasachstan. Deutsche Dichtung in der Sowjetunion*, Hildesheim/New York 1974 (Auslandsdeutsche Literatur der Gegenwart 1).
Stiehler, Heinrich (Hrsg.): *Nachrichten aus Rumänien. Rumäniendeutsche Literatur*, Hildesheim/New York 1976 (Auslandsdeutsche Literatur der Gegenwart 2).
Wintgens, Leo: „Die deutsche Literatur in Belgien"; in: *Literatur und Kritik* 1975, H. 100, S. 613f. Wiede in: *Germanistische Mitteilungen* 1976, H. 3, S. 12–14.
–: „Der Freiheitssänger Wilhelm Fremerey", in: *obelit* 1978, H. 3, S. 2–3.

Fernand Hoffmann

Schreiben im dreisprachigen Land

Beobachtungen zur hochdeutschen Literatur in Luxemburg

Eine systematische, nach den Methoden der Literaturgeschichtsschreibung konzipierte und verfaßte Geschichte der deutschsprachigen Literatur in Luxemburg hätte den Rahmen dieses Beitrags gesprengt. Eine Zusammenfassung hätte notwendigerweise zu einem Namenkatalog mit dazwischengeflochtenen mehr oder weniger nichtssagenden Sätzen geführt. Statt dessen soll eine eher essayistische Darstellungsweise die besonderen Gegebenheiten, Schwierigkeiten, atmosphärischen Bedingungen und sozio-kulturellen Parameter, welche die Produktion von Literatur in Luxemburg bedingen, zu erfassen und zu beschreiben versuchen.

Die luxemburgische Triglossie

Für das Verständnis der besonderen Lage von Literatur, Schreiben und Schreibern in Luxemburg ist das Vertrautsein mit der Sprachenlage unerläßliche Voraussetzung. Die an und für sich sehr komplizierte triglossale, d.h. sich aus dem simultanen und parallelen Zusammen- und Nebeneinanderfunktionieren von drei Sprachen (Lëtzebuergesch, Hochdeutsch und Französisch) ergebende Sprachensituation soll im folgenden knapp, summarisch und vo vereinfacht, wie es ohne Verfälschung der Sachlage möglich ist, dargestellt werden.

Sowohl von der historischen Entwicklung als auch von der augenblicklichen Situation her ist der Luxemburger, was die mündliche Produktion unter Einheimischen anbelangt, strikt einsprachig, wenn wir von den wenigen besonderen Situationen (öffentliche Reden, Vorträge, Predigten und Gottesdienste, Schule) absehen, in denen er auch beim Sprechen auf das Französische oder Hochdeutsche zurückgreift.

Das durch die Geschichte und die geographische Lage des Landes bedingte Schulsystem aber hat aus den mundartlichen Einsprachlern (Uniliguale) exogene Komposit-Bi-(bzw. Tri-)linguale gemacht, die je nach dem Partner und der Situation ins Hochdeutsche oder Französische hinüberwechseln können. Die Einführung der obligatorischen Grund- und Hauptschule hat diese bis zum 19. Jahrhundert nur für die Oberschicht geltende Mehrsprachigkeit auf alle Volksschichten ausgedehnt, wobei der Grad der Beherrschung selbstverständlich immer noch vom Bildungsstand abhängt.

Seit die paläolithische Hunsrück-Eifel-Kultur im Luxemburger Land von den Kelten abgelöst worden ist, und seit die Römer und schließlich die Germanen das Land eroberten, ist Bi- bzw. Triglossie ein Stück seines historischen Schicksals.

Amtssprachen sind seit jeher Hochdeutsch und Französisch gewesen, wobei das Französische durch seine ausschließliche Geltung auf legislativem und juristischem Gebiet eine Sonderstellung genießt. Französisch und Hochdeutsch sind also in der täglichen Praxis kodominant.

Von 1848 bis 1948 war die Gleichberechtigung (Ko-dominanz) des Französischen und Schriftdeutschen in einem besonderen Paragraphen der Verfassung festgeschrieben gewesen. Das war bei der letzten Verfassungsreform 1948, knapp vier Jahre nach dem Nazi-Terror, aus verständlichen Gründen nicht möglich gewesen. Das Volk hätte das Schriftdeutsche als Amtssprache nicht akzeptiert. Die Verfassungsväter indessen blieben realistisch. Weil sie wußten, daß das Französische sich als einzige Sprache im Bereich der Presse, Publizistik und Literatur nicht durchsetzen würde, bestimmten sie, daß die Sprachenfrage später auf dem Gesetzeswege geregelt werde. Das geschah jetzt am 25. Januar 1984. Bis dahin hatte stillschweigend die Gleichberechtigung des Schriftdeutschen und Französischen als Amtssprachen in Luxemburg weitergegolten, wie sie in den Verfassungen seit 1848 und den Königlich-Großherzoglichen Beschlüssen von 1831, 1832 und 1834 festgeschrieben war. Das Gesetz befaßt sich auch nicht direkt mit dieser Regelung, aber dadurch, daß es das Letzebuergesche zur „Nationalsprache" erhebt und die Verwaltung anhält, „in der Maßgabe des Möglichen" sich des Lëtzebuergeschen zu bedienen, wenn sie in dieser Sprache angeschrieben werden, ist das Lëtzebuergesche keine eigentliche Nationalsprache, wie z. B. das Schwyzerdütsch, sondern eine ko-dominante Amts- und Landessprache. Damit hat sich die luxemburgische Triglossie insofern grundlegend verändert, als das Lëtzebuergesche nunmehr auch im Bereich des schriftlichen Sprachverkehrs ko-dominant geworden ist.

Was das Sozialprestige anbelangt, so war das Französische seit jeher die Sprache mit dem größeren gesellschaftlichen Glanz gewesen, während die besseren Leute das Lëtzebuergesche nur mit dem Gesinde sprachen. Seit das Großherzogtum zweimal von deutschen Heeren überrannt wurde (1914 und 1940), hat das Hochdeutsche vor allem in den mittleren und unteren Volksschichten an Prestige verloren. So sind heute in Kreisen, wo das Hochdeutsche neben dem Lëtzebuergeschen ausschließliches Sprachinstrument ist, hochdeutsche Heirats-, Geburts- und Todesanzeigen sowie Inschriften auf Kranzschleifen und Gräbern schlichtweg ein Ding der Unmöglichkeit. Zwar gewinnt das Lëzebuergesche hier an Boden, aber das Französische ist trotzdem noch vorrangig. Desgleichen kann sich der Luxemburger in seinen Ortschaften und Städten keine deutschen Geschäfts- und Straßenschilder vorstellen. Hier ist das Französische, zu dem sich in letzter Zeit ab und zu das Lëtzebuergesche – allerdings in kleineren Lettern gesellt, ein äußeres Zeichen der nationalen Identität.

Eines der interessantesten Phänomene ist der stetige Vormarsch des Lëtzebuergeschen als ko-dominante Nationalsprache. Als gesprochene Sprache ist es bereits bis in die Parlamentsdebatten, die Kabinettssitzungen und auf die Kirchenkanzeln vorgedrungen. Seitdem Großherzogin Charlotte aus ihrem Londoner Exil den von den Nazis geknechteten Luxemburgern zwischen 1940 und 1944 Mut zusprach, kann kein Luxemburger sich auch nur vorstellen, daß das Landesoberhaupt sich in einer anderen Sprache an seine Mitbürger wenden könnte. Das gilt auch für die Proklamationen zu nationalen Anlässen. Das Lëtzebuergesche findet im schriftlichen Sprachverkehr im allgemeinen immer mehr Anwendung, und es gibt deutliche Ansätze zu einer lëtzebuergeschen Sachprosa (z. B. Werbetexte,

Bedienungs- und Gebrauchsanweisungen, die Programme von RTL-Lëtzebuerg u.a.). Die Befürchtungen vieler Sprachpuristen, daß das Lëtzebuergesche einmal durch das Französische oder das Hochdeutsche derart überfremdet sein werde, daß es verschwindet, sind unbegründet. Damit es ins Hochdeutsche hineinglitte, müßte es seine unverkennbaren obligatorischen Merkmale aufgeben. Das verhindert aber das nationale Selbstbewußtsein der Luxemburger, die ganz bewußt als Abgrenzung gegen das Hochdeutsche letzteres mit der unverkennbaren „luxemburgischen Schaukelmelodie" sprechen. Das Französische ist zu weit vom Lëtzebuergeschen entfernt, als daß es hier zu einer totalen Assimilation kommen könnte, und Franzosen wollen die Luxemburger so wenig wie Deutsche werden.

Die historisch-politischen Voraussetzungen

Die luxemburgische Triglossie hat für den luxemburgischen Literaturbetrieb zur Folge, daß der Literaturhistoriker, der sich mit Literatur in Luxemburg befaßt, nie die Tatsache aus den Augen verlieren darf, daß Literatur in Luxemburg soviel heißt wie *eine* Literatur in *drei* Sprachen. Das bedeutet: weder die auf Deutsch geschriebene, noch die auf Französisch verfaßte, noch die in Lëtzebuergesch produzierte Literatur hat einen Prioritätsanspruch. Die drei Literaturen in Luxemburg gehören einer und derselben Literatur an, sind Aspekte, Facetten einer Literatur: der luxemburgischen.
Zu berücksichtigen bleibt fernerhin, daß viele Autoren in zwei, wenn nicht gar den drei Landessprachen schreiben.
Es darf auch bei dem Umgang mit Literatur in Luxemburg die Tatsache nicht vergessen werden, daß man, streng genommen, von Literatur in Luxemburg erst seit dem letzten Drittel des 19. Jahrhunderts sprechen darf. Denn das Luxemburg, aus dem die luxemburgische Nationalliteratur herauswächst, beginnt 1815 seine Konturen zu gewinnen und wird 1867 zu dem Staat, der es heute ist.
In anderen Worten: Literatur in Luxemburg entsteht als „Nationalliteratur". Das erkennt man ganz klar daran, daß bis heute die Frage nach dem Wesen des Luxemburgertums und nach der nationalen Identität ein Kernproblem der luxemburgischen Literatur geblieben ist. Das gilt für die „Klassiker" so gut wie für die Autoren der jüngsten Generation, auch wenn diese ihr Luxemburgertum eher aus der Gegenstellung gegen den luxemburgischen Nationalismus zu begreifen versuchen.
Das nationale Selbstverständnis der luxemburgischen Literaten bedeutet, daß sie sich immer wieder gegenüber den Franzosen und Deutschen abgrenzen müssen. Erst letzthin hat der junge deutschschreibende Schriftsteller Georges Hausemer die Position desjenigen, der in Luxemburg deutsch schreibt, exemplarisch umrissen. Im *EG-Magazin* (Nr .3, März 1984 S. 26) schreibt er folgendes:

Als in West-Berlin vom 28. bis 30. November 1983 im Rahmen der „Biennale Kleine Sprachen" Tage der Luxemburger Literatur stattfinden, war im lokalen „Tagesspiegel" von „deutschen Autoren aus Luxemburg" die Rede. Ob das nun ein feuilletonistischer

Schnitzer oder das Ergebnis journalistischer Ungründlichkeit war – Tatsache ist, daß die rund 15 *deutschsprachigen* Autoren aus Luxemburg, die sich und ihre Werke in der geteilten Stadt präsentierten, mit geradezu mimosenhafter Erbostheit auf das Epitheton „deutsch" reagierten: „Deutschsprachig" ist für sie nämlich noch lange nicht „deutsch". In der Tat, sie empfinden sich keineswegs als nach jenseits der Mosel verschlagene Söhne Germanias, wie sie zuweilen zwischen Hamburg und München vorgestellt werden – ohne Rücksicht auf nationale Eigenheiten und auf die unseligen politischen Ereignisse vor etwas mehr als vierzig Jahren.
Nein, Luxemburgs deutschschreibende Autoren suchen förmlich die Abgrenzung, versuchen unentwegt das zu verwirklichen, was Dieter Hasselblatt vor Jahren einmal über ein Hörspiel des Luxemburger Autors Roger Manderscheid befand: „daß hier jemand in deutscher Sprache etwas sagt, was ein Deutscher auf Deutsch gar nicht hätte sagen können".
Bei aller Affinität, bei allem Respekt auch für die literarischen Entwicklungen und Tendenzen im „großdeutschen" Sprachraum widersetzen sich die Autoren aus dem Großherzogtum mit Vehemenz jedem Anzeichen von Geschichtsklitterung – mit dem Resultat, daß sie sich als rastlose Wanderer zwischen literarischen Welten anzusehen gezwungen sind und im Grunde zwischen besetzten Stühlen sitzen, indem sie den östlichen Nachbarstaat als Stiefvaterland und dessen Sprache als Stiefmuttersprache empfinden.
Propheten im eigenen Land dürfen Luxemburgs Schriftsteller nicht sein, und in einem anderen Land trauen sie sich nicht, diese Rolle zu spielen. Diese Zurückhaltung – dem Zögern Davids gegenüber Goliath vergleichbar, manche nennen es auch unverblümter einen Minderwertigkeitskomplex – hat die Wirkung einer schweren Last, die fast alle hiesigen Autoren ihre Leben lang mit sich rumschleppen. Schreiben in Luxemburg – das ist in erster Linie eine Entscheidung gegen die Muttersprache Lëtzebuergesch und nicht selten einem künstlerischen Balanceakt ohne Netz ähnlich."

Neben der Entstehung und Festigung des luxemburgischen Nationalstaates, der sprunghaften Entwicklung der luxemburigschen Eisenindustrie und dem damit verbundenen wirtschaftlichen Aufschwung, sowie der Mutation von der Agrargesellschaft zur modernen Industriegesellschaft, stellt auch die Schleifung der Bundesfestung Luxemburg im Jahre 1867 eine wichtige Voraussetzung für die kulturelle Entwicklung und das Entstehen von Literatur in Luxemburg dar.

Das eigentliche Geburtsjahr der Stadt Luxemburg ist nämlich nicht 963 sondern 1867. Doch der Stadt erging es, als die Festungsmauern fielen, wie einem Soldaten, der nach Jahren strengster Disziplin und Entbehrungen jeder Art endlich Zivil anlegen kann: Sie hatte Mühe, den zivilen Ansprüchen, die an sie gestellt wurden gerecht zu werden. Man kann nun einmal nicht von heute auf morgen aus einer langweilig-nüchternen Festungs- und Garnisonsstadt ein geist- und lehensprühendes Klein-Paris machen. Waren die einengenden Mauern auch gefallen, schlossen sich abends auch nicht mehr die Festungstore, so wurden die Menschen dadurch wohl mobiler, der Geist aber nicht beweglicher. Mit dem Abzug der Garnison zog auch nicht gleich großstädtische Lebensart ein. Im Gegenteil: Luxemburg wurde noch provinzieller. Trotz aller Bescheidenheit der Ansprüche hatten die Offiziere doch irgendwie zur Aktivierung des gesellschaftlichen Lebens beigetragen. Als sie gingen, ließen sie eine Stadt zurück, der, ohne ihre Schuld und einzig bedingt durch die ihr zudiktierte historische Aufgabe, alles fehlte, was aus der geschleiften Festung eine Landeshauptstadt im Sinne eines geistigen, künstlerischen und gesellschaftlichen Strahlungszentrums hätte machen können.
Es gab in der Stadt Luxemburg keine Universität, keine Musikhochschule, kein Theater, keine nennenswerte Bibliothek, keine wissenschaftlichen und künstlerischen Institute. Zurückgeblieben waren einzig leerstehende Militärgebäude. Erst nach und nach begann

die Stadt sich im zivilen Leben zurechtzufinden und – in dem Maße, wie im Erzbecken die Schwerindustrie sich entwickelte und den Wohlstand schuf, der es erlaubt, den Sinn auf andere Dinge als das nackte Überleben zu richten – ein bescheidenes kulturelles Leben zu entwickeln. Es kommt deshalb nicht von ungefähr, daß wir von hochdeutscher und französischer Literatur in Luxemburg erst nach 1900 sprechen können. Diese Literaturen brauchten ein Minimum an geistiger Großstadtluft. Hingegen hatte die Mundartdichtung früher gedeihen können, weil sie sowohl von der Sprache selbst als auch von der durch die Sprache bedingten Thematik her besser dazu geeignet war, das Wenige, was der geistige Boden der Heimat an Aufbaustoffen bot, für sich zu verwenden.
Wenn sich auch in den hundertundzehn Jahren nach der Schleifung der Festung Luxemburg das kulturelle Klima verbessert hat, so gilt für die hochdeutsche Literatur in Luxemburg trotzdem heute noch immer, was vor einem Jahrhundert bereits galt: Bei durchaus vergleichbarer Qualität finden die in Luxemburg produzierten literarischen Erzeugnisse in Frankreich und in dem übrigen deutschsprachigen Ausland nicht den Anklang, den sie finden würden, wenn sie außerhalb der Grenzen des Großherzogstums entstanden wären. Bei vergleichbarer literarischer Qualität, damit ist gemeint, daß, um ein Beispiel aus der hochdeutschen Literatur zu nehmen, in Luxemburg kein Werk geschrieben wurde, das mit jenem Thomas Manns, Heinrich Manns, Robert Musils, Hermann Brochs oder Hermann Hesses verglichen werden könnte. Der luxemburigsche Erzähler Nikolaus Hein steht aber qualitätsmäßig keineswegs hinter Werner Bergengruen oder Georg Britting zurück, und sein Lyrik ist in seinen besten Gedichten durchaus mit der Ina Seidels vergleichbar. Die Romane von J.P. Erpelding können neben denjenigen von Jakob Kneip und Clara Viebig in allen Ehren bestehen. Daß die hochdeutsch oder französisch schreibenden luxemburigschen Autoren im Ausland nicht mehr Ausklang finden, ist weniger eine Sache der literarischen Qualität als der ganz besonderen Produktionsbedingungen, denen die Literatur in Luxemburg unterworfen ist. Wir werden noch darauf zu sprechen kommen.

Schreiber und Schreiben in Luxemburg: Fragmentarischer Versuch einer Situationsbeschreibung und Standortklärung

Noch nie wurde in Luxemburg soviel geschrieben und publiziert wie heute, und zwar auf allen Gebieten von der Lyrik über das Theater und das Hörspiel, die Prosaerzählung, den Aphorismus und den Essay hin bis zum Roman. Dabei sind die Vertreter der jüngeren und jüngsten Generation die regsten, aber auch die Senioren melden sich immer wieder zu Wort. Paul Henkes, der „grand old man" der modernen deutschsprachigen Lyrik in Luxemburg (geb. 1898), hat seit 1968 in den vier großen Gedichtzyklen *Ölbaum und Schlehdorn* (1968), *Das Bernsteinhor* (1973), *Gitter und Harfe* (1977) und *Orion* (1983) ein imposantes Alterswerk geschaffen, und Pierre Grégoire (geb. 1907) hat – seit er mit siebzig Jahren seinen Abschied von der aktiven Politik nahm – unermüdlich Band and Band gereiht und neben seinem belletristischen ein gediegenes literar- und kulturhistorisches Werk geschaffen, das sich um ein einziges Thema dreht: Luxemburg. Auch der 1906 geborene katholische Priester und Literaturprofessor Nicolas Heinen hat sich erste spät dazu entschlossen, sein lyrisches Werk in einem Band *Der Postillon* (Luxemburg 1981) zu vereinen. Der christliche Platoniker Heinen erweist sich in seinem schmalen, aber anspruchsvollen Werk als zuchtvoller Sprachmeister und ebenso sprachmächtiger wie behutsam-verhaltener und gerade deshalb tiefer Symboliker. Léopold Hoffmann (geb. 1915) kultiviert den Aphorismus, die Mikrogeschichte, das literarische Feuilleton und lyrische „Texte". Sein Werk ist von einem angstvoll-melancholischen Humanismus getragen, der sich vor allem in kaustischer Gesellschafts- und Kulturkritik äußert. Als formvollendeter Essayist mit weltliterarischem Anspruch hat sich der Germanist Ernest Bisdorff (geb. 1908) bewährt.

Die profiliersten Vertreter der deutsch schreibenden mittleren Generation sind Anise Koltz (geb. 1928), Henri Blaise (geb. 1926), Roger Manderscheid (geb. 1933), Robert Gliedner (geb. 1935) und Nic Weber (geb. 1926).

Anise Koltz schreibt im Schatten von Ingeborg Bachmann, Günther Eich, Paul Celan und Karl Krolow Gedichte, die irgendwo im deutschen Sprachraum hätten entstehen können. Diese Wurzel- und Schwerelosigkeit der Lyrik von Anise Koltz erklären das Echo, das ihre Verse im deutschsprachigen Ausland gefunden haben. Sie sind aber auch vielleicht daran schuld, daß es einem Luxemburger nicht immer gelingt, diesen schönen Schnee zu einem Ball zu drehen.

Auch Henri Blaise und Roger Manderscheid schließen an das literarische Geschehen jenseits der luxemburgischen Landesgrenzen an; wer aber genauer hinhört, dem werden bei ihnen typisch luxemburgische Obertöne nicht entgehen.

Bei Roger Manderscheid ist im Laufe der Jahre und besonders nach 1968 das gesellschaftskritische Engagement, gleichgültig, ob er Lyrik, Hörspiele, Erzählungen oder Romane schreibt, so laut und stark geworden, daß diese Töne die leise Stimme des Poeten, eines der potentesten, den die deutschsprachige Literatur in Luxemburg je besessen hat, zu überschreien drohen.

Henri Blaise dagegen ist wohl auch, in dem Maße wie er sich von dem Rilke-Einfluß seiner Anfänge freimachte, offner für gesellschaftliche und politische Belange geworden. Seine Gedichte sind kritischer und bissiger geworden. Aber er ist Lyriker geblieben, ein Dichter, dem es in erster Linie um die poetische Versprachlichung der Wirklichkeit geht. Es ist ihm gelungen, eine ureigene lyrische Handschrift zu entwickeln, in der sich sprachlicher Eigenwille, feinnervignervöse Sensibilität und meditative Dichte harmonisch vereinen. Zum lyrischen Aufschrei kommt es in der Lyrik von Henri Blaise nicht. Er ist der intimste der deutschschreibenden Lyriker der luxemburgischen Gegenwartsliteratur.

Robert Gliedner hingegen ist der wortgewaltigste und bildermächtigste. Obschon an seine dem deutschen Expressionismus nahestehenden Versen keine Erdbrocken kleben und seine lyrische Diktion keine provinzielle, sondern weltliterarische Allüre hat, ist er, neben Roger Manderscheid, derjenige, der am bewußtesten aus der provinziellen Wirklichkeit seiner Moselheimat heraus schreibt, allerdings nicht für die Provinz und auch nicht gegen sie, aber gegen den Provinzialismus.

Nic Weber bleibt in seinen Gedichten wie in seinen Erzählungen ein dem Surrealismus nahestehender Wortmagier, ein Meister der Bilder und Märchen, die verzaubern.

Fernand Hoffmann (geb. 1929), der Autor dieser Studie, hat in seinen Romanen und Erzählungen Luxemburg zum Thema. Ob er, wie in dem Roman *Die Grenze* (1972), die Leiden der Luxemburger während der Nazizeit schildert und die Grenze aufzuweisen versucht, jenseits derer man, im Versuch sich selbst zu retten, sich selbst verliert, ob er wie in der längeren Erzählung *Nachträgliche Erhebungen* (1981) den verschlungenen Wegen von Kollaboration, Verrat und Widerstand, Heldentum und feiger Mitläuferei nachgeht, ob ein luxemburgisches Schicksal in *Kein Weg zurück nach Tuscarora* (1980) bis nach den U.S.A. und in den Vietnamkrieg hinein verfolgt, immer geht es um die Frage: Was heißt es, Luxemburger sein?
Alex Jacoby (geb. 1928) steht in seiner Art, die Welt und die Menschen zu sehen und in der Literatur eingehen zu lassen, ganz in der Nähe von Nic Weber. Er liebt die Transposition ins Märchenhafte und Surreale, die Poetisierung der Wirklichkeit, die aber trotzdem die Wirklichkeit bleibt, in der wir leben… und an der wir leiden. Alex Jacoby ist der verträumteste der deutschreibenden Autoren Luxemburgs. Ein Dichter, der sich in unsere dichterlose Zeit verloren hat. Ein Träumer. Aber ein Träumer, dessen Träume einem mehr unter die Haut gehen, als Roger Manderscheids Biß- und Krallenschrift. Obwohl auch Manderscheid Töne findet, die an diejenigen Lex Jacobys erinnern.
Erwähnt werden muß schließlich noch als Vertreter dieser mittleren Generation. Jean-Willibrord Schmit (1917–1983), der ein unausgeglichenes Werk hinterließ, aber trotzdem unter dem Pseudonym Christoph Klausener einige Gedichte schrieb, die zum eisernen Bestand jeder Anthologie deutschsprachiger Lyrik in Luxemburg gehören.
Die profilierteste Gestalt unter den Vertretern der jüngeren Generation deutschschreibender Autoren in Luxemburg ist zweifellos Cornel Meder (geb. 1938), ein literarisches Talent mit multiplen Facetten. Er ist ein technisch blendender Erzähler, schreibt verspielt-vielsagende Lyrik, bewährt sich immer wieder als formuliermächtiger Essayist, Literaturkritiker und trickreicher Polemiker, ohne es als Herausgeber, Textkritiker und Literaturhistoriker an Akribie und Genauigkeit in Recherche und Kommentar fehlen zu lassen. Ein großer Animator der luxemburgischen Literaturszene.
Michael Raus (geb. 1939) schreibt sehr zerebrale und doch evokatorische Lyrik. Er hat sich besonders als Literaturkritiker einen Namen gemacht. Sein besonderes Verdienst ist es, die luxemburgischen Autoren immer wieder dazu anzuhalten, aus ihrer luxemburgischen Wirklichkeit heraus zu gestalten.
Bei Josy Braun (geb. 1938) sind Denken und literarisches Imaginations- und Gestaltungsvermögen nicht imme auf der Höhe seines sozialen und politischen Engagements.
Guy Rewenig (geb. 1947) ist ein literarischer Hans-Dampf-in-allen-Gassen von stupender Formulierungsbehendigkeit, der alle Antennen draußen hat. Das führt allerdings dazu, daß er nicht selten kritiklos nachdenkt, was andere vordenken. Dennoch ist es gut, daß es diesen jungen Hecht im luxemburgischen

literarischen Karpfenteich gibt. Allerdings besteht bei Rewenig die Gefahr, daß er sich verzettelt und ein Novitätenkolporteur bleibt.
Unter den allerjüngsten Vertretern des deutschsprachigen Flügels des luxemburgischen Literaturtriptychons tun sich augenblicklich Georges Hausemer (geb. 1957) und Nico Graf hervor, der 1981 Stipendiat des „Literarischen Colloquiums" in West-Berlin war. Weiterhin wären noch zu nennen: René Clesse, Rolf Ketter (eine sehr starke Begabung) und René Helminger. Diese Autoren bilden mit Roger Manderscheid den Kern des noch jungen, aber rührigen Verlags Guy Binsfeld.
Jean-Paul F. Hoffmann gehört zu den jungen Autoren um die Zeitschrift *Nos Cahiers*. Er hat bisher eine größere Erzählung „El Italiano" und einige kleinere Geschichten und Texte veröffentlicht. Er arbeitet Wirklichkeit behutsam sprachlich auf und hat eine erzählerische Aquarelltechnik entwickelt, in der das Weiß des unberührten Blattes denselben Stellen- und Aussagewert hat wie die dünn aufgetragene Farbe. Überalll spürt man bei ihm das Bemühen, mit einem Minimum an sprachlichem Aufwand ein Maximum an Wirkung zu erzielen.
Wer in Luxemburg schreibt, schreibt in der Provinz. Schreibt für die Provinz. Ein Grund zum Lamentieren? Keineswegs! Schlimm ist nicht die Provinz. Schlimm ist auch nicht das Provinzielle. Nur der Provinzialismus ist schlimm. Am schlimmsten aber ist der als Avantgardismus aufgedonnerte Provinzialismus. Er gehört nicht zur Provinz. Aber letztere liefert ihm den geeigneten Närhboden. Man erkennt ihn daran, daß man die sehr dünn aufgetragene Modernität nur etwas anzukratzen braucht, und schon kommt daruner das blätterige heimatliche Kalkweiß wieder zum Vorschein. Modernität als modische Fassade. Das Ende des Aufstandes gegen Erstarrung in mit Tradition verwechselter Konventionalität in einem modernistischen Traditionalismus, der genau so konservativ ist wie der epigonale Provinzialismus. Echte Modernität ist das Resultat einer intensiven Auseinandersetzung mit dem Stoff, der eben diese Form und keine andere verlangt. Als Modernität travestierter Provinzialismus aber äfft lediglich eine Form nach, ohne daß sie in einem zwingenden Verhältnis zum Gehalt steht. Avantgardistischer Provinzialismus ist Modernität von der Stange. Provinziell ist nicht, wer aus der Provinz heraus schreibt. Provinziell ist auch nicht, wer aus der Provinz über die Provinz schreibt. Und auch nicht, wer für die Provinz schreibt. Provinziell ist, wer keine Distanz zum Kulturgeschehen des Tages und der Stunde hat und alles ihm Neue bestaunt und bewundert genau wie der Bauernjunge, der zum ersten Mal in die Großstadt kommt. Und bei vielen, die in Luxemburg über die luxemburgische Duodezkultur schimpfen, das kulturelle und literarische Getto verfluchen, in dem sie zu ersticken vermeinen, ist das nichts anderes als ein Reflex des eben beschriebenen Provinzialismus, der jedes Fürzchen, das vom Ausland herüber nach Luxemburg geweht wird, für einen Donnerschlag hält.
Nicht bloß aus der Gegenstellung heraus wird die Provinz literarisch fruchtbar. Das Dagegen-Schreiben ist nur eine Möglichkeit. Auch die Bejahung der Pro-

vinz (was zwar kein ja zum Provinzialismus, aber wohl zur Provinz und zum Provinziellen bedeutet) ist imstande, gute Literatur hervorzubringen. Allerdings ist das immer nur dort der Fall, wo aus der provinziellen Nußschale heraus die ganze Welt entwickelt wird und die schöpferische Phantasie die enge Szene des heimatlichen Geschehens zur Weltbühne weitet.

Das ist beispielsweise bei Gottfried Keller der Fall, bei Jeremias Gotthelf und Johann Peter Hebel, am exemplarischsten dürfte es aber auf Theodor Storm zutreffen. Was der Dichter des „Schimmelreiters“ schreibt, mag wohl „Husumerei“ sein. Es ist trotzdem – n'en déplaise à Monsieur Fontane! – ins Allgemeingültige gehobene, ausgeweitete und überhöhte Husumerei.
Wenn Theodor Fontane Storms Husumerei mißverstand, so deshalb, weil bei ihm die Sachlage komplizierter ist, was nicht verhindert, daß auch sein Werk die Wurzeln tief in den Sandboden seiner märkischen Provinzheimat treibt. Aber während Storm ins Exil ging und die Heimt mitnahm, reiste Theodor Fontane als Zeitungskorrespondent nach London, um die ‚Welt‘ kennen zu lernen, sie zu beschreiben und sich von einer kosomopolitischen Plattform aus mit seiner märkisch-preußischen Heimat auseinanderzusetzen. Storm kehrte aus dem Exil nach Schleswig-Holstein zurück. Fontane ließ sich 1859 nicht in Neu-Ruppin nieder sondern in Berlin. Ein Berlin, das sich vom Provinznest seiner Lehrjahre als Apothekerlehrling zur Weltstadt durchzumausern im Begriffe stand. Und hier liegen die tiefen Ursachen dafür, daß Fontanes Romane, am Maßstab der Weltliteratur gemessen, hoch über der Novellistik Storms stehen. In seinen Romanen ist es Fontane gelungen, die von ihm selbst aufgestellte Dichotomie ‚Husum ist gleich Provinz – London ist gleich Welt‘ dialektisch aufzuheben. Aber Provinz ist trotzdem in seinem Spätwerk vorhanden. Und was mehr ist: sie bleibt darin wirksam. Streng genommen ging Fontane von der Provinz aus und kehrte wieder in die Provinz zurück. Wie er die Provinz nicht um Londons willen und London nicht um der Provinz willen aufgegeben hatte, so verriet er jetzt die Provinz nicht um Berlins willen und Berlin nicht der Provinz zuliebe. In seinem Romanwerk stehen ‚Husum‘ und die ‚Welt‘ in einem dialektischen Wechselverhältnis.
Und so konnte er es sich leisten, die Provinz zum Herzen seiner beiden letzten Romane zu machen. In *Effi Briest* und *Der Stechlin* leistet die Provinz das Höchste, was sie in der Literatur zu leisten vermag: an Husum, an den engen und deshalb auch übersichtlichen Provinzverhältnissen wird die Beschaffenheit der ‚Welt‘, der europäischen Gesellschaft um die Jahrhundertwende aufgewiesen und durchleuchtet.
Diese Integrierung von Provinz und Welt ist bisher noch keinem luxemburgischen Autor gelungen. Wenn dem nun entgegengehalten wird, Fontanes Situation sei trotzdem eine andere gewesen als die eines luxemburgischen Autors, denn der alte Fontane habe nicht in der Provinz, sondern im Berlin der Gründerjahre geschrieben, das zwar noch nicht die geistige Metropole war, die es in den zwanziger Jahren werden sollte, aber trotzdem einen anderen Umschlagplatz von Kunst- und Geistesgütern als Luxemburg darstellt und Fontane sei auch Mitglied einer prominenten literarischen Gesellschaft gewesen und habe die Isolation eines in Luxemburg Schreibenden nicht gekannt, wenn wie gesagt, Ähnliches eingewendet wird, so bin ich bereit, das zuzugeben, aber nur, um hinzuzufügen, daß sich auch am Beispiel des zeitgenössischen Schweizer Schriftstellers Gerhard Meier das Gesagte erhärten ließe.

Das ist es, was es dem Luxemburger so schwer macht, einen Roman zu schreiben: Aus der Provinz heraus die Welt zu gestalten. Den Boden unter den Füßen zu behalten und doch nicht darin festwachsen. Schwer und zugleich leicht sein. Erschautes zur allgemeinen Anschauung weiten. Man kann nur das beschreiben, was man gesehen hat. Gewiß kann man umgestalten, auseinandernehmen und neu zusammensetzen. Verfremden, verzerren, steigern und ich weiß nicht, was noch alles. Aber das Rohmaterial, das findet der Schreiber um sich. Und in sich. Wer schreibt, zieht sich vor lüsternen Augen aus. Schreiben ist seelischer und geistiger Striptease. Wer nicht bereit ist, Intimstes preiszugeben, lasse die Finger von der Literatur. Jeder Literat ist ein Exhibitionist.

Wer in der Provinz schreibt – und das ist der Fall des schreibenden Luxemburgers, – muß zudem noch auf das Feigenblatt des Anonymats inmitten namenloser Zuschauer verzichten. Er vollzieht die obszöne Entblößung quasi vor engstem Familienkreise. Das hat zur Folge, daß der Akt des Sich-Entblößens zugleich eine doppelte Bloßstellung ist: die eigene und die der andern, die daran teilhaben. Dadurch, daß im engen Provinzmilieu Figuren, Ereignisse und Geschehnisse leichter identifizierbar, die Verhaltensweisen des Schreibenden jedermann bekannt und nachkontrollierbar sind und eben aus dem Grunde die Kunst der Verhüllens ausgeprägter und raffinierter ist und die Hypokrisie Lebensnotwendigkeit besitzt, stellt der Schreibende nicht nur sich selbst, sondern im Spiegel des Geschriebenen auch die Beschriebenen bloß. Das macht das Schreiben in der Provinz nicht nur zu einer peniblen, sondern auch zu einer sehr gefährlichen Sache. In Unkenntnis der Entstehung von fiktionaler Wirklichkeit, wo Erfundenes und Erlebtes in einer neuen Einheit aufgehen, macht das Lesepublikum aus jedem Stück erzählter Realität ein Stück erlebter Wirklichkeit. Es entschlüsselt und extrapoliert.

Das Ende vom Lied sind Hexenjagden. Die hat es und wird es immer wieder dort geben, wo jemand die erfundene dichterische Wirklichkeit zu hautnahe mit der Alltagsfaktizität zusammenleben und gute Nachbarschaft führen läßt. Vollends zum Tanz auf dem Drahtseil gezwungen ist, wer in Luxemburg schreibt. Entweder er läßt vom Schreiben ab oder aber findet sich bereit zu einem mörderischen Balance-Akt ohne Fangnetz. Ein falscher Tritt, und er liegt unten. Und wie er auch fällt, er fällt unglücklich. Unverletzt kommt er nicht davon. Er landet entweder in der Lüge oder im Skandal. Schreiben ist immer ein gewagtes Abenteuer. In Luxemburg ist es mehr. Es ist russisches Roulette. Wo jeder jeden kennt, ist es unendlich schwer, zu schreiben, was man für die Wahrheit hält. Noch schwieriger aber ist es, dieser Wahrheit exemplarische Gültigkeit zu geben und es nicht bei der durchsichtigen Verschlüsselung zu belassen, sondern echte Verdichtung anzustreben. Als Thomas Mann die *Buddenbrooks* schrieb, lebte er in München. Der Luxemburger, der in Luxemburg schreibt, kann zwischen sich und den Ort, der ihm die faktische Realität, liefert, im besten Falle die Distanz von etwas über neuzig Kilometer legen. Die genügt nicht, um eine Rechtfertigung wie die von „Bilse und Ich“ glaubwürdig zu machen. So schwer es in Luxemburg ist, weder die Wahrheit, noch die Dichtung preiszugeben, genau so leicht ist es, im Schutze des Alibis der Literatur völlig unliterarische Rache zu nehmen und – verschlüsselnd dort, wo es verdichten hieße – unter dem Aushängeschild der Dichtung billige Kolportage zu verkaufen.

Und selbst dann, wenn in Luxemburg statt des Provinzlüftchens die Passatwin-

de der großen, weiten Welt wehten, selbst wenn Luxemburg nicht Luxemburg, sondern Paris, London, München oder Berlin wäre, selbst dann bliebe Schreiben in Luxemburg noch immer ein unkalkulierbares Risiko. Ein Va-banque-Spiel mit der Sprache. Schreiben in Luxemburg heißt nämlich, wenn wir von den wenigen Schreibern absehen, die nur auf Lëtzebuergesch schreiben, Deutsch oder Französisch, das heißt eine Sprache schreiben, die man nicht als Muttersprache, sondern als Fremdsprache gelernt hat.
Was dem deutsch schreibenden Luxemburger fehlt, ist die tägliche Handhabung des Umgangsdeutschen, aus dem sich die Sprache der Literatur dauernd erneuert. Der Luxemburger schreibt deutsch in einem kommunikativen Leerraum. Er schreibt deutsch in einem Sprachraum, der sich in einer über hundertjährigen Entwicklung – streng genommen eigentlich schon seit dem Zerfall des lotharingischen Zwischenreichs – eigenständig weiter- und von der Sprachentwicklung im übrigen deutschen Sprachraum wegentwickelt hat. Er schreibt deutsch, ohne in der Umgangssprache Fuß gefaßt zu haben. Zugleich aber wurzelt er tief und fest im Lëtzebuergeschen, das von seiner Entwicklung und seinen Funktionen her nicht mit einem deutschen Dialekt zu vergleichen ist. Wer in Luxemburg deutsch schreibt, befindet sich mehr oder weniger in der Situation des deutschschweizerischen Schriftstellers, die Max Frisch ja sehr gut beschrieben hat. Allerdings gibt es trotzdem den einen, großen Unterschied, daß es in Luxemburg keine kosmopolitischen Kulturzentren wie Basel und Zürich gibt.
Wer schreibt, schreibt für seine Leser. Aber zwischen ihn und diese ist sein Verleger gestellt. Wer aber Verleger sagt, meint Verlagslektor. Was gedruckt wird, was also das Licht der literarischen Welt erblickt, das entscheiden nicht die literarischen Väter und Mütter, das beschließen die Hebammen der Literatur, die Verlagslektoren. Und in den Geburtskliniken der Literatur geht es viel härter und grausamer zu als bei den Menschen. Was nicht lebensfähig scheint, mißraten und verkrüppelt ist, das würgen die Literaturhebammen mitleidlos ab. Literarische Kinder, die nicht leben sollen, müssen sterben. Daß auch Lektoren irren, stimmt selbstverständlich. Und die Liste von Werken, die später berühmt geworden sind, aber von einem Verlagslektor abgelehnt worden waren, ist beschämend lang. Genau so, wie auch mancher Autor nur mit Erröten an die Zugeständnisse denken kann, die er seinem Lektor machte, nur von der einen Tatsache überzeugt, daß ein Buch, damit es sich durchsetze, zunächst einmal gedruckt werden muß.
Beschämende Zugeständnisse zu machen, bloß um gedruckt zu werden, braucht ein luxemburgischer Autor nicht. Was er benötigt, ist das Geld für die Druckkosten, einen Mäzen oder aber einen Drucker, der auf ihn setzt und ihm Kredit gibt. Denn ein eigentliches Verlagswesen mit Lektorat gibt es in Luxemburg so gut wie nicht. In neunundneuzig von hundert Fällen ist der Drucker auch Verleger oder aber das Buch erscheint im Selbstverlag. Und selbst da, wo Werbung und Verkauf einigermaßen verlagsmäßig vorsichgehen, wird trotzdem nicht im strengen Sinn des Wortes lektoriert.

Man kann also mit einigem Recht behaupten, daß in Luxemburg – wenn wir die verschiedenen Varianten miteinbeziehen – der Selbstverlag nicht die Ausnahme, sondern die Regel ist. Dies bedeutet zunächst einmal, daß ein in Luxemburg im Selbstverlag erschienenes literarisches Produkt nicht gleich schlecht sein muß, wie das im Ausland oft der Fall ist, weil Selbstverlag das Signal dafür ist, daß ein Autor die Lektoratshürde nicht nahm oder (aus einsichtigen Gründen) umgehen wollte. Es ist aber nicht abzustreiten, daß mit dem Lektor ein wichtiger Regulator des literarischen Lebens ausfällt. Wie die Hechte im Fischteich, so sorgen die Lektoren im Literaturaquarium für das biologische Gleichgewicht. Daß nicht lektoriert wird, wirkt sich durch den Umstand, daß die Enge der Verhältnisse die Kritik sehr erschwert und die Gefälligkeitsrezensionen florieren, während das Schweigen dem Verriß vorgezogen wird, in Luxemburg noch desaströser aus als sonstwo.

Luxemburgische Literatur ist Wildwuchs. Luxemburgische Literatur kommt vom Schreibtisch direkt auf den Büchertisch. Ohne verlegerisches Clearing. Es gibt keinen Lektoratsfilter und keine marktpolitische Schleuse. Nur ein einziges Gesetz reguliert den Markt: das des Angebots und der Nachfrage. Anders ausgedrückt: nirgendwo sonst herrscht auf dem Büchermarkt so uneingeschränkt der Publikumsgeschmack wie in Luxemburg. Allerdings hat das nicht die verheerenden Folgen, die es in einem großen Lande hätte. Dazu ist der luxemburgische Büchermarkt als reiner Innenmarkt viel zu klein. Die Auflagen schwanken zwischen 300 und 1000 Exemplaren. Dabei ist ein Absatz von etwa 250 Exemplaren mehr oder weniger sicher. Ungefähr soviele Luxemburgensia-Sammler gibt es, die jedes von einem Luxemburger geschriebene Buch kaufen. Damit ist die Gefahr der großen Pleite gebannt. Jeder hat seine Chance, wenn er nicht gerade einen großen Roman auf den Markt bringen will, der eigenwillige Avantgardist so gut wie der hermetische Lyriker. Allerdings auch der Nichtskönner, wenn er nur den Mut hat, seine Produktion, zwischen Buchdeckel gepreßt, als Literatur anzubieten.

Das alles läßt sich nur schwer ändern, weil es eng mit luxemburgischer Gesellschafts- und Wirtschaftsstruktur zusammenhängt und letztlich nur die in den Bereich der Literatur verlängerten sozio-kulturellen Konsequenzen jener Herausforderung an die Geschichte darstellt, die man Luxemburg nennt: sowohl ein Produkt der imperialistischen Machtpolitik des 19. Jahrhunderts als auch der letzten Zuckungen des absolutistischen Ancien Régime. Denn wie anders, wenn nicht so, läßt es sich erklären, daß Wilhelm I. von Holland beim Wiener Kongreß 1815 das um seine Gebiete östlich von Our, Sauer und Mosel verkleinerte und zum Großherzogtum erhobene Herzogtum als persönlicher Besitz zugesprochen wurde? Und wie lange hätte sich das offensichtlich politisch nicht lebensfähige, stiefelförmige Gebilde als unabhängiges Land halten können, wenn ein um das sogenannte europäische Gleichgewicht bemühtes Machtdenken es nicht unmöglich gemacht hätte, daß eine der europäischen Großmächte es der anderen gönnte? Die außenpolitische Geschichte Luxemburgs seit 1815 ist nicht

umsonst die Geschichte einer einzigen, bald schwelenden, bald wieder ausbrechenden politischen Krise.
Aber die aufeinanderfolgenden Krisen, in denen es immer wieder so aussieht, als sei es mit der luxemburgischen Unabhängigkeit vorbei, tragen letzten Endes zur Stärkung dieser Unabhängigkeit bei, weil sie bewirken, daß das luxemburgische Nationalgefühl, die luxemburgische nationale Identitätsfindung und damit die nationale Solidarisierung sehr schnell voranschreiten. Was 1815 noch so gut wie gar nicht da war, läßt die Luxemburger 1942 zum Generalstreik gegen Hitlers Deutschland und den Nazi-Terror antreten: der luxemburgische Patriotismus als kämpferische Aspekt des Nationalgefühls.
Die Literatur auf Lëtzebuergesch, aber auch die Literatur auf Deutsch und Französisch sind direkte Folgen des erstarkenden Nationalgefühls. Nicht von ungefähr enstehen sie alle drei um 1830. Und es ist auch kein Zufall, daß der erste Historiker der Literatur auf Lëtzebuergesch zugleich auch der erste französisch schreibende Luxemburger Romancier ist. Félix Thyes, der Autor des Romans *Marc Bruno*.
Als was sie begann, hat die Literatur in Luxemburg sich auch weiter entwickelt: als etwas spezifisch Luxemburgisches.
Da ist zunächst einmal die Dreisprachigkeit. Hier ist weniger die Tatsache charakteristisch, daß es – der luxemburgischen Triglossie entsprechend – eine Literatur auf Deutsch, Französisch und Lëtzebuergesch gibt und in jeder die drei großen literarischen Gattungen Epik, Lyrik und Dramatik vertreten sind, als das Faktum, daß sich wohl jeder Autor für eine der drei Sprachen entschieden hat, ohne daß das ihn daran hinderte, bisweilen (der eine häufiger, der andere seltener) in einer der beiden andern Sprachen zu schreiben. Irgendwie spürt jeder, der in Luxemburg schreibt, daß Triglossie und Trilingualismus ein Stück seiner kulturellen Identität bilden.
Eine zweite Eigenart der luxemburgischen Literatur, ob auf Hochdeutsch, Französisch oder Lëtzebuergesch die mit ihrer recht kurzen Geschichte zusammenhängt, ist ihr fragmentarischer Charakter. Wohl sind die großen Gattungen vertreten, aber die luxemburgische Literaturlandschaft ist dünn besiedelt, und ganze Gebiete sind noch überhaupt nicht erschlossen.
Zunächst einmal gibt es keine Strömungen und Tendenzen, keine Epochen. Einflüsse sind wohl feststellbar. So der von Goethe in den hochdeutschen Gedichten von Michel Rodange. Nikolaus Welter schreibt im Zeichen der Neuromantik, des Impressionismus und der Münchener Schule, Jean-Pierre Erpelding steht dem Naturalismus nahe, und Nikolaus Hein ist ein poetischer Realist, während Hermann Berg in der Tradition der Volksschriftsteller (allerdings ohne aufklärerische und sozialkritische Note) von J. P. Hebel bis zu Ludwig Anzengruber und Peter Rosegger schreibt und auch spürbare Anstöße von Jeremias Gotthelf erhält. Albert Hoefler und J. P. Decker machen den deutschen Expressionismus für die luxemburgische Literatur fruchtbar; bei Paul Henkes kommen gleichzeitig auch noch Anstöße von den französischen Symbolisten, besonders von Mallar-

mé hinzu, und auch der Einfluß R. M. Rilkes und Stefan Georges ist nicht zu verleugnen. Pol Michels schreibt spürbar im Zeichen der Neuen Sachlichkeit, Joseph-Emile Müller findet surrealistische Töne, und Gregor Stein verbindet die Musikalität Rilkes mit einer metaphysischen Vertiefung, die im Kulturkatholizismus um Karl Muth wurzelt. Auch bei den jüngeren und jüngsten Autoren kann man diese Verbindung zur Literaturentwicklung in Deutschland und Frankreich samt der dazugehörigen obligaten provinziellen Verspätung feststellen.

Aber Epochen markierende „Schulen" gibt es in der luxemburgischen Literaturgeschichte keine. Jeder Autor steht mehr oder weniger für sich, und die gegenseitige Beeinflussung ist auch sehr schwach, um nicht zu sagen inexistent. Das hängt selbstverständlich mit der geringen Einwohnerzahl zusammen, im Vergleich zu der Luxemburg eine erstaunlich hohe Anzahl an Literaturproduzenten hervorbringt.

Auch das andere, schon angesprochene Phänomen, nämlich die Leerstellen in der luxemburgischen Literaturbilanz, hat hiermit zu tun. Dazu ein Beispiel aus der deutschsprachigen Literatur: Es gibt wohl einen deutschsprachigen luxemburgischen Roman. Wenn wir aber genauer hinsehen, so merken wir, daß er sich mehr oder weniger in der Darstellung der bäuerlichen Agrargesellschaft und der daraus erwachsenden Probleme erschöpft. J. P. Erpelding hat zwar in *Adelheid François* (1938) versucht, einen luxemburgischen Entwicklungsroman mit der Frage nach der luxemburgischen kulturellen und nationalen Identität im Zentrum zu schreiben, aber das ist ihm nicht gelungen. Der Grund ist wahrscheinlich der, daß dem Sproß eines Bauerngeschlechts für die Darstellung des bürgerlichen Milieus das persönliche Erleben und die eigene Anschauung fehlte. Es gibt in der deutschsprachigen Literatur Luxemburgs weder den Entwicklungs- oder Erziehungsroman, noch den bürgerlichen Gesellschaftsroman, noch den sozialen Roman aus dem Arbeitermilieu. Was wiederum nicht heißt – und gerade das ist hochinteressant –, daß das Thema in derselben oder einer anderen Gattung in einer der beiden anderen Literaturen nicht aufgegriffen worden wäre. So beispielsweise gestaltet der Vorsitzende des Aufsichtsrates der „Banque Internationale", Joseph Leydenbach die Welt des Großbürgertums und der mittleren Bourgeoisie in seinen französischen Romanen und schrieb mit *Les Désirs de Jean Bachelin* einen luxemburgischen Entwicklungsroman. Der aus dem luxemburgischen Industriegebiet stammende Mundartdramatiker Fernand Barnich bringt in zwei Stücken (*De wëlle Mann* und *Um Block*) den Arbeiter auf die Bühne und setzt sich mit der sozialen Problematik auseinander. Dasselbe Thema hat bereits vor ihm, allerdings aus der Sicht eines sozialen Patriarchalismus, der Fabrikherr Andréi Duchscher aufgeworfen. Die Welt des Kleinbürgertums evoziert Dicks (Edmond de la Fontaine), der Patrizier und Sohn des ersten luxemburgischen Staatsministers, allerdings ohne auch nur den Ansatz einer kritischen Analyse, in seinen Mundart-Singspielen, die ihn zu einem der Klassiker der luxemburgischen Mundartdichtung gemacht haben. Die sozial- und gesell-

schaftskritische Tendenz bringen vor allem Josy Braun, Guy Rewenig und Pol Greisch mit ihren Mundartstücken in die luxemburgische Literatur ein.
Und wenn es auch den luxemburgischen deutschsprachigen Erziehungsroman, den Gesellschaftsroman und den psychologischen Roman nicht gibt, so besitzt die luxemburgische Literatur in deutscher Sprache mit *Fetzen* von Alex Weicker einen der wenigen echten expressionistischen Romane der deutschen Literatur, mit *Die Dromedare* hat Roger Manderscheid eine stark surrealistisch angehauchte Romansatire über Luxemburg geschrieben, und auch die moderne Erzählung ist mit Roger Manderscheid, Nic Weber und Cornel Meder vertreten. Ein modernes deutschsprachiges Theater gibt es nicht, während die französische Literatur mit Edmond Dune einen ganz profilierten Autor besitzt.
Die in den drei Literaturen am stärksten vertretene Gattung ist die Lyrik. Der Roman ist eine Seltenheit. Das Drama blüht nur in der Dialektliteratur.
Man sieht: die hochdeutsche Literatur in Luxemburg ist gewissermaßen nur seitenweise geschrieben worden, mal eine Seite hier, mal eine Seite dort und dazwischen viele unbeschriebene Blätter. Wie es damit angefangen hat, so ist es auch weitergegangen. Das beginnt irgendwo um die Jahrhundertwende, nimmt Gelegenheiten wahr, geht an andern vorbei, erwischt diesen oder jenen Anschluß, verpaßt trotzdem die meisten. Die deutschsprachige Literatur in Luxemburg? Eine Geschichte der wahrgenommenen und verpaßten Gelegenheiten. Ein Buch mit mehr unbeschriebenen als beschriebenen Seiten.
Selbstverständlich kommt es auch vor, daß im Buche der luxemburgischen schriftdeutschen Literatur die beschriebenen Seiten dicht aufeinander folgen. So ist in den zwanziger und dreißiger Jahren ein wirkliches Aublühen der deutschsprachigen Lyrik zu verzeichnen. Aber diese Lyrik wächst nicht aus einer eigenen, spezifisch luxemburgischen literarischen Tradition heraus, wie das beispielsweise in Österreich der Fall ist. Sie ist auf einmal da. Völlig unvermittelt, ohne innerluxemburgische Beziehungspunkte und Ursachen, nur durch außerluxemburgische Einflüsse zu erklären. Anders ausgedrückt: die luxemburgische deutschsprachige Literatur ist als „Nationalliteratur" traditionslos, ohne Geschichte, schattenlos wie Peter Schlemihl. Es sei denn, wir sehen die knappen hundert Jahre, die sie alt ist, bereits als Tradition an. Hiermit ist nicht gemeint, daß der Literaturhistoriker, der auf Ahnensuche geht, nicht fündig würde. Es ist eine Leichtigkeit, die drei Literaturen in Luxemburg bis ins Mittelalter zurückzuführen. Aber das kann nicht ohne eine recht zweifelhafte historiographische Tendenz geschehen, welche nicht davor zurückschreckt, die feudale Grafschaft, das spätmittelalterliche Herzogtum, die burgundische, spanische, österreichische, französische (sowohl die unter Ludwig XIV. wie unter dem Directoire, Consulat und dem napoleonischen Kaiserreich) „Fremdherrschaft", das mit Holland durch Personalunion verbundene Großherzogtum von 1815 bis 1841 und das unabhängige Luxemburg bis heute zu einer großen Wurst zu verarbeiten, um dann nicht eben appetitliche nationalliterarische Scheiben davon abzuschneiden.

Der Ahnherr der deutschsprachigen luxemburgischen Literatur ist nicht jener legendäre Bruder Hermann von Veldenz, der im Jahre 1290 eine Vita Yolandens von Vianden, der Grafentochter und Priorin des Klosters Marienthal, schrieb, es ist Nikolaus Welter, der Sohn eines Schmieds aus dem Provinzstädtchen Mersch, der 1871 geboren wurde und um die Jahrhundertwende zu schreiben begann. Da er auf keine Tradition, jedenfalls, was die Form anbelangt, zurückgreifen und weder innerhalb dieser, noch außer dieser oder gar gegen sie schreiben konnte, war er gezwungen, sich seine Vorbilder im übrigen deutschen Sprachraum, vor allem in Deutschland und Österreich, zu suchen. Er schafft eine Tradition. Mit Nikolaus Welter, dem verspäteten Romantiker mit Anklängen an den poetischen Realismus und Sehnsüchten nach einer sich fern abzeichnenden sozialen Dichtung, hat sich fürderhin jeder deutschschreibende Luxemburger Autor, ob er mit ihm, ohne ihn oder gegen ihn schreibt, auseinanderzusetzen. Mit Nikolaus Welter setzt in der deutschsprachigen Literatur Luxemburgs der obligate Generationenkonflikt und Modernistenstreit ein, indem er den für ein gesundes literarisches Leben notwendigen Stromkreis durch das Spannungsgefälle zwischen Plus- und Minuspol ins Fließen bringt und mit Energie speist.

Was dem aufmerksamen Wanderer durch die Landschaft der luxemburgischen deutschsprachaigen Gegenwartsliteratur noch auffällt, ist die Tatsache, daß es, vor allem bei der jungen und jüngsten Generation, den bis dahin typischen Rückstand von ungefähr 30 Jahren zum literarischen Geschehen im übrigen deutschen Sprachraum nicht mehr gibt. Die Lyrik hatte zwar schon in den zwanziger Jahren an die deutsche Lyrik des Symbolismus, Expressionismus, der Neuen Sachlichkeit und des Surrealismus angeschlossen, der Roman war aber, wenn wir *Fetzen* von Alex Weicker ausnehmen, nicht aus den traditionellen Bahnen herausgekommen, und ein hochdeutsches Theater gab (und gibt) es, wenn wir von den mehr oder weniger totgeborenen Dramen von Nikolaus Welter absehen, überhaupt nicht.

Seit sich die jüngere und jüngste Generation zu Wort gemeldet hat, ist die Situation eine ganz andere geworden. Der Anschluß an die deutsche Gegenwartsliteratur ist nicht bloß hergestellt, vielfach sind die Luxemburger ganz vorne bei den Ausreißversuchen des Avant-garde-Pelotons dabei. Und das bleibt literatursoziologisch nicht ohne Folgen.

Wie schon dargelegt, besteht für die luxemburgische Literatur – gleichgültig ob in Hochdeutsch, Französisch oder Lëtzebuergesch – sozusagen so gut wie keine Kommunikation nach außen. In anderen Worten: luxemburgische Literatur wird hauptsächlich von Luxemburgern gelesen. Das hat zur Folge, daß die Zahl derjenigen Leser, die sich für literarische Experimente und aus den traditionellen Bahnen ausbrechende Literatur interessieren, verschwindend klein ist. Je weiter sich also die Literatur in Luxemburg in den Avantgardismus vorwagt, desto mehr droht sie in einen fast inzestuösen Teufelkreis zu geraten, zu einem reinen Feed-back-Prozeß zu werden, in dem Schreiber und Leser im Rollenwechsel eine

sterile literarische Orgie feiern, während die eigentlichen Leser, abgesehen von einigen professionellen Beobachtern der literarischen Szene, sich abkehren.
Dieser Prozeß läßt sich besonders gut in der deutschsprachigen Literatur beobachten, weil die Literatur in französischer Sprache immer nur die Angelegenheit einer Handvoll Intellektueller gewesen ist. Ein Symptom für diese Entwicklung sind die Cliquenbildung innerhalb der literarischen Szene selbst und auch die starke ideologisch-weltanschauliche Polarisierung. Während die Vertreter der älteren Generationen einander nicht selten in echter Freundschaft verbunden sind oder sich jedenfalls in respektvoller Toleranz begegnen, sondern sich die Jungen und Jüngsten von diesen ab und bilden auch innerhalb des eigenen Lagers Zirkel und Gruppen.
Diese zunehmende Hermetisierung des literarischen Kommunikationssystems hat zur Folge, daß die junge und jüngste Generation der deutsch schreibenden luxemburgischen Schriftsteller nicht mehr den luxemburgischen Leser schlechthin anzusprechen sucht, sondern einen bestimmten Leserkreis. Dies soll selbstverständlich nicht bedeuten, daß die ältere Generation Volkstümlichkeit auf Kosten der Qualität angestrebt hätte. Aber indem bei ihnen, und das gilt in erster Linie für die Erzähler und Prosaschriftsteller, die ausgesprochenen Avantgardisten selten waren, wurden keine zusätzlichen literarischen Kommunikationsbarrieren errichtet.
Ohne daß man die heutige Entwicklung von der literarischen Qualität und auch von ihrer stimulierenden Wirkung auf die literarische Produktion her in Luxemburg negativ beurteilen muß, eher das Gegenteil ist der Fall, kann der kritische Beobachter der literarischen Szene nicht darüber hinwegsehen, daß die Gefahr besteht, daß die ohnehin schon dünne Leserschicht, welche die deutschsprachige Literatur in Luxemburg trägt, noch dünner wird. Das Ende vom Lied könnte sein, daß sie einbricht. Und damit käme es zu einer Literatur ohne Leser. Doch das sind Prognosen, und die sind in der Literatur nicht mehr wert als auf den andern Gebieten des Lebens. Man sollte sie mit in Rechnung bringen, ohne in ihnen, seien es Heils- seien es Teufelsbotschaften, der Wahrheit letzten Schluß zu sehen.

Literatur

Gregoire, Pierre: *Zur Literaturgeschichte Luxemburgs*, Luxemburg 1959.
–: *Luxemburgs Kulturentfaltung im 19. Jahrhundert*, Luxemburg 1901.
Hausemer, Georges: „Stiefvaterland, Stiefmuttersprache", in: *Das Pult. Österreichische Zeitschrift für Literatur, Kunst und Kritik* Nr. 69, 1983, S. 4–9.
Hoefler, Albert: *Dichter unseres Landes*, Luxemburg 1945.
Hoffmann, Fernand: „Das Leid der verlagslosen Autoren", in: *Europäische Gemeinschaft*, Bonn 1975, S. 32.

–: *Sprachen in Luxemburg. Beschreibung einer Triglossie-Situation*, Luxemburg/Wiesbaden 1979.

Hoffmann, Léopold: „Deutschsprachige Dichtung in Luxemburg“, in: *Podium* (Wien) 1974, Nr. 13, S. 9–14.

Hury, Carlo (Hrsg.): *Nachrichten aus Luxemburg. Deutschsprachige Literatur in Luxemburg*, Hildesheim/New York 1979 (Auslandsdeutsche Literatur der Gegenwart 11).

Meder, Cornel: „Unsere Literaturkritik“, in: *Courrier de la Chambre Syndicale des Arts et des Lettres*, Luxemburg 1966/67, S. 12.

Meidinger-Geise, Inge: „Junge Dichtung in Luxemburg“, in: *Eifeljahrbuch* 1968, Düren 1967, S. 63–68.

Raus, Michel: „Im Sprachexil. Deutsche Literatur in Luxemburg“, in: *d'Lëtzeburger Land* 1975, Nr. 47, S. 5f. u. 48, S. 5.

–: „La littérature d'expression allemande“, in: *Littératures du Grand-Duché de Luxemburg*, Virton 1976, S. 9–27.

–: „Nicht die Provinz ist provinziell“, in: *Tageblatt*, Esch/Alzette (Luxemburg) v. 3. März 1977, S. 7.

Welter, Nikolaus: *Mundartliche und hochdeutsche Dichtung in Luxemburg*, Luxemburg 1929.

Adrien Finck

Mundarterhaltung und Regionalliteratur

Das Elsaß und die Tradition deutschsprachiger Literatur

1. Geschichtlicher Rückblick

Es braucht wohl kaum daran erinnert zu werden, daß das Elsaß in der Geschichte der deutschsprachigen Literatur eine bedeutsame Rolle gespielt hat: im Mittelalter mit Otfried von Weißenburg, Reinmar von Hagenau, Gottfried von Straßburg, bis zur Mystik des 14. Jahrhunderts mit Johannes Tauler; zur Zeit der Renaissance, des Humanismus und der Reformation mit Sebastian Brant, Jakob Wimpfeling, Geiler von Kaysersberg, Thomas Murner, Johannes Pauli, Jörg Wickram, Johann Fischart, bis zur Barockdichtung des Michael Moscherosch. All diese Namen stehen in den Handbüchern der deutschen Literatur. Auch nach der Annexion durch Frankreich[1] blieb die deutsche Sprache zuerst als vorherrschende Literatursprache bestehen. Noch im 18. Jahrhundert kann von einem ziemlich regen deutschsprachigen Kulturleben gesprochen werden, mit dem auch der junge Goethe (1770–71) in Berührung kam. Die Literaturgeschichte vermerkt den Namen des Aufklärers Pfeffel und den Stürmer und Dränger Heinrich Leopold Wagner. Zur Zeit, in der die große klassische und romantische Dichtung entsteht, ist jedoch im Elsaß keine literarische Figur von überregionaler Bedeutung mehr zu verzeichnen, und das Aufkommen des modernen National- und Staatsbewußtseins führte zur sprachlich und kulturell wirksameren Trennung von Deutschland. Damit war auch der Grund zu tiefergreifenden Spannungen gelegt. Eine im Laufe des 19. Jahrhunderts weiterlebende deutschsprachige Literatur reichte nicht mehr über einen bescheidenen Nachhall dichterischer Strömungen in Deutschland hinaus und trug ausgesprochen konservative Züge.

Wenn es nach 1871 im „Reichsland Elsaß-Lothringen" zu einem allmählichen Neuaufleben deutschsprachiger Literatur kam, so war dies weniger das Werk Friedrich Lienhards, des Verfechters einer in Volk, Stamm und Landschaft wurzelnden „Heimatdichtung", als der jungen, zuerst unter der Fahne von René Schickeles *Stürmer* gescharten Dichter, die zu Beginn des 20. Jahrhunderts eine fortschrittliche, europäische Gesinnung an den Tag legten, eine Synthese französischer und deutscher Kultur anstrebten. Hier erblühte die seither oft aufgegriffene Idee der Vermittlungsfunktion elsässischer Literatur zwischen Deutschland

1 Westfälischer Frieden, 1648; Kapitulation Straßburgs, 1681.

und Frankreich. Neben Schickele sind Ivan Goll und Hans Arp, die „Altdeutschen" Ernst Stadler und Otto Flake literarisch bedeutsam geworden. Allerdings verließen diese Dichter schon früh den engeren Kreis ihrer Provinz zugunsten einer Wirksamkeit auf breiterer Literaturszene, und trotz Schickeles Bemühungen konnte sich Straßburg nicht mehr zu einem führenden Kulturzentrum entwickeln.

Nach der Rückkehr Elsaß-Lothringens zu Frankreich (1918) bestand die in den ersten Jahren des 20. Jahrhunderts zu einem neuen Aufschwung gekommene deutschsprachige Literatur noch weiter, obwohl bald die politischen Spannungen, die zentralistischen Bestrebungen der französischen Verwaltung und die autonomistischen Bewegungen die Atmosphäre vergifteten. Schickele ließ sich – geistig „über den Grenzen" – im benachbarten Badenweiler nieder. Schon 1932 führte ihn die Flucht vor dem Nazi-Regime nach Südfrankreich, wo er 1940 starb, nachdem er sein letztes Bekenntnisbuch *Le Retour* auf französisch geschrieben hatte. Goll und Arp schlossen sich der Pariser Avantgarde an und wurden französische Dichter.

Die viereinhalb Jahre des nationalsozialistischen Terrors im Zweiten Weltkrieg brachten für das elsaß-deutsche Literaturleben den schwersten Schlag: der gewaltsame Rückführungsversuch ins „deutsche Volkstum", die rohe Ausmerzung alles „Französischen" riefen in der Bevölkerung weitgehend die Absage an alles „Deutsche" und den „Volkstums"-Gedanken hervor. Nur allmählich vermochten die neuen politischen Verhältnisse, die deutsch-französische Aussöhnung und die europäischen Bestrebungen während der Nachkriegsjahre die Lage zu entspannen.

2. *Zur gegenwärtigen Sprachsituation*

Neben der französischen Nationalsprache wird immer noch „Elsässerdeutsch" gesprochen, das heißt eine deutsche Mundart, in mannigfachen örtlichen Abwandlungen: vom Hochalemannischen zum Niederalemannischen und Fränkischen. Die Mundart ist jedoch stark gefährdet. Nach dem letzten offiziellen Umfrageresultat des staatlichen Statistikinstituts (I. N. S. E. E., 1979) geben noch rund 75 % der Personen an, Dialekt zu sprechen. Damit wird aber weder die Frequenz noch der Bereich des Mundart-Gebrauchs erfaßt, auch über die Qualität der Sprache wird nichts ausgesagt. Die zunehmende Verarmung und Zersetzung des Dialekts kann leicht beobachtet werden. Die sprachliche Realität (mit Zukunftsperspektive) ergibt sich deutlicher aus einer gezielten Umfrage, die durch Wolfgang Ladin in unterelsässischen Schulen durchgeführt wurde und das Sprachverhalten der dialektophonen Schuljugend dokumentiert (die Fragebogen-Erhebung verdeutlicht z. B. die von Generation zu Generation abnehmende Dialektverwendung: die Eltern sprechen mit den Großeltern zu 88 %

Mundart, die Kinder mit ihren Eltern noch zu 63 %, die Kinder unter sich gebrauchen bereits nur noch zu 34 % das Elsässische).[2] Die Entwicklung hängt mit dem allgemeinen Rückgang der Mundarten im modernen Zivilisationsbereich zusammen, wird aber durch die Wirkung der französischen Assimilationspolitik sowie die Probleme und Hemmungen der elsässischen Psyche verstärkt.[3] Trotz dieser Assimilationstendenzen bleibt eine durch Heimatgebundenheit und ein starkes Beharrungsvermögen gesteigerte Eigenart wirksam. Sie wurde in letzter Zeit neu aufgewertet, und zwar im Zuge kulturpolitischer und ökologischer Protestbewegungen. Dem Elsässerdeutsch kommt heute die Neubelebung alter Volkssprachen zugute, die in verschiedenen Regionen Frankreichs zu verzeichnen sind (neben dem deutschen Dialekt im Elsaß und in Lothringen handelt es sich um sechs solcher „Regionalsprachen": Baskisch, Bretonisch, Flämisch, Katalanisch, Korsisch, Okzitanisch). Verschiedenartige „autonomistische" oder „regionalistische" Gruppen sind aufgetreten. Allerdings ist die wahre Auswirkung dieser Vorgänge schwer zu ermitteln: „Dezentralisierung", „Regionalisierung" stehen auf dem offiziellen Programm (besonders nach den Wahlsieg der Linken, 1981). Es ist zu einer Rückbesinnung auf die traditionelle Volkskultur gekommen. Aber es gibt noch kein sicheres Anzeichen dafür, daß der Rückgang der Mundart entscheidend aufgehalten wurde.

Das vielleicht beeindruckendste Ergebnis der Untersuchung Wolfgang Ladins dürfte die von 54 % der befragten Schüler vertretene Ansicht sein, daß der Übergang vom „Elsässischen" zum Hochdeutschen dem Übergang zu einer Fremdsprache gleichkäme. Diese Zahl enthüllt wohl besser als jede andere, wie weit der Prozeß der sprachlichen und geistigen Abnabelung vom anderen deutschsprachigen Kulturraum bereits fortgeschritten ist. Der Rückgang des Hochdeutschen als Hoch- und Schriftsprache spiegelt sich im sinkenden Prozentsatz der zweisprachigen Zeitungsausgaben wider.[4] Was z. B. die wichtigste Straßburger Tageszeitung *Dernières Nouvelles d'Alsace* betrifft, so stellte die zweisprachige Ausgabe 1966 noch 61 % der Gesamtauflage dar, 1980 nur noch 33 %. Der regionale Rundfunk bringt täglich Dialektbeiträge und einen deutschen Nachrichtendienst. Im Fernsehen kommt es jedoch höchstens zu einigen Unterhaltungssendungen in Mundart. Dazu ist die Verbreitung deutscher Zeitschriften sowie der Empfang der bundesdeutschen und schweizerischen Radio- und Fern-

2 Ladin, *Der elsässische Dialekt*, S. 135f.

3 Zur näheren Einführung in die Aktualität des „elsässischen Problems" vgl. Philipps, *Schicksal Elsaß*.

4 Durch eine Verordnung vom 13. 9. 1945 ist die Herausgabe rein deutschsprachiger Zeitungen verboten. Artikel 11: „Nur französischsprachige oder zweisprachige Zeitungen und periodische Druckschriften dürfen erscheinen. Jede zweisprachige Publikation muß einen französischsprachigen Textteil enthalten, der nicht geringer als 25 % sein darf [...]. Der Titel der Zeitungen, die Hinweise [...] müssen in Französisch verfaßt sein. Der Sportteil und die Jugendspalten dürfen nur in Französisch erscheinen [...]." Vgl. Ladin, *Der elsässische Dialekt*, S. 168.

sehsendungen zu erwähnen, wenn auch über ihren tatsächlichen Einfluß keine genaueren Untersuchungen vorliegen. Einer Verminderung der Deutschkenntnisse wirken ebenfalls entgegen der rege Touristenverkehr, die Erfordernisse des modernen Wirtschaftslebens, die zunehmenden Ansiedlungen von bundesdeutschen Industriebetrieben, vor allem die 30000 Grenzgänger nach der Bundesrepublik und der Schweiz.
Das Sprachproblem ist zugleich ein Schulproblem. Kindergarten und Grundschule waren und bleiben weitgehend auf die Verdrängung des im Elternhaus gesprochenen Dialekts ausgerichtet. Die „Holderith-Reform" hat seit 1972 allmählich und nach Überwindung langer Widerstände den freiwilligen Deutschunterricht (täglich eine halbe Stunde) in den zwei letzten Grundschulklassen wiedereingeführt, und zwar nach einer Methode, die von den mundartlichen Kenntnissen von Vokabular und Syntax ausgeht (diese Methode wird dann im Sekundärunterricht weitergeführt, wo bisher Deutsch ohne Rücksicht auf die elsässischen Gegebenheiten wie eine Fremdsprache gelehrt wurde). Doch stellen sich auch hier Probleme, u. a. weil es außerhalb der ländlichen Bezirke schwierig ist, homogene Klassen mit dialektsprechenden Schülern zu bilden. Dazu kommt die mangelhafte Lehrerausbildung. Die Wiedereinführung des Deutschunterrichts wird von der Bevölkerung mehrheitlich gebilligt (wie es die Umfragen bestätigen), aber immer wieder treten äußere (finanzielle) Schwierigkeiten auf und spielen noch die inneren Hemmungen mit.

3. Probleme einer deutschsprachigen Literatur

Es ergibt sich aus dieser Situation, daß das Weiterleben einer deutschsprachigen Literatur schon durch die immer problematischer werdende Sprachbeherrschung in Frage gestellt wird. Die zeitgenössische Dichtung wird noch mehr oder weniger von Autoren getragen, die vor dem Ersten Weltkrieg geboren wurden, die in die deutsche Schule gingen und deren erste Schrift- und Kultursprache das Hochdeutsche bleibt. Sie sprechen Dialekt und verfügen zugleich über solide hochdeutsche Sprachkenntnisse. Die Jüngeren, in der Zwischenkriegszeit Geborenen, wenden sich eher dem Französischen oder der Mundart zu, doch sind noch einige Autoren zu verzeichnen, die auch Hochdeutsch schreiben. Mit der Generation nach 45 kommt es aber bisher kaum zu dichterischen Äußerungen in Hochdeutsch, und das hängt natürlich mit den mangelnden Sprachkenntnissen zusammen.
Dazu stellt sich das Rezeptionsproblem. Aus derselben Sprachsituation erklärt sich, daß deutschsprachige Literatur im Elsaß immer weniger ein aufnahmefähiges (Hochdeutsch lesendes) Publikum findet. Mundart kommt eher besser an (Lyrik, Kurzgeschichte, Theater), wobei sich aber Probleme der Lesbarkeit (Rechtschreibung) und der breiteren Mitteilung stellen. Das elsässische Verlags-

wesen ist schwach entwickelt, selten riskiert ein Verleger die Publikation eines deutschen Buchs, so daß meistens den Dichtern nur der Selbstverlag in kleinen Auflagen oder die gemeinsame Veröffentlichung von Anthologien übrigbleibt. Immerhin erschienen zwischen 1945 und 1975 über fünfzig deutschsprachige Lyrikbändchen.[5] 1980 liegt bereits die 5. Folge der 1969 erstmals in Straßburg publizierten *Anthologie elsaß-lothringischer Dichter der Gegenwart* vor. Zu Beginn der 70er Jahe wurde – im revolutionären Zeichen des „Bundschuhs" – ein Autorenkollektiv gegründet („Collectif d'édition et de diffusion d'Alsace"), das eine Reihe von Schallplatten und Bändchen in Französisch, Mundart und Hochdeutsch herausgibt, jedoch mit Finanzschwierigkeiten zu kämpfen hat. Ähnliches ist über die regionalistische Presse zu sagen, z.B. die Straßburger Zeitschrift *Budderflade*, die das elsässische Literaturleben wieder zu beleben versuchte (etwa wie *Der Stürmer* des jungen Schickele zu Beginn des Jahrhunderts), seit 1980 aber ihr Erscheinen einstellen mußte. Sehr verdient um die Rezeption der deutschprachigen Literatur machen sich der 1968 gegründete Schickele-Kreis und sein Mitteilungsblatt *Land un Sproch*. Die regionale Presse und der Straßburger Rundfunk berichteten über Neuerscheinungen, kaum aber das Fernsehen, dessen Regionalsendungen kurz bemessen sind. Die nationalen Medien ignorieren meistens diese Literatur.[6]

Da der Leserkreis im Elsaß allzu beschränkt bleibt, ist es für die Autoren umso wichtiger, über die Grenze hinaus in deutschen Verlagen und Buchhandlungen aufgenommen zu werden, um ein bundesdeutsches (wenigstens im benachbarten Baden) sowie schweizerisches Publikum zu erreichen. Eine zunehmende Bedeutung gewinnt in dieser Hinsicht der Kehler Morstadt-Verlag mit der seit 1980 erscheinenden Reihe „Neue alemannische Mundartdichtung" (Herausgeber: Raymond Matzen): sie soll die namhaftesten Vertreter der gegenwärtigen alemannischen Dialektpoesie aus Baden, dem Elsaß, der Schweiz und Vorarlberg grenzüberschreitend vereinigen und somit zur Förderung eines *alemannischen Literaturraums* einen wesentlichen Beitrag leisten. Als gemeinsames Literaturorgan ist die seit 1981 in Sigmaringen erscheinende „alemannische Zeitschrift" *Allmende* zu verzeichnen. Nicht zuletzt ist auf die vom Hildesheimer Olms-Verlag übernommene Reihe „Auslandsdeutsche Literatur der Gegenwart" (Hauptherausgeber: Alexander Ritter) hinzuweisen: sie soll anthologisch die Literaturen der weltweit zerstreuten deutschen Sprachminderheiten erfassen, und es darf dabei hervorgehoben werden, daß das Elsaß mit vier Bänden in dieser Reihe bisher am stärksten vertreten ist.[7] Zunehmend rezensiert auch die bundesdeut-

5 Vgl. Finck, „La poésie".

6 Nur selten kommt es zur Berichterstattung auf nationaler Ebene, z.B. in der Elsaß-Nummer (No. 2597, 1977) der Pariser Literaturzeitschrift *Les nouvelles littéraires*.

7 3/1 *Nachrichten aus dem Elsaß* (1977); 3/2; *Nachrichten aus dem Elsaß 2. Mundart und Protest* (1978); 12: *Nachrichten aus dem Alemannischen* (1979); 13: *In dieser Sprache* (1981).

sche und schweizerische Presse elsässische Literatur, und so zeichnet sich in letzter Zeit trotz aller Schwierigkeiten sozusagen ein Durchbruch der neuen elsässischen Literatur auf überregionaler Szene ab.[8]
Eine aktuelle und verantwortungsbewußte deutschsprachige Literatur im Elsaß kann heute nur eine „engagierte" Literatur sein. Sie hat einen spannungsvollen Kampf zu führen: einerseits gegen die elsässische Selbstentfremdung, den Zentralismus und die Assimilationspolitik des französischen Nationalstaats, andererseits gegen die verhängnisvollen Nachwirkungen der alten Deutschtümelei, der Volkstumsideologie. So handelt es sich um einen Zweifrontenkrieg, und das wird nicht immer genau erfaßt und entsprechend bewertet. Der Dichter muß wissen, daß „Volk", „Scholle", „Heimat", „Muttersprache" (diese traditionellen Vokabeln der Heimatdichtung) ideologisch vergiftet wurden, daß die Zugehörigkeit zum deutschen Sprachraum als Rechtfertigung des pangermanistischen Expansionswillens dienen konnte. Gegen *diese* Erinnerungen hat er wohl den schwersten Kampf auszufechten.

4. Tradition

Die elsässische Literaturgeschichte der Nachkriegszeit darf zuerst noch auf zwei „große Namen" elsaß-lothringischer Herkunft hinweisen: Goll und Arp (Goll starb 1950 in Paris, Arp lebte bis 1966 abwechselnd in Meudon und in der Schweiz). Beide erlebten eine bedeutsame Rückkehr zur deutschen Sprache, Goll mit seinen *Traumkraut*-Gedichten, Arp mit den Gedichtsammlungen seiner „zweiten Jugend". Ihr Werk blieb auch mit der elsässischen Problematik verbunden.[9] In ihrer Folge erscheint noch Maxime Alexandre (1899–1976), der sich auf nationaler Ebene durchzusetzen vermochte, und zwar als französischer Dichter im Anschluß an den Pariser Surrealismus. Sein deutschprachiges Werk hat einen bescheidenen Umfang, doch spielt es in der Entwicklung des Dichters eine aufschlußreiche Rolle und dürfte ebenfalls literaturgeschichtlich wie sprachpsychologisch interessant sein.[10]
Wie bereits hervorgehoben, gehören heute noch die meisten deutschsprachigen Autoren zu dieser älteren, vor 1918 geborenen Generation. Das Schaffen der regionalen Dichter bleibt dabei stark von der Tradition geprägt, der Abstand zur modernen Entwicklung der Literatursprache zeigt sich deutlich genug. Vorherrschend sind Kleinformen, besonders Lyrik als verklärte Ausdrucksform des Sentimentalen und Besinnlichen. In hergebrachter „Dichtersprache" besingt

8 So sind z.B. zwei Titel in die *ZEIT*-Bibliographie aufgenommen worden: Finck/Weckmann/Winter, *Sprache* (1981); Weckmann, *Würfel* (1982).
9 Vgl. Finck, „La poésie", S. 210ff.; Bleikasten, „Arp".
10 Vgl. Finck, „Das deutschsprachige Werk Maxime Alexandres".

diese Poesie die „ewigen Werte", die Heimatverbundenheit, die bürgerlichen und bäuerlichen Tugenden der Arbeit und Biederkeit, die elsässische Landschaft und ihre alten Denkmäler, das Dorfleben oder das Altstädtische. Oft ist sie religiös geprägt und dient der geistigen Erbauung. Gesellschaftspolitisches wird kaum berührt.

Einige Namen verdienen eine besondere Würdigung. Unter den Verstorbenen: die Lyriker Henri Adrian (1885–1969) und Henri Solveen (1891–1956), die Erzähler Paul Bertololy (1892–1972) und Marcel Jacob (1899–1970), der Dramatiker Claus Reinbolt (1901–1963). Unter den noch Lebenden hat Louis Edouard Schaeffer (1902) eine gewisse überregionale Anerkennung gefunden. Sein zugleich literarisches und journalistisches Werk führt von früher Märchen- und Heimatdichtung zu den Prosa-Impresionen der *Westlichen Trilogie: Soli auf dem Cello, Die Ostender Symphonie, Capriccio* („Sauber, fein gezeichnet; eine delikate Lektüre": so beurteilte kein geringerer als Alfred Döblin das 1945 veröffentlichte *Capriccio*).[11] Der Schwerpunkt seines Schaffens liegt in der Zwischenkriegszeit; die Veröffentlichung der *Ausgewählten Werke* (seit 1977) reaktiviert jedoch seine Bedeutung und weist auf das Gültige dieses gediegenen, heimatverbundenen und „weltbürgerlichen" Dichtens. Nicht minder traditionsverpflichtet bleiben die Lyriker Christian Beltenried (1907) und Paul Georges Koch (1908). Beide wirkten als Seelsorger und zeugen von der Verbundenheit des religiösen Lebens im Elsaß mit der Sprache Luthers. Durch ihre bemerkenswerte Sprachkunst, die sich zugleich dem Geistlichen und Ästhetischen widmet, manchmal sich auch zivilisationskritisch äußert, unterscheiden sie sich von einer allzu üblichen „Pfarrerdichtung". Erst spät veröffentlichte der Arzt Ernest Irrmann (1905) seine weltanschaulich geprägten Gedichte (*Sinngebung des Daseins*, 1979; *Die Brücke*, 1980), die ebenfalls über die geläufige Erbauungsliteratur hinausgehen: christliches und okkultes Gedankengut, West-Östliches, Rudolf Steiners Anthroposophie (allerdings hier durchaus undogmatisch) und Einsichten der Tiefenpsychologie brachten die wesentlichen Anregungen. Völlig unbekümmert um alle „literarische Aktualität" und Moden der Zeit, besitzt diese Dichtung den Mut, sich selbst treu zu bleiben. Vielleicht ist Tradition in solcher „naiven" Echtheit nur noch im Abseits einer regionalen Literatur möglich, der nichts „Provinzielles" im negativen, einengenden Sinn anhaftet. Der Kampf für die elsässische Eigenart und Sprache kommt bei Joseph Reithler (1907) zum Ausdruck: neben Heimat- und Kindheitsgedichten veröffentlichte er mutige und prägnante Verse der Klage und Anklage (*Elsässische Heimat:* ein Gedichtzyklus aus den Jahren 1966–1979), die schon mehr im Geist der neueren Protestliteratur geschrieben sind. Auch als Herausgeber der *Anthologie elsaß-lothringischer Dichter der Gegenwart* spielt er eine tragende Rolle. „Solange es noch elsässische Dichter gibt, die ihre Vergangenheit nicht verleugnen und an ihrer Muttersprache festhalten, ist ihre Ausdrucksweise die jeweilige Mundart und als natürliche

11 In: *Service littéraire*. Über L.E. Schaeffer vgl. Finck, *Verwurzelung*.

Ergänzung die deutsche Hochsprache", bekennt er im Vorwort der vierten Anthologie (1978).

All diese Dichter leben im Elsaß; einige andere haben sich in Innerfrankreich niedergelassen, bleiben aber in reger Verbindung mit dem elsässischen Literaturleben und beteiligen sich an den Zeitschriften und Anthologien. Hier muß Alfred Kastler (1902) erwähnt werden, der Nobelpreisträger für Physik (1966), der 1971 in Paris unter dem französischen Titel *Europe, ma patrie* seine „deutschen Lieder eines französischen Europäers" veröffentlichte: ein leidenschaftliches, aus dem Erleben des elsässischen Grenzlandschicksals und der zwei Weltkriege entsprungenes Bekenntnis zum „europäischen" Vaterland.

In diesen Zusammenhängen – und über das Literarische hinaus – ist nicht zuletzt an die weltbekannte Figur Albert Schweitzers (1875–1965) zu erinnern, dessen erste Hochsprache, durch dieselben elsässischen Umstände bedingt, Deutsch war. Bei aller Universalität wurzelt Schweitzers theologisches und kulturphilosophisches Werk im deutschen Geistesleben, so darf im Elsaß das Andenken an den Friedensnobelpreisträger (1952) in übernationaler Denkweise mit der Erhaltung des deutschsprachigen Erbes verbunden werden.

Neben der Hochsprache hat auch die Mundart eine in der Tradition des 19. Jahrhunderts gründende Dichtung hervorgebracht, die zu Beginn unseres Jahrhunderts eine erste Neubewertung erlebte (auf der Bühne mit Gustave Stoskopf, in der Lyrik mit den Brüdern Mathis). Zwischen den zwei Weltkriegen verlieh der Sundgaudichter Nathan Katz (1892–1981) der Mundart eine ungeahnte lyrische Ausdruckskraft (er darf als Altmeister der heutigen Dialektpoesie verehrt werden). Dieses literarische Erbe wurde in Drama und Gedicht von Emile Storck (1899–1973), sprachlich sehr rein auch von Georges Zink (1909) weitergeführt; es bleibt gegenwärtig: besonders im Schaffen Raymond Matzens (1922), des Leiters des Dialektologischen Instituts der Straßburger Universität, der die Sprachkenntnis des Dialektologen mit der Sprachkunst des Dichters vereint und zugleich um den „Volkston" sich bemüht (gesammelte Mundartdichtungen: *Dichte isch Bichte*, 1981). Das Straßburger Kabarett „barabli" des Germain Muller (1923) setzte sich schon seit der Nachkriegszeit satirisch oder humoristisch für die „letzten" Mundartsprechenden ein. Nichtsdestoweniger blieb Mundartdichtung auf breiterer Ebene nur zu oft ein thematisch und formal die nachromantischen und biedermeierlichen Modelle nachahmendes Reimen, das meistens mehr zur „volkstümlichen", harmlosen Unterhaltung diente und zum folkloristischen „Reservat" gehörte. In diesem Sinn wird auch heute noch weitergereimt. Doch von der Mundart aus kommt es auch zur Erneuerung.

5. Erneuerung im Zeichen des Protests

Die Renaissance der Dialektpoesie darf als das wichtigste Ereignis im gegenwärtigen elsässischen Literatur- und Kulturleben dargestellt werden. Eine Erneu-

erung ist ja im deutschen Sprachraum auch im Bereich anderer Mundarten zu beobachten, jedoch hebt sich der Vorgang im Elsaß als sehr spezifisch ab: geht es doch um das existentielle Problem einer sprachlichen Minderheit.
Es ist auch bekannt, daß ein Erneuerungsprozeß der Dialektpoesie schon in den fünfziger Jahren durch die Sprachexperimente der „Wiener Gruppe“ und der Berner „modern mundart“ eingeleitet wurde, wodurch der Dialekt avantgardistisch literaturfähig erschien. Im Elsaß übte diese formalistische Tendenz kaum einen Einfluß aus, die Renaissance ging von anderen Voraussetzungen aus: sie ist Ausdruck des Kampfs für die Erhaltung der Mundart, wie er in den späten sechziger Jahren (wobei sich eine Verbindung mit der Mai-Revolte 68 ergibt) und dann besonders in den siebziger Jahren sich durchsetzte, und zwar in deutlichem Zusammenhang mit der ökologischen Bewegung.
Die neue elsässische Mundartdichtung ist eine *Protestdichtung.*[12] Sie wurde gefördert durch die „alemannische Internationale“, die aus den Umweltschutz-Kundgebungen am Rhein hervorging (seit 1974/75: Marckolsheim, Wyhl, Kaiseraugst).[13] Sie gehört zur jüngsten Phase der zeitgenössischen Mundartdichtung, die durch das Engagement geprägt wird und in eine „politische und agitatorische Dialektlyrik“ mündet.[14] Kultur- und gesellschaftspolitische Themen, neue Sprachformen der Entlarvung oder des Aufrufs heben diese Literaur scharf von der althergebrachten, unpolitischen Mundartdichtung ab.
Als profilierteste Figur erscheint André Weckmann. Elsässisches Schicksal prägt sein Leben: als Franzose geboren (1924), als Deutscher in die Wehrmacht eingezogen (1943) und an der Ostfront verwundet, desertierte er. Heute ist er Deutschlehrer in Straßburg, er gehört zum Team der „Holderith-Reform“ und beteiligt sich an der Redaktion der Schulbücher. Seine Mundartdichtungen gehen bis in die Zeit unmittelbar nach dem Zweiten Weltkrieg zurück, sie erschienen in Anthologien und wurden am Radio vorgetragen (Gedichte, Hörspiele, Erzählungen); zur vollen Wirkung kam sein Schaffen erst seit den siebziger Jahren mit der Veröffentlichung einer Reihe von Gedichtsammlungen: *Schang d sunn schint schun lang* (1975), *Haxschissdrumerum*[15] *Fremdi Getter* (1978), *Bluddi Hand* (1982). 1976 wurde ihm der Hebel-Preis zuerkannt, und als führende Gestalt der „Protest-Mundart“ übt er heute im alemannischen Raum einen bemerkenswerten Einfluß aus. Zum erstenmal seit Anfang des Jahrhunderts kommt somit der elsässischen Literatur wieder eine überregionale Bedeutung zu.

Das Mundartgedicht wird nach Weckmanns einprägsamer Formel zur „Waffe“: gegen die sprachliche Repression durch Verbot oder Verdrängung der

12 Dokumentation in: Finck, *Nachrichten 2.*
13 Vgl. Finck, *Nachrichten aus dem Alemannischen.*
14 Vgl. Hoffmann/Berlinger, *Mundartdichtung.*
15 Erschienen in der bedeutsamen „Mundartliterarischen Reihe“ mit „neuer Lyrik progressiv arbeitender Mundartautoren“, Rothenburg o.d. Tauber.

Mundart, wie das zuerst und besonders in der Schule ausgeübt wird. Elsässisch ist in einem seiner Gedichte („speak white") die Negersprache, Französisch die „weiße" Sprache: drastisch provozierende Entlarvung des hochsprachlichen Machtanspruchs! Die Geschichte des Rattenfängers von Hameln wird dargestellt als Parabel der Verführung durch die französische Nationalsprache („hameln uf franzeesch"). In immer neuen Variationen kehrt das elsässische Problem in den Gedichten wieder. Das Elsaß befindet sich in einem Zustand der Selbstentfremdung, den der Dichter nicht müde wird, satirisch-provozierend aufzuzeigen. Dies darf jedoch nicht irredentistisch verstanden werden. Auch die Funktion der Nationalsprache wird keineswegs in Frage gestellt. Weckmann kämpft gegen die französische Assimilationspolitik, mit unmißverständlicher Warnung erhebt er sich ebenso gegen die Deutschtümelei, die alten Volkstums-Nostalgien (z. B. in der Hebelpreis-Rede: „Wir wollen nicht in eine museale Vergangenheit zurückwandern, und die Deutschtümelei, an deren giftigen Früchten wir lange zu verdauen hatten, ist uns endgültig zuwider").[16] Er weist ausdrücklich jede ethnische Begründung ab (z. B. im Manifest der „Alemannischen Internationale": „Von alemannischer Rasse reden, wäre absurd, denn die Alemannen tragen alle möglichen Gene in sich").[17] Entgegen jedem dunklen Vergangenheitskult betont er die bewußtseinsfördernde, progressive Richtung seiner Bestrebungen. Über das elsässische Problem hinaus geht es schließlich um den Protest gegen alle Nivellierungen des Daseins, die rationale und industrielle Vergewaltigung der Natur, die „fremden Götter":

> Überall hocken sie rum, wie die Aasgeier auf den Baumstümpfen toter Landschaften, Götze Mammon, Götze Machtgier, Götze Haß und Konsorten.
> Was haben wir ihnen gegenüberzustellen? Das bißchen Liebe, das bißchen Humor, die Faust in der Tasche, eine geballte Ladung von Wörtern, die uns in der Hand krepiert. Trotzdem muß es immer wieder versucht werden, das NEIN-Sagen. Denn eines Tages *muß* uns das Wort befreien.[18]

Die Hebelpreis-Rede zeigt eine heftige Reaktion gegen die formalistische, rein sprachexperimentale Dialektlyrik:

> Da die Standardsprachen am Erschlaffen sind und in den literarischen Gremien die sterile Öde droht, greift man zu der Mundart, der Untergrundsprache, der urigen zurück. Sie eröffnet den Schöngeistigen ungeahnte Wege. Sie erlaubt der avantgardistischen Experimentierfreude, sich frei und ungehemmt zu entfalten. Sie lockt zum ästhetischen Spiel mit der exotischen Koloratur. Die Mundart steigt in den Parnaß. Das Volk aber, das sie spricht, bleibt im Getto zurück.
> Uns elsässischen Dichtern geht es nicht so sehr ums Experimentieren, nicht ums Spielen. Es geht um Vater und Mutter, um Sohn und Tochter. Wir setzen uns zu ihnen ins Häckselstroh.[19]

16 In: Finck, *Nachrichten 2*, S. 29.
17 Ebd., S. 37.
18 Weckmann, *Fremdi Getter*, Nachwort, S. 66.
19 In: Finck, *Nachrichten 2*, S. 27.

Das Nachwort zu *Fremdi Getter* faßt das Programm in wuchtigen Formeln zusammen:

Dialekt ist für uns Elsässer keine Modesache. Dialekt ist Atem und Pulsschlag, Schwiele und Schweiß, Lied und Schrei.
Im Dialekt haben wir lange geschwiegen.
Im Dialekt wird jetzt GESPROCHEN.[20]

Für den engagierten Dichter bedeutet Ablehnung des unverbindlichen „ästhetischen Spiels" nicht Verkennung der Sprachkunst oder gar Rückfall in alte Sprachschablonen. Weckmann greift Sprachmittel der Moderne auf (Asyntaktik und Alogik, Groteske und Abnormität, freie Metrik) und stellt sie in den Dienst seines Engagements. Dies gilt ebenso für die Sprach- und Klangspiele, die bei ihm immer wieder auftreten, worauf schon die Titel der Gedichtsammlungen deuten: *Schang d sunn schint schun lang* ... *Haxschissdrumerum* ... Letztlich zeugt dieses literarische Spiel von der Freiheit des Dichters, von seiner Konfrontation mit der Leistungsgesellschaft und jedem politischen Dogmatismus.
Conrad Winter (1931) – eine andere repräsentative Gestalt dieser Renaissance – veröffentlichte zuerst sehr intellektuelle, artistisch-hermetische Lyrik in französischer Sprache. Seine Zuwendung zur Mundart entspricht der Suche nach Verwurzelung, Wirksamkeit und Kommunikation. Zwar überwiegt bei diesem reinen lyriker zuerst noch das durch den französischen Surrealismus geprägte Sprachexperiment, doch ergibt sich deutlich seine Entwicklung im Sinne eines progressiv-humanistischen Engagements: auf die noch mehr experimentellen *Leeder vumm roode Haan* (1972) folgten im neuen Volkston die *Lieder vuun de Sunnebluem* (1977). *Kerzelicht* (1978), *Vierwinde* (1980), *Kridestaub* (1981) zeugen von einer gelösten Stimmung in wiedergefundener Natur und Sprache.
Weckmann und Winter gehören zu einem Kreis von Autoren und Militanten, die sich seit 1980 zur kulturpolitischen Bewegung „Unsri Gerachtigkeit" (nach dem Titel eines Gedichts von Conrad Winter) zusammengeschlossen haben.[21] Sie sind zugleich auf überregionale Verbindungen bedacht, so mit dem „Internationalen Dialekt-Institut" (Wien), das die neue Mundartbewegung international und Interdisziplinär vereinigen und fördern will. Auch Claude Vigée (1921), elsässisch-jüdischer Herkunft, Universitätsprofessor in Jerusalem, einer der bedeutendsten französischen Dichter auf nationaler Ebene und Jakob-Burckhardt-Preisträger 1977, kehrt jedes Jahr ins Elsaß zurück und bleibt auf der Szene der Dialektpoesie gegenwärtig. Junge, unkonventionelle, satirische Theatertruppen sind aufgetreten, besonders wirksam sind die Liedermacher („Follig-Singer"): René Egles (1939), Sylvie Reff (1946), Roger Siffer (1948). Jean Dentinger (1937) hat sich durch den Vortrag mittelalterlicher Minnegesänge und

20 Weckmann, *Fremdi Getter*, S. 66.
21 Ich darf meine eigene Beteiligung und die Sammlung meiner Mundartgedichte *Mülmüsik* (1980) erwähnen.

eigener Lieder wie durch seine Tätigkeit als Popular-Historiker der deutschsprachigen Literatur und Kultur im Elsaß ausgezeichnet.
Im Zuge der Mundart-Renaissance darf nun ebenfalls von einer Erneuerung der hochdeutschen Literatur im Elsaß gesprochen werden. Der Wille zum Neubeginn – und damit auch der Bruch mit der traditionellen Heimatdichtung – kommt manifestartig zum Ausdruck im „Hinweis", der dem Band *In dieser Sprache* (1981) vorangestellt wurde:[22]

In dieser Sprache haben wir keine Väter, und die Großväter liegen in Truhen, zu denen man uns die Schlüssel gestohlen hat.
In dieser Sprache soll nichts Abgestorbenes wiederentdeckt werden, kein Volkstum verherrlicht und kein Haß gepredigt.
In dieser Sprache legen wie die Keime eines Neubeginns.

Zugleich wird das Recht beansprucht, ein *anderes Deutsch* zu schreiben: durch die elsässische Situation geprägt, mit der Mundart verbunden.

Wir leben und schreiben im heutigen, französischen Elsaß. Deutsch kann für uns nicht dasselbe bedeuten wie für Deutsche. Unser Deutsch muß ein anderes Deutsch sein. Deutsch ist nicht die Sprache unseres Umgangs und unserer Umwelt. Deutsch ist uns zugleich fremd und nah.
Unsere Muttersprache ist Elsässerditsch, eine alemannische Mundart; unsere Nationalsprache ist Französisch. Deutsch nennen wir die unserer Mundart entsprechende Hochsprache. Ohne die lebendige Verbindung mit der Mundart wäre Deutsch für uns nur Nachahmung, Bildungssprache, Dichtersprache.[23]

André Weckmanns erstes Buch – *Les nuits de Fastov* (1968) – ist dem Schicksal der Zwangseingezogenen gewidmet, das der Zwanzigjährige am eigenen Leib erfahren mußte. Hier wird der Bericht über das Kriegsgeschehen, das Ostfront-Erlebnis, jedoch auf französisch verfaßt: weil der Autor sich an die „Innerfranzosen" wendet, um sie über dieses elsässische Drama, dem sie oft verständnislos gegenüberstehen, aufzuklären; doch wohl auch, weil das Medium der französischen Sprache es besser erlaubte, die schrecklichen Erinnerungen zu bannen, das Trauma zu überwinden. Es folgten auf deutsch die *Sechs Briefe aus Berlin* (1969): nüchtern-sentimentales Wiedersehen mit Berlin, enttäuschende Wiederbegegnung in der geteilten Stadt mit ehemaligen Kameraden aus der Kriegszeit. 1973 erschienen die *Geschichten aus Soranien* mit dem Untertitel „ein elsässisches Anti-Epos": in satirischer Distanz wir die Geschichte des Elsaß seit 1870 dargestellt. Ein Werk elsässischer Vergangenheitsbewältigung! Die zwölf „Geschichten" – Stationen des elsässischen Leidenswegs – führen bis in die Nachkriegszeit; die eigentliche Auseinandersetzung mit dem aktuellen Problem der „politique d'assimilation" folgt aber bezeichnenderweise mit einem in „alemannischem Französisch" geschriebenen Werk, *Fonse ou l'éducation alsacienne* (erschienen 1975 in Paris), wobei sich der Ton merklich verschärft. Es ist dies eine sehr

22 Finck/Weckmann/Winter, *Sprache*, S. 3.
23 Ebd.

polemisch zugespitzte Schrift, die ebenso schonungslos Kritik übt an der Haltung der Elsässer selbst, ihre Selbstentfremdung entlarvt.

> Wir waren
> eins
> wir könnten
> es wieder
> werden
> wenn wir
> es nur
> wollten[24]

So heißt es eindringlich zu Beginn der *Fahrt nach Wyhl* (1977), die im Zusammenhang mit den Anti-K.K.W.-Demonstrationen, aus dem „alemannischen" Solidaritäts-Erlebnis heraus, symbolisch im „Freundschaftshaus" geschrieben wurde. Der ökologische Protest wird deutlich mit dem kulturpolitischen verbunden, er erscheint als Zeichen der elsässischen „Bewußtwerdung". Weckmanns bisher wichtigstes Werk ist der „Roman aus dem Elsaß" *Wie die Würfel fallen*, 1981 in Kehl veröffentlicht. Er bringt die Chronik eines elsässischen Dorfs, das in der Selbstentfremdung hinsiecht und damit das Schicksal des Elsaß widerspiegelt. Am Stammtisch der Dorfwirtschaft versucht der Chronist anno 1980 die „zubetonierten Schichten" der Vergangenheit freizulegen. Das hat nichts zu tun mit nostalgischer Erinnerung und Flucht in eine heile Welt. Das Treffen der „Letzten" am Stammtisch wird zum Abstieg in die Hölle, zum Psychodrama, zur Beschwörung der Gespenster und Dämonen elsässischer Vergangenheit, des Verdrängten, und zwar im Sinne einer Bewußtwerdung, Heilung und Neugeburt. Dieser Roman darf als das bedeutendste Erzählwerk aus dem Elsaß seit René Schickeles *Erbe am Rhein* bezeichnet werden, er hat bereits in der Bundesrepublik und in der Schweiz ein bemerkenswertes Echo gefunden.[25]
Wenn in erster Linie das erzählerische Werk zum Hochdeutschen greift, ist Lyrik allerdings nicht ausgeschlossen. 1968 entstand ein Gedichtzyklus von über 3500 Versen: *Mai. Vom Sinn und Unsinn einer Revolution*. Einige hochdeutsche Gedichte brachte der Sammelband *Schang d sunn schint schun lang*, so die Ballade der Zwangseingezogenen, „Amerseidel", worin Weckmann das Drama seiner

24 Weckmann, *Fahrt nach Wyhl*, S. 7.

25 Pressestimmen: „André Weckmann hat sich einen Roman abgerungen, der in dieser Qualität, in diesem Stil, mit diesem Können, in dieser Intensität im Elsaß bisher nicht geschrieben wurde [...] das Werk eines Meisters, ein Meisterwerk" (*Basler Volksblatt*, 5.11.1981);" [...] ein umfassendes Werk, das in deutscher Hochsprache geschrieben ist, literarischen Anspruch erheben und sich als eine in die Tiefe gehende Darstellung der heutigen Situation einer Volksgruppe mit eigenen Konturen erweisen kann" (*Frankfurter Allgemeine Zeitung*, 23.1.1982); „[...] ein Roman, der auf die Bestseller-Liste gehört" (*Petra*, Januar 1982, H.1); „[...] in seiner literarischen Vitalität ist dieser Roman ein überzeugendes Plädoyer" (*Die Zeit*, 12.–19.3.1982); „[...] fakten- und gedankenreich und echt, in bemerkenswert gutem Deutsch geschrieben" (*Stuttgarter Zeitung*, 6.2.1982).

Generation am leidvoll-bedeutsamsten ausgedrückt hat: das Trauma der Zwangseinziehung in die Wehrmacht, der gewaltsamen Annexion, die mit Argumenten der Volkstumsideologie gerechtfertigt wurde, führte diese Väter dazu, ihre Söhne im Sinn der Assimilation, ohne jede Bindung an das „Deutsche" zu erziehen.

> Und so schnitten wir ab
> mein Sohn
> was vorher war
> Geschichte und Gemüt
> Erinnerung und Sprache[26]

So haben sie aber auch diese „emanzipierten", „fremdgewordenen" Söhne verloren... Das ganze Ausmaß der Verantwortung des Nazismus an der elsässischen Gegenwartsmisere tritt hervor; von diesem Nullpunkt mußte der elsässische Dichter und Militant ausgehen. Hochdeutsche Gedichte befinden sich dann ebenfalls in der *Fahrt nach Wyhl*. Der Band *In dieser Sprache* enthält den Zyklus *Grenzsituation*: „Hintergründiges Kompositum, das die geopolitischen Bedingungen des Elsaß in seiner Grenzlage erfaßt, das aber auch geistigen Grenzzustand der fast erfüllten Entfremdung meint, die Grenzen der Erträglichkeit, die offensiv zu überschreiten oder resignierend anzuerkennen sind".[27]
Weckmanns Engagement äußert sich ganz besonders in einer Reihe von grundlegenden Manifesten, Aufsätzen, Reden: „Dichter sein im Elsaß" (Hebelpreis-Rede, 1976), „Dialekt als Waffe" (1976), „Die alemannische Internationale" (1977), „Elsaß: von der Selbstaufgabe zur Konvivialität" (1979), „Das Elsaß als Heimat betrachtet" (1980), „Liebe Grüße aus dem Elsaß" (1982). Der „alemannische" Kontext erklärt und rechtfertigt hier den Gebrauch des Hochdeutschen, und mehrfach sind Weckmanns Äußerungen an ein deutsches Publikum gerichtet. Daneben verfaßte er zahlreiche Darlegungen und Forderungen in französischer Sprache.
Conrad Winter bleibt in seinen hochdeutschen Gedichten eher ein „dunkler" Lyriker, der zur philosophischen, existentiellen Betrachtung neigt; seine Verse sind oft rätselhafte, surrealistisch anmutende, esoterischen Quellen entspringende Assoziationsketten. Doch ist er ebenso durch sein kulturpolitisches Wirken bekannt. Auch hier geht es zugleich um Freiheit des persönlichsten Ausdrucks und Erhaltung einer Sprache, in der sich der Dichter durch die Mundart und frühe geistige Bildung verwurzelt fühlt, wenn sie auch nicht Sprache der täglichen Mitteilung ist, sondern ein rein poetisches Idiom. Dabei klingt Archaisches und Modern-Poetisches zusammen, Volkstümliches und Intellektuelles, scharf Formuliertes und manchmal Schwerfälliges, der eigenen und elsässischen Sprachnot mühselig Abgerungenes. 1974 erschien das Lyrikbändchen *Vogelfrei*, das als Zeichen der Erneuerung deutschsprachiger Lyrik im Elsaß begrüßt wer-

26 Weckmann, *Schang d sunn*, S. 39.
27 Ritter, „Poetische Neuigkeiten", S. 157.

den konnte. Der Titel spielt mit der Doppelbedeutung „frei wie der Vogel" und „geächtet". Der Mythus des „verfemten Dichters" („poète maudit") à la Rimbaud wirkt sich neu aus: mag sich doch der deutschsprachige Dichter im Elsaß ganz besonders als outsider fühlen. Es ist wohl bedeutsam, daß die Verbundenheit mit der Landschaft, dem „Elementaren", neben den Mundartgedichten in dieser hochdeutschen Lyrik zum Ausdruck kommt, die stark durch Rhythmus und Alliteration geprägt wird, an stabgereimte „Zaubersprüche" erinnert.

Erdenschaum
und Wasserschleim
Himmelbaum
und Feuerbein[28]

Romantisch-deutsches Erbe ist hier wohl unverkennbar. Auffallend bei Conrad Winter ist ebenso das Expressionistische: in seinen zornigen Ausbrüchen, Klagen und Anklagen, grotesken Verzerrungen; in seinem Mut zur Utopie, dem Ethos der Liebe. *In dieser Sprache* bringt den Gedichtzyklus „Ich heiße Niemand": das Odysseus-Zitat verweist auf die Sprach- und Identitätskrise, um aus dem Negativen heraus nochmals zurückzufinden zum Wort.

6. Perspektiven

Bleibt diese Erneuerung nicht doch nur ein vergeblicher, zukunftsloser, im voraus von der Geschichte verurteilter Versuch?
Wie schon festgestellt, schreiben die jüngeren, nach 1945 geborenen Autoren kaum noch Hochdeutsch, doch finden manche von ihnen zur Mundart zurück, und solange „Elsässerdeutsch" noch weiterlebt, bleibt die Grundlage einer deutschsprachigen Literatur erhalten. Auch wäre im Elsaß eine hochdeutsche Dichtung, die nicht in lebendiger Verbindung zur angestammten Mundart steht, in größter Gefahr, bloß „Literatur" von sehr anfechtbarer Authentizität zu sein (eine Art Deutschlehrer-Dichtung). So dreht sich denn alles um das Überleben des Dialekts. Hochdeutsch darf dann – neben der französischen Nationalsprache – als die der Mundart entsprechende Schrift- und Hochsprache verteidigt und im Unterricht von der Grundschule ab gefordert werden. Hier stellt sich das nicht minder entscheidende Schulproblem, das immer wieder leidenschaftliche Diskusionen aufflammen läßt und bisher die zähesten Widerstände hervorruft. Es erhebt sich gewiß auch die Frage, ob der Elsässer nicht überfordert wird, wenn man von ihm verlangt, daß er zur Mundart die französische Nationalsprache und noch Hochdeutsch lernt? Die deutsch-französische Aussöhnung und die europäischen Bestrebungen bringen heute die historischen Voraussetzungen ei-

28 Winter, *Vogelfrei*, S. 15.

ner zweisprachigen Zukunft des Elsaß. Ist es aber für eine solche Entwicklung nicht bereits zu spät, weil die Möglichkeiten dazu zerstört wurden? Auch die elsässische Tragödie hat ihre Ironie.
Es wäre notwendig, daß zuerst die Elsässer selbst, von den alten Komplexen befreit, ihre deutschsprachige Literatur anerkennen und daß es zur Ausbildung einer breiteren Leserschaft käme. Darüber hinaus ist die überregionale Anerkennung als Literatur einer deutschsprachigen Minderheit nicht weniger lebensnotwendig. Das Elsaß verdient schon aufgrund seines historischen Beitrags zur deutschen Literatur eine besondere Aufmerksamkeit. Im wiedergefundenen Kontakt zum binnendeutschen Sprach- und Literaturraum vermag es auch heute einen gewissen Beitrag zu liefern: in jener Verbindung mit der Mundart und im Ausdruck der besonderen Situation. Weit von allem „Literaturbetrieb" entfernt, ist dieses Dichten vom Ernst sprachlich-existentiellen Bedrohtseins gezeichnet, und das sollte den Literaturhistoriker nicht unberührt lassen. André Weckmanns Hebelpreis-Rede faßt die Funktion und das Ethos der heutigen deutschsprachigen Literatur im Elsaß programmhaft zusammen:

> Wir haben nicht die Ambition, die große Welt zu bewegen und literarische Meilensteine zu setzen, an denen sich die Intelligentsia orientiert. L'esprit ne souffle de toute fraçon que là où il veut.
> Es geht uns darum, ich wiederhole es, dem Menschen, der im Elsaß mit einer existentiellen Frage konfrontiert ist, Überlebenshilfe zu geben, ihm zu helfen, seine Substanz zu retten und seine Identität wiederzufinden. Denn nur wer weiß, wer er ist, nur wer sein Gleichgewicht gefunden hat, nur wer tiefe Wurzeln hat, kann sich frei entfalten, ist stark genug, sich selbst zu verwalten und seine kulturelle und soziale Zukunft selbst zu bestimmen.[29]

Für eine solche Literatur liegt schließlich das entscheidende Problem in der Wirksamkeit des literarischen Engagements. Bedeutsamerweise führt zur Zeit die Entwicklung zur breiteren kulturpolitischen Aktion. So wenn die Dichter und Liedermacher gemeinsam und anonym Märchen, Kinderlieder, Abzählreime in der Mundart sammeln oder dichten, um sie den Schulen zur Verfügung zu stellen („um unseren Kindern zu helfen, sich die bedrohte Sprache wieder anzueignen, um für unsere Kinder die neue Tradition zu gründen", heißt es in einem Rundschreiben aus dem Sommer 1979). Beschwörend mahnen „Dichter, Schriftsteller, Liedermacher und Kulturschaffende" in einem „Aufruf" (Januar 1980) die gewählten Volksvertreter, sich ernstlich für die sprachlichen Forderungen einzusetzen (gefordert wird ein „offizieller Status für unsere Regionalsprache in ihren beiden Komponenten: für den Dialekt, die gesprochene Sprache, und für das Hochdeutsch, seine Schriftsprache"), anderenfalls die bisher gewaltlose Bewegung entarten könnte. Zum Schluß der „Einführung in die elsässische Problematik", die André Weckmann im Sommer 1981 seinem Roman *Wie die Würfel fallen* voranstellt, klingt dann eine gewisse Zuversicht auf, und zwar „im Zeichen politischer Veränderungen" (Anspielung auf den Wahlsieg der Linken).

29 In: Finck, *Nachrichten 2*, S. 28.

Erst jetzt, 1981, im Zeichen politischer Veränderungen, gibt es Anzeichen dafür, daß eine einigermaßen zufriedenstellende Lösung des Problems in den Bereich der Möglichkeiten rücken könnte.[30]

Literatur

Bleikasten, A.: „Arp en Alsace“, in: *Recherches Germaniques* 2, 1972, S. 145–166.

Finck, Adrien: „La poésie d'expression allemande en Alsace depuis 1945“, in: *Recherches Germaniques* 6, 1976, S. 205–249 (mit Bibliographie).

–: (Hrsg.): *Nachrichten aus dem Elsaß. Deutschsprachige Literatur in Frankreich*, Hildesheim/New York 1977 (*Auslandsdeutsche* Literatur der Gegenwart 3/1).

–: (Hrsg.): *Nachrichten aus dem Elsaß 2. Mundart und Protest. Deutschsprachige Literatur in Frankreich*, Hildesheim/New York 1978 (Auslandsdeutsche Literatur der Gegenwart 3/2).

–: „Das deutschsprachige Werk Maxime Alexandres“, in: *Recherches Germaniques* 10, 1980, S. 225–238.

– *Mülmüsik. Gedichte in elsässischer Mundart*, Kehl 1980 (Neue alemannische Mundartdichtung, Elsaß 2).

–: *Verwurzelung und Weltbürgertum. Das Werk des elsässischen Dichters Louis Edouard Schaeffer*, Kehl 1980.

Finck, Adrien/Matzen, Raymond (Hrsg.): *Nachrichten aus dem Alemannischen. Neue Mundartdichtung aus Baden, dem Elsaß, der Schweiz und Vorarlberg*, Hildesheim/New York 1979 (Auslandsdeutsche Literatur der Gegenwart 12)

Finck, Adrien/Weckmann, André/Winter, Conrad: *In dieser Sprache. Neue deutschsprachige Dichtung aus dem Elsaß*, Hildesheim/New York 1981 (Auslandsdeutsche Literatur der Gegenwart 13).

Hoffmann, Fernand/Berlinger, Josef: *die neue deutsche Mundartdichtung. Tendenzen und Autoren dargestellt am Beispiel der Lyrik*, Hildesheim/New York 1978 (Germanistische Texte und Studien 5).

Ladin, W.: *Der elsässische Dialekt- museumsreif*? Straßburg 1982.

Philipps, Eugène: *Schicksal Elsaß. Krise einer Kultur und Sprache*, Karlsruhe 1980.

Ritter, Alexander: „Poetische Neuigkeiten aus dem Elsaß. Lyrische Arbeiten von Finck, Weckmann und Winter“, in: Adrien Finck/André Weckmann/Conrad Winter: *In dieser Sprache. Neue deutschsprachige Dichtung aus dem Elsaß*, Hildesheim/New York 1981 (Auslandsdeutsche Dichtung der Gegenwart 13), S. 157.

Service littéraire de l'Education nationale, Baden-Baden 1946.

Weckmann, André: Fahrt nach Wyhl, Straßburg, 1977.

–: *Fremdi Getter*, Pfaffenweiler 1978 u. 1980.

–: *Wie die Würfel fallen. Ein Roman aus dem Elsaß*, Kehl 1981.

–: *Schang d sunn schint lang*, Straßburg 1975.

Winter, Conrad: *Vogelfrei*, Straßburg 1974.

30 Weckmann, *Würfel*, S. 17.

Gerhard Riedmann

Regionalkultur und ihre Grenzen

Entwicklung und Wandel deutschsprachiger Literatur in Südtirol

1. Vorbemerkungen

Südtirol stellt das Herzstück Tirols dar. *Schloß Tirol*, Stammburg und historische Ursprungsstätte des Landes, und *Säben*, älteste nachgewiesene frühchristliche Bischofskirche im Alpenraum und kulturgeschichtliches Zentrum im Mittelalter, liegen in Südtirol. *Michael Gaismair*, Verfasser der ersten Tiroler Landesordnung (1526), und *Andreas Hofer*, Freiheitskämpfer gegen französische und bayerische Herrschaft im 19. Jahrhundert, haben in Südtirol ihre Heimat. Die glückliche Synthese von Natur- und Kulturlandschaft erfüllt den südlichen Teil der Region politisch und historisch dichter und mannigfaltiger als das übrige Tirol.

Seit 1919 hat Südtirol in allen entscheidenden Phasen seiner politischen und kulturellen Existenz mit seinen Belastungen weitgehend allein fertig werden müssen und ist einem konfliktreicheren Schicksal als das österreichische Bundesland Tirol ausgesetzt gewesen. Durch die ständige Konfrontation der kleinen deutschsprachigen Minderheit (270000 ca.) mit dem italienischen Zentralismus und dem italienischen Staatsvolk (60 Mio.) ist die „national-ethnische Frage für die meisten Südtiroler zur Schicksalsfrage schlechthin geworden".[1] Die permanente Auseinandersetzung der Südtiroler mit einer anderen Mentalität und Kultur, anderen Einrichtungen und Lebensbedingungen hat zweifellos zu Wandel des eigenen Wesens und in manchen Belangen zu geistiger Bereicherung geführt. Die seit 1945 im Lande unumstritten politisch dominierende Kraft ist die *Südtiroler Volkspartei* (SVP), eine konservative Sammelpartei mit agrarisch-bäuerlicher Grundausrichtung, die sich zwar sehr viele und sehr wesentliche Verdienste um die Sicherung der Existenz der Südtiroler Volksgruppe erworben hat und die soziale und kulturelle Struktur des Landes bestimmt, aber nur begrenzt politische Pluralität zuläßt und durch ein ungenügend differenziertes bildungspolitisches Konzept eine unzeitgemäße Einheitskultur propagiert und fördert. Allen bisherigen Versuchen, eine handlungsfähige Südtiroler politische Opposition (Tiroler Heimat, SFP, SPS u. a.) aufzubauen, war kein dauerhafter Erfolg beschieden.

Das Verhältnis Südtirols zu Österreich ist anders geartet als jenes zum Bundesland Tirol, weil die stärkste Bindung Tirols zu Österreich bis 1919 auf der Loya-

1 Stadlmayer, *Überlegungen zum Verhältnis Nord-Südtirol*, S. 3.

lität zum Habsburgischen Kaiserreich beruhte und durch die suggestive Kraft des römisch-deutschen und christlichen Kaisermythos bestimmt war. Durch den Untergang der Donaumonarchie und die Vergeblichkeit der Bemühungen der jungen österreichischen Republik, Südtirol zu retten, ist Österreich seit 1918 im Bewußtsein der meisten Südtiroler kaum mehr reell, sondern höchstens nostalgisch präsent gewesen. Allerdings erkennt man gegenwärtig erste unübersehbare Lebenszeichen eines neuen Österreichverständnisses. Weil die politische und die kulturelle Hilfe der Republik nur indirekt wirksam war, konnte sich keine „österreichische Basis“ bilden.[2] Das Verhältnis Südtirols zur Bundesrepublik Deutschland dagegen war weder politischen noch psychologischen Belastungen ausgesetzt; der volkstumspolitische Schacher zwischen Hitler und Mussolini, die „Option“ von 1939, obwohl als Verrat empfunden hat, im Verhältnis zwischen Südtirol und der Bundesrepublik keine Wunden hinterlassen.
Tirol ist ebenso in Südtirol wie in Nord- und in Osttirol, das Bundesland Tirol ist ohne Beziehung zu Südtirol allemal ein politisch und historisch amputiertes Land, denn „würde man heute Südtirol geistig abschreiben, würde das österreichische Resttirol nicht ‚Tirol‘ bleiben und in provinzielle Enge versinken.“[3]

2. Situation und Probleme der (Süd-)Tiroler Literatur

Obwohl mit der Annexion Südtirols durch Italien (1919) das Land südlich des Brenners und das österreichisch verbliebene Tirol gesellschaftspolitisch verschiedene Wege beschritten haben, blieben bis auf den heutigen Tag die kulturgeschichtlichen Zusammenhänge weitgehend erhalten, weswegen in diesem Kontext auch das literarische Schaffen nach 1945 durch die Fortsetzung der tirolerösterreichischen Tradition gekennzeichnet ist. Bei allen Gemeinsamkeiten jedoch dürfen gegenwärtig bemerkenswerte Unterschiede nicht übersehen werden, deren Ursachen vornehmlich in der materiellen und zivilisatorischen Entwicklung liegen.
In Tirol hat es in neuerer Zeit keine literarischen Höhepunkte gegeben, wohl aber talentierte Dichter und tüchtige Schriftsteller und beachtliche literarische Leistungen. Die Tiroler Autoren haben über ihre Heimat hinaus kaum größere Anerkennung gefunden und keine bleibende überregionale Bedeutung erlangt. Das Schrifttum ist durch einen konservativen Charakter und eine realistisch verengte Erfassung und Darstellung der Außenwelt und der Heimat bestimmt und hinkt den großen kulturgeschichtlichen Entwicklungen nach.[4]

2 Ebd.
3 Ebd., S. 7.
4 Enzinger, „Probleme einer tirolischen Literaturgeschichte“, S. 393–401; ders., *Die deutsche Tiroler Literatur bis 1900.*

Die innerhalb der Grenzen Tirols produzierte Literatur ist auch heute außerhalb dieser Region kaum präsent, obwohl einzelne Texte wegen der darin behandelten Themen und Stoffe, der formalen Strukturen und sprachlichen Eigentümlichkeiten eine größere Beachtung verdienten. Die Hauptursache für die fehlende Rezeption von Tiroler Gegenwartsliteratur im deutschsprachigen Kulturraum liegen nach Johannes Holzner[5] vornehmlich darin, daß die Autoren vielfach Positionen einnehmen, die in der Literatur des 20. Jhs. entweder überholt oder bereits bezogen sind.
Die Berechtigung des Begriffes „Tiroler Literatur" ist gegenwärtig Objekt einer mit Nachdruck geführten wissenschaftlichen Diskussion.[6] Trotz der engen politischen und kulturellen Verflechtungen Alttirols zum italienischsprachigen Trentino hat die Literatur dieser Region keinen nennenswerten Einfluß auf das deutschsprachige Schrifttum gehabt. Anders ist die allgemeine Lage jetzt in Bezug auf Südtirol: die italienische Literatur wird zusehends stärker rezipiert, einige jüngere Südtiroler Autoren (Joseph Zoderer, Gerhard Kofler und Norbert C. Kaser) haben Gedichte in italienischer Sprache geschrieben, die jedoch im wesentlichen nur das Sprachinventar reflektieren und keine literarischen Leistungen darstellen, die etwa mit den Versuchen einer Ingeborg Bachmann und einer Marie Luise Kaschnitz hinsichtlich Vergegenwärtigung und bildhafter Umsetzung italienischer Sprache und Kultur vergleichbar wären.[7] Andererseits ist die Rezeption deutschsprachiger Südtiroler Literatur durch die Italiener in Südtirol so gut wie nicht gegeben.[8] Seit 1919 ist in Südtirol auch kein einziges nennenswertes italienischsprachiges literarisches Zeugnis hervorgebracht worden, das sich mit der Geschichte des Landes und den Problemen der ethnischen Gruppe auseinandersetzt.[9]
Die Südtiroler Literatur zwischen 1919 und 1945 hat eine Eigenprägung erfahren, die jedoch nicht außerhalb des Tiroler-österreichischen Zusammenhangs

5 Holzner, *Literatur innerhalb der Grenzen Tirols*, S. 1. Der Referent trug seine Thesen anläßlich der 1. Gesamttirolischen Literaturtagung vor, die am 23. und 24. Januar 1982 in der Brixener Cusanus-Akademie stattfand.

6 Vgl. Anm. 5. Am Rande wurde dieses Thema auch auf der Nachfolgetagung behandelt, die am 28. und 29. Januar 1984 an derselben Stätte abgehalten wurde. Im Mittelpunkt der Referate und Diskussionen standen die Tiroler Kultur- und Literaturzeitschriften. Eine Abendlesung junger Autoren hatte das Thema „Tirol 1809 – Tirol 1984" zum Gegenstand.

7 Der Niederschlag italienischer Literatur im zeitgenössichen Südtiroler Schrifttum wird mitunter überbewertet.

8 Giancarlo Mariani, *Norbert Conrad Kaser. Traduzioni*, Bolzano 1983. Es handelt sich hierbei um eine zweisprachige Ausgabe; die Übersetzung der ausgewählten Kaser-Texte ist wenig befriedigend, weil der Autor selten den bildhaften Lakonismus und die sprachliche Musikalität des Originals ins Italienische zu übertragen vermag. Vielfach wirkt diese Übersetzung papieren.
Horst Fassel hat einige Kaser-Gedichte ins Rumänische übertragen, die unter dem Titel *Ce doreşte domnul* in den „Sturzflügen" erschienen sind.

9 Offizielle italienische Stellen bedauern diese Situation.

betrachtet werden kann. Hubert Mumelter, Albert von Trentini, Oswald Menghin, Joseph Georg Oberkofler, Maria Veronika Rubatscher, Gabriele von Pidoll und Erich Kofler bleiben Vertreter eines konventionellen, konservativen, vielfach blut- und bodennahen, romantisch-idealisierenden und national-mystifizierenden Schrifttums, das mitunter auch propagandistisch-aktivistische Züge (insbesondere in der Lyrik) trägt.[10] Nur Hans von Hoffensthal-Hepperger überwindet in seinen gesellschaftskritischen Romanen und Erzählungen durch seinen stilistischen Anspruch und seine Fähigkeit, die Landschaft stimmungsvoll zu schildern und die Psychologie weiblicher Gestalten differenziert und subtil darzustellen, die provinzielle Enge und verweist mit seiner Kunst auf den europäischen Impressionismus und Symbolismus.[11]
Weil die bodenständige Literatur (wie alles Südtirolische) vom italienischen Faschismus (1922 bis 1943) systematisch bekämpft und unterdrückt wurde, erfolgte auf einheimischer Seite eine mehr unreflektierte als bewußte Hinwendung zu den traditionellen Werten und (später) zum Blut- und Bodenkonzept in der Literatur (und in der Kunst schlechthin), was durch die archaisierende Lebensordnung, die christlich-religiöse Tradition, die agrarwirtschaftliche Struktur und die Volkskultur der überwiegend bäuerlichen Bevölkerung als natürliche Abwehrreaktion gegen die Bedrohung durch das Fremde vorgegeben war. In einer Situation der Gefährdung und des Unrechts bot die konsequente Hinwendung zur „heilen Welt" der Väter die Chance, Identität und überkommene Werte vor dem Untergang zu retten.[12]

3. Der Provinzialismus in der Literatur

Nach 1945 herrschte zunächst literarische Stagnation. In einem Aufsatz umreißt Hermann Vigl die literarische Situation bis 1967 und stellt nicht ohne Ironie und Bitterkeit fest:

> Am meisten gepflegt werden einige literarische Kurzformen, sogenannte Geschichten und Gedichte [...] Dramen werden kaum geschrieben [...] die Lyrik wird von Natur und

10 Surböck-Reier, *Literatur und Politik in Südtirol.* Diese Arbeit wurde mir erst nach Abschluß meines Manuskripts zugänglich gemacht.

11 *Lori Graff*, Berlin 1911.
Helene Laasen, Berlin 1906.
Marion Flora, Berlin 1919.
Moj, Berlin 1917.

12 Feichtinger, *Grenzen der gegenwärtigen Südtiroler Literatur*. Vgl. Anm. 5. Auch heute noch sieht der Gast aus der Bundesrepublik in Südtirol eine heile Welt, die es hier längst nicht mehr gibt; er will aber zumindest, „daß man sie ihm vormacht, nur nicht schwarz malen, denn Probleme hat er zuhause mehr als genug, im Ferienland braucht er Positives."

Heimat, Liebe, Familie und Freundschaft bewegt [...] die Form ist in der Regel die alte geblieben [...] Buchveröffentlichungen sind selten [...] am ehesten kommt gesammelte Lyrik (im Selbstverlag) zu Wort [...] Anthologien gibt es so gut wie keine [...] Von einer gezielten Förderung der heimischen Schriftsteller kann [...] wenig die Rede sein [...] Neue Töne hat die im *Fahrenden Skolast* vertretene jüngere Generation [..] die Wertfrage stellt sich in Südtirol nicht im selben Maße wie anderswo.[13]

Die literarische Misere wird hier nicht verschwiegen.
Die Gesamtsituation läßt sich folgendermaßen zusammenfassen:
1. Verharren auf epigonalen und provinziellen Positionen
   a) Poetologischer und stofflicher Traditionalismus und
   b) Volkstümliche Mythisierung des Bauerntums und der Landschaft („Heile Welt")
2. Überhang an Lyrik
3. Fehlen literarischer Großformen
4. Enger konnotativer Spielraum (Dialektdichtung)
5. Fehlen literarischer Kritik
6. Dürftige Publiktionsbedingungen.

Nach 1967 macht sich eine Abkehr von der Tradition und eine Entdeckung neuer Stile bemerkbar, aber selbst in der ersten Zeit des Wandels in der einheimischen Literatur werden hauptsächlich Impulse von außen wenig kritisch übernommen und nur in Ausnahmefällen assimiliert. Wesentlich war immerhin das Faktum, daß die Schreibenden die Existenz einer modernen Literatur zur Kenntnis genommen hatten, auch wenn der Rezeptionsprozeß sehr spät einsetzte und die künstlerischen Ergebnisse zunächst vielfach mittelmäßig und nicht selten minderwertig waren.
Heute hat Südtirol eine Literatur, aus der zwei Schriftsteller hervorragen, der Lyriker Norbert Conrad Kaser (1947–1978) und der Erzähler Joseph Zoderer (geb. 1935). Beide können als Begründer der modernen Südtiroler Literatur angesehen werden, neben denen sich einige junge Talente (Armin Gatterer, Konrad Rabensteiner, Luis Stefan Stecher, Albrecht Ebensperger, Josef Feichtinger u. a.) behaupten konnten.

4. Der Aufbruch

Wenn Hermann Vigl 1967 ein eher kümmerliches Bild von der Südtiroler literarischen Produktion zeichnen mußte, so ist die Situation auf diesem Gebiet in der Zeit unmittelbar darnach lebendiger und reicher geworden. Fast über Nacht änderten sich Funktion, Situation und Voraussetzungen der Literatur in Südti-

13 Vgl. Vigl, „Südtirols Kulturleben", S. 256ff.

rol, als die oppositionelle Kulturzeitschrift *Die Brücke*[14] begann, zu einem Mittelpunkt neuer kultureller und literarischer Bestrebungen zu werden. Die junge Südtiroler Autorengeneration ließ durch ihren polemischen und satirischen Ton und durch ihr sozialpolitisches Engagement aufhorchen; sie hatte zwar noch keine bahnbrechenden Talente aufzuweisen, aber sie drängte radikal nach Innovation und fing allmählich an, ein eigenes Selbstbewußtsein und Selbstverständnis zu entdecken und zu entwickeln. Die ersten Signale des Aufbruchs waren die Durchführung der Literaturtagung „Kunst und Kultur" in Brixen,[15] auf der Norbert C. Kaser seine denkwürdige Attacke gegen den offiziellen Kultur- und Literaturbetrieb ritt, das „Literaturkolloquium 1969"[16] und die Herausgabe der *Neuen Literatur aus Südtirol* durch Gerhard Mumelter,[17] der ersten Südtiroler Anthologie nach 1945. Das auslösende Moment für die Belebung der literarischen Szene durch die junge Generation waren politische Aktionen und revolutionäre Manifeste der Intellektuellen und Studenten in der Bundesrepublik Deutschland der 60er Jahre.[18] Das kulturpolitische Leben trat aus der Stagnation heraus, Hoffnungen blühten auf und ahnungsvolle Aufbruchstimmung ergriff die jungen Menschen. Literatur wurde erstmals auch in Südtirol als weltveränderndes Instrument aufgefaßt, mit dem man dem bürgerlichen Bewußtsein und der bürgerlichen Werteskala auf den Leib rückte. Da diese literarischen Erzeugnisse im wesentlichen das Ergebnis unreflektierter Aufbäumung gegen die bestehenden Verhältnisse waren, kann das Verdienst der jungen Autoren nicht schmälern. Das Engagement jener, die mit eruptivem Geist auf die Barrikaden gestiegen waren, war zumeist ehrlich und echt, ebenso wie jener, die polemische, plakative, aktivistische und politische Literatur für den Tagesgebrauch verfaßt hatten und nach gesellschaftspolitischer Veränderung drängten.[19]
Norbert C. Kaser, ein 22jähriger Student der Philosophie und Kunstgeschichte in Wien, hat erstmals aufhorchen lassen, als er auf der Studientagung der Südti-

14 *Die Brücke. Südtiroler Zeitschrift für Kultur und Gesellschaft* Bozen 1967–1969. Auch der *Skolast*, die Südtiroler Hochschülerzeitung, hat seit seiner Gründung avantgardistische und experimentelle Literatur gefördert.

15 Im August 1969 veranstaltete die Südtiroler Hochschülerschaft in Brixen eine Tagung zum Thema „Kunst und Kultur in Südtirol". Tagungsergebnisse und Medienreaktionen wurden im Dokumentationsheft gesammelt und herausgegeben: *Sondernummer des Fahrenden Skolasten zur XIII. Studientagung der Südtiroler Hochschülerschaft*. Bozen 1969.

16 An dieser Veranstaltung, die im September 1969 in Bozen stattfand, hat von der älteren Autorengeneration nur Gabriele von Pidoll teilgenommen.

17 Mumelter (Hrsg.): *Neue Literatur aus Südtirol.*

18 Die Südtiroler oppositionelle Jugend hat direkte Kontakte zum Sozialistischen Deutschen Studentenband (SDS) um Rudi Dutschke unterhalten.

19 Unter der Südtiroler Bevölkerung herrscht ein stärkeres und bewußteres politisches und ideologisches Engagement als im Bundesland Tirol, deswegen sind Denken und Handeln südlich des Brenners großräumiger und flexibler.

roler Hochschülerschaft mit der kulturellen Vergangenheit und Gegenwart schonungslos abrechnete.[20]
Er hatte bereits in der *Brücke* originelle und satirische Texte veröffentlicht und war als erster Südtiroler Autor zur Teilnahme an der internationalen „Österreichischen Jugendkulturwoche" nach Innsbruck eingeladen worden.[21] Kaser nahm in Brixen kein Blatt vor den Mund:

Langsam brechen die Vorurteile gegenüber uns ein. Wir haben als Literaten die Pflicht, sie weiter einzureißen. Uns gehört das Wort. Bei uns steh'n so viele heilige Kühe herum, daß man vor lauter Kühen nichts mehr sieht. Das Schlachtfest wird grandios sein. Die Messer werden schon die ganze Zeit über gewetzt. Unter den Schlächtern sind sicher zwei, drei Leute, die beim Beruf bleiben, denen es gefällt, den Tiroler Adler wie einen Gigger zu rupfen und ihn schön langsam über dem Feuer zu drehen [...]. Manche können kein Blut sehen, aber das macht nichts. Südtirol wird eine Literatur haben, wie gut, daß es niemand weiß. AMEN![22]

Hier treten bereits unverkennbar die Stilmerkmale des jungen Dichters zu Tage: der sprachliche Lakonismus, die konkrete Bildhaftigkeit, der Bezug auf die Realität, die kritische Verwendung des Tiroler Vokabulars und das sozialkritische Engagement. Hiermit weist sich Kaser als kritischer Heimatdichter aus.
Der Autor hatte die bisherige Südtiroler Literatur als „Exkremente einer totoal vertrottelten Bozner Schießbudengesellschaft" abqualifiziert.[23] Die Reaktion der Öffentlichkeit auf die Rede in Brixen,[24] in der das enfant terrible seinen angestauten Aggressionen die Zügel hatte schießen lassen, war äußerst heftig und humorlos. Vor allem die Presse fiel über den „Bösewicht" her und veranstaltete gegen ihn ein gnadenloses Kesseltreiben, das eigentlich nie ein Ende genommen hat. Bis zu seinem frühen Tod blieb Kaser ein Verfemter, der immer mehr in die Isolation getrieben wurde; selbst seine letzten Glossen in der deutschsprachigen Beilage der italienischen Tageszeitung *Alto Adige* waren nur mehr Rückzugsgefechte.
Im Auftrag der Südtiroler Hochschülerschaft gab Gerhard Mumelter 1970 die Anthologie *Neue Literatur aus Südtirol* heraus. Darin kamen 24 Schreibende zu Wort, von denen nur wenige literarisch überlebt haben und nur zwei sich später profilieren konnten, Joseph Zoderer und Norbert C. Kaser. Das Buch ist vor allem durch kompromißlose Ablehnung des literarischen Traditionalismus und durch weitgehend unreflektierte Übernahme „ausländischer" Vorbilder (vor allem Benn, Rilke, Trakl und Celan) gekennzeichnet.
Südtiroler Zeitfragen und historisch unbewältigte Probleme, (Option, Aussiedlung, NS-Zeit, Faschismus, ethnische Konflikte u.a.) nehmen nur einen sehr

20 Vgl. Anm. 15.
21 Norbert C. Kaser war der erste Südtiroler, der zu einer Lesung anläßlich der internationalen *Österreichischen Jugendkulturwoche* nach Innsbruck eingeladen wurde (1968).
22 Kaser, „Südtirols Literatur der Zukunft", S. 16–19. Vgl. Anm. 15.
23 Ebd., S. 18.
24 Vgl. Anm. 15.

geringen Stellenwert ein; von den 335 Seiten der Sammlung entfallen 266 Seiten auf lyrische Texte. Auch wenn *Neue Literatur aus Südtirol* eine allzu vollständige Dokumentation epigonenhaften literarischen Schaffens darstellt und darin ein Ausbruch aus dem geistigen und literarischen Ghetto nicht gelingt, so muß diesem Experiment Positives bescheinigt werden: kritische Auseinandersetzung mit deutschsprachiger Literatur des „Auslands", nachholende Hereinnahme von überregionalen Stoffen, Themen und Techniken ins kulturelle Leben und ehrlicher Versuch einer neuen geistig-literarischen Standortbestimmung.
Kasers Auftritt in Brixen und *Neue Literatur aus Südtirol* stehen im Zeichen des Epigonentums, das engagierte Schrifttum (und die damit parallel verlaufenden politischen Aktionen) bewegen sich größtenteils in den vorgegebenen Bahnen bundesdeutscher und österreichischer Literaturproduktion und politischer Aktivität. Trotz geistiger Öffnung, politisch großräumigeren Denkens und ideologisch tiefgreifenderer Auseinandersetzung bleibt Südtirol auch nach 1970 Kultur- und Literaturprovinz ohne bemerkenswerte Eigenständigkeit, aber eine aufgeschlossene und kämpferische Minderheit hat gezeigt, daß sie imstande ist, auch in Südtirol Kräfte gegen den erstarrten Kulturbetrieb zu mobilisieren.[25] Die Initiativen der Sechziger Jahre sind nicht ins Leere verpufft. Südtirol hat heute eine Literatur, wie Norbert C. Kaser in Brixen versprochen hatte. Heute orientiert sich die literarische Produktion stärker und unmittelbarer am österreichischen Raum (Grazer Forum Stadtpark, Wiener Kreis, Kärntner Autorenvereinigung, Österreichischer Autorenverband)[26] als an der bundesdeutschen Szene, sie ist lebendiger, konkreter und zeitgemäßer geworden und hat verlorenes Terrain wiedergutgemacht.

5. *Altösterreichisches Erbe*

In Südtirol wirkt altösterreichisches Erbe stark nach. Die zwei bedeutendsten in Südtirol geborenen Schriftsteller der Gegenwart, Franz Tumler (geb. 1912) und Herbert Rosendorfer (geb. 1934), haben internationale Anerkennung gefunden. Der eine ist in Österreich aufgewachsen und hat seinen literarischen Durchbruch in Deutschland erzielt, der andere kam als Kind nach Tirol und verlebte seine Jugend und seine spätere Zeit in München. Beide Autoren stehen in der österreichischen literarischen Tradition: Tumler durch seine Bindung an nationale und kulturelle Vielfalt und Rosendorfer durch die Übernahme skurriler Erzähltopoi

25 Junge Südtiroler Autoren waren wiederholt auf Lesetourneen in Österreich (Innsbruck, Graz, Wien, Salzburg, Klagenfurt u.a.), und junge österreichische Autoren waren auf Gegenbesuch in Südtirol.

26 Die *Südtiroler Autorenvereinigung* wurde 1980 gegründet und trat 1981 dem *Österreichischen Schriftstellerverband* bei.

des (österreichischen) Barock, dessen unübertroffener letzter Meister Fritz von Herzmanovsky-Orlando (1877 bis 1954) ist.[27] Er hat seit dem Ersten Weltkrieg in Meran gelebt und ist dort gestorben, war als Zeichner und Maler gleichermaßen bedeutend und hatte engste Beziehungen zu Alfred Kubin (1877 bis 1959). Um die Vermittlung und das Verständnis des Werkes von Fritz Herzmanovskys-Orlando hat sich Kosmas Ziegler (1902 bis 1979) besondere Verdienste erworben, der bis zu seinem Tod (1979) Herzmanovsky Nachlaßverwalter gewesen ist.[28] Zwar spielt im Werk Herzmanovsky-Orlandos und Herbert Rosendorfers Südtirol keine Rolle, weil das Land nicht ihre geistige Heimat ist; nur Tumler geht in der Erzählung *Das Tal von Lausa und Duron* (1934) und im Roman *Aufzeichnungen aus Trient* (1965) konkret auf die politische Situation seines Heimatlandes ein.

Luis Stefan Stecher (geb. 1937), der Maler-Dichter, realisiert in seinen Bildern den Wiener „Phantastischen Realismus", in seinen Gedichten ist überraschenderweise Herzmanovsky-Orlandos Einfluß erkennbar.[29]

Meran war für verschiedene Künstler einer der „letzten Schlupfwinkel"[30] der untergegangenen Donaumonarchie, worin sie in aller Abgeschiedenheit und „selbsterwählter Einsamkeit"[31] kreativ in barocken und absurden Masken-Spielen die Vergangenheit vergegenwärtigten und ein beeindruckendes Zeugnis kosmopolitischen Lebensgefühls ablegten.

In Südtirol (vor allem in Meran) haben sich hervorragende Schriftsteller (und Künstler) mehrmals und längere Zeit aufgehalten: Thomas Mann, Franz Kafka, Gerhart Hauptmann, Gottfried Benn, Manès Sperber, Henrik Ibsen, Robert Musil, Rainer M. Rilke, Christian Morgenstern u. a. Mag sein, daß viele dieser Geister Südtirol österreichischer und mitteleuropäischer fanden als Nordtirol.[32]

Nach 1945 entstand in Südtirol – wiederum war Meran der Mittelpunkt – eine Sonderform literarischer Kultur: Asylanten und Emigranten aus dem liquidierten Deutschen Reich fanden hier vorübergehend eine Heimstatt und wirkten befruchtend auf das provinzielle Geistesleben. Alfred Boensch und sein Kreis gaben die Wochenzeitung *Der Standpunkt* heraus,[33] die sich durch ihre kritische und kosmopolitische Konzeption auszeichnete und mit der *Alpenpost*,[34] der Gegenzeitung des konservativen Südtiroler Lagers, im Wettstreit lag. Hier wa-

27 Flora (Hrsg.): *Fritz von Herzmanovsky-Orlando*.
28 Eine erste Gesamtausgabe des Werkes von Fritz von Herzmanovsky-Orlando wird vom Innsbrucker *Brenner-Archiv* unter der Leitung Walter Methlagls vorbereitet.
29 Dieses Problem bedarf einer wissenschaftlichen Untersuchung.
30 Flora, Fritz von *Herzmanovsky-Orlando*, S. 7.
31 Ebd.
32 Dieses Phänomen verdiente eine genauere Untersuchung.
33 *Der Standpunkt, Wochenzeitung für abendländische Kultur, Politik und Wirtschaft*, Meran 1947 bis 1957.
34 *Die Alpenpost, Illustrierte Südtiroler Wochenzeitung*, Bozen 1951 bis 1957.

ren Persönlichkeiten auf den Plan getreten, die Südtirol nicht als Nabel der Welt betrachteten und die konservativen und engen kultur- und gesellschaftspolitischen Strukturen in Frage stellten.[35]

6. *Rezeptionsprobleme*[36]

Südtirols Partizipation an der deutschsprachigen Kultur- und Literaturentwicklung in der Bundesrepublik Deutschland und in Österreich war seit 1945 nie mehr behindert; die Rezeption der DDR-Literatur (Ulrich Plenzdorf, Peter Huchel, Christa Wolf, Hermann Kant, Rainer Kunze, Wolf Biermann u. a.) setzte erst in den siebziger Jahren ein, als dieses Schrifttum über westdeutsche Verlage lieferbar war, während sich die Auseinandersetzung mit der Gegenwartsliteratur der Eidgenossenschaft fast ausschließlich auf das Werk Max Frischs und Friedrich Dürrenmatts beschränkte und zeitlich sehr früh (um 1960) einsetzte. Es hat den Anschein, als ob die unbegrenzte Partizipationsmöglichkeit am ausländischen deutschsprachigen Schrifttum das eigene Anliegen, selbst bedeutendere Literatur hervorzubringen, schwächt und mindert.
Man muß den Südtirolern im allgemeinen ein lebhaftes, spontanes und weitgestreutes Interesse für die neue Literatur bescheinigen. Die außerordentlich hohen Besucherzahlen bei Lesungen einheimischer Schreibender und Autoren bezeugen, daß ein unmittelbares und ehrliches Bedürfnis nach Auseinandersetzung mit Literatur vorhanden ist. Größte Aufmerksamkeit wird vor allem dem einheimischen Theater entgegengebracht.
Die „Südtiroler Theaterinitiative 1“ und die „Südtiroler Theaterinitiative 2“ waren ein einzigartiger Besuchererfolg in der Theatergeschichte des Landes.[37]
Durch die Erfolge dieser Theaterunternehmungen ist die literarische Produktion

35 Die Funktion des eingegangenen *Der Standpunkt* wird mit veränderter Zielsetzung und verändertem Anspruch durch das *Blatt für deutsche Leser*, eine Beilage der italienischsprachigen Tageszeitung *Alto Adige*, wahrgenommen. Der Begründer der publizistischen Initiative war Benno Steiner.

36 Auckenthaler-Theiner, Gerlinde: *Die Rezeption der zeitgenössischen Südtiroler Literatur in Südtirol*, Unveröffentlichte Hausarbeit, Universität Innsbruck 1977.

37 1976/77 und 1981/82.Im Rahmen dieser „Initiativen“ wurden jeweils fünf Theaterstücke von Südtiroler Autoren uraufgeführt:
I. 1) Albrecht Ebensperger: *Südtirol – Das Niemandsland*, Meran 1976; 2) Matthias Schönweger: *Die Generalprobe*, Meran 1977; 3) Kuno Seyr: *Die Blase*, Bozen 1977; 4) Oswald Waldner: *Das Denkmal*, Meran 1977; 5) Luis Zagler: *Wou dr Zorn zen Schicksol wert*, Meran 1977; II. 6) Josef Feichtiger: *Verbauter Frühling*, Meran 1981. 7) Armin Gatterer: *Sonne große Spinne*, Bozen 1981. 8) Viktor Guarda u. Gerhard Riedmann: *Sag gute Nacht*, Bozen 1981. 9) Matthias Schönweger: *Alp*, Meran 1982. 10) Hans Schwärzer: *Trinken*, Albeins, 1982.
Viele der angeführten Titel sind publiziert worden. (Hrsg.: Alfred Gruber).

sprunghaft angestiegen,[38] ein Zeichen, daß in den jungen Autoren Selbstvertrauen in die eigenen Fähigkeiten geweckt wurde.[39]
Zu den bereits angeführten Gründen für den provinziellen Charakter der literarischen Produktion in Südtirol kommen als weitere Gründe hinzu: das Fehlen einer professionellen Kritik, die mangelhafte Förderung der Literatur durch die öffentliche Hand[40] und das unterentwickelte Bibliothekswesen.
Durch historische Ursachen bedingt (Abwehrhaltung gegenüber Unterdrükkungs- und Entnationalisierungstendenzen) traten für lange Zeit auf allen Gebieten Frontstellung und Abkapselung ein, weswegen eine Haltung, die bestehende Verhältnisse darstellte und rechtfertigte, von der offiziellen Kritik zumeist überschwinglich gelobt wurde.
Demgegenüber wurde alles, was auf Änderung der bestehenden Situation abzielte, als suspekt abgelehnt. Obwohl die offizielle Haltung gegenüber Neuerungstendenzen toleranter ist als früher, haben Schreibende, die nicht ins kulturpolitische Schema passen, auch heute keinen leichten Stand.
In Südtirol gibt es keine angemessene Literaturförderung, weswegen kein Autor vom Schreiben allein leben kann, Musiker und bildende Künstler haben günstigere materielle Arbeitsbedingungen.[41] Wohl werden Literaturwettbewerbe ausgeschrieben und öffentliche Subventionen und Preise vergeben, aber die ausgesetzten Beträge sind sehr niedrig.[42] Obwohl Alfred Gruber, der Leiter des „Kreises Südtiroler Autoren" im Südtiroler Künsterbund, junge Talente großzügig betreut und eine erstaunliche Toleranz an den Tag legt, ist seine gesamte wertvolle Tätigkeit problematisch.[43]
Helmut Schinagl stellt in diesem Zusammenhang die These auf:

38 1970 bis 1975 erschienen 8, 1976 bis 1980 bereits 28 Publikationen.
39 Meraner: *Die Situation der Südtiroler Literatur*.
40 In Südtirol gibt es keinen Literaturpreis, ja nicht einmal einen offiziellen Kulturpreis. Deswegen bleibt den Kulturschaffenden Südtirols nichts anderes übrig, als sich in Österreich um Preise und Arbeitsstipendien zu bewerben, die an alle deutschschreibenden Autoren vergeben werden und unter denen die Südtiroler geringe Erfolgsaussichten besitzen. Österreichische Literaturstipendien haben bisher Gerhard Kofler, Joseph Zoderer und Norbert C. Kaser erhalten. Mitglieder der *Südtiroler Autorenvereinigung* haben 1981 zum Boykott der Kurzgeschichtenwettbewerbs aufgerufen, um ihrer Forderung nach einer angemessenen und zeitgemäßen Förderung durch die Südtiroler Landesregierung Nachdruck zu verleihen. Trotzdem hat sich die Haltung der Kulturverantwortlichen nicht geändert.
41 Musiker und Maler können sich in Südtirol als freischaffende Künstler halten.
42 Diese literarischen Wettbewerbe werden in der Regel vom *Kreis Südtiroler Autoren im Südtiroler Künstlerbund* durchgeführt.
43 Er ist seit 1973 Leiter des *Kreises Südtiroler Autoren im Südtiroler Künsterbund* und hat seit seinem Amtsantritt eine sehr rege Tätigkeit entfaltet als Organisator von Autorenlesungen und -begegnungen und als Herausgeber der *Werkreihe Südtiroler Autoren* und anderer literarischer Dokumente aus dem Tiroler Raum.

„Schriftsteller in Tirol sein ist keine erfreuliche Tatsache. Hier hat seit eh und je die bildende Kunst den Vorrang vor allen anderen Künsten. Auch Musiker sein ist in Tirol kein Honigschlecken […].“ Und der Vergleich mit der Situation der Literatur: „Der Tiroler Boden ist aliterarisch, wenn nicht antiliterarisch“.[44]

Obwohl diese Behauptung übertrieben ist und auf die gegenwärtige Situation in Südtirol nicht zutrifft, kann der unumstrittene Vorrang der Musik und der bildenden Künste nicht geleugnet werden. Die genannten musischen Aktivitäten sind von alters her in Tirol stärker im Volkstum verankert als die Literatur.[45] Die bedeutendsten literarischen Erzeugnisse des Landes findet man im dramatischen Bereich, wo der Tiroler seine musikalischen und bildnerischen Vorzüge stärker zum Ausdruck bringt als seine weniger entwickelten sprachlichen Fähigkeiten. Darin könnte man einen Grund für die geringe überregionale Rezeption der Tiroler (Bühnen-)Literatur sehen. In diesen Zusammenhang gehört auch die Wirkungsgeschichte der größten Tiroler Dramatiker Vigil Raber (1480 bis 1552), Franz Kranewitter (1860 bis 1938) und Karl Schönherr (1867 bis 1943). Felix Mitterer (geb. 1947), der bekannteste Gegenwartsdramatiker Tirols,[46] steht zwar in dieser Tradition, hat aber auch Elemente des kritischen Volksstücks Ödön von Horváths und Franz Xaver Kroetz' übernommen.
Das unterentwickelte Bibliothekswesen kann die vorhandenen Lesebedürfnisse der Bevölkerung nicht befriedigen.[47] Die zahlreichen Pfarrbüchereien auf dem Land[48] haben zwar noch die traditionelle Funktion, aber sie vermögen trotz idealistischer Einstellung ihrer Träger kein brauchbarer Ersatz für ein zeitgemäßes Bibliothekswesen zu sein. Seit einigen Jahren sind Bestrebungen im Gange, die Grundstrukturen zu verbessern und neue Büchereien einzurichten.[49]

7. *Zwischenbilanz*

In Südtirol herrscht seit 1919 und vor allem seit Ende der sechziger Jahre ein unmittelbares und tieferes Bedürfnis nach literarischem Leben als im Bundes-

44 Schinagl, „Zwischen Argwohn und Gleichgültigkeit“, S. 92.
45 Enzinger, „Probleme“, S. 396.
46 *Kein Platz für Idioten*, Innsbruck 1976; *Stigma*, Innsbruck 1983.
47 Die allgemeine Büchereisituation wird in den nächsten Jahren wesentlich verbessert werden, weil im Herbst 1983 das Landesbibliotheksgesetz beschlossen wurde, das Institutionalisierung und Finanzierung des Bibliothekswesens regelt.
48 Die Literatur besteht hauptsächlich aus erbaulichen und Unterhaltungsbüchern, zahlreiche Bestände sind antiquiert. Insgesamt gibt es ungefähr 200 Volksbüchereien.
49 Die Bozner *Dr.-Friedrich-Teßmann-Sammlung* hat ca. 100000 Bände. Die Bibliothek wurde 1958 gegründet und ist im Besitz der Österreichischen Akademie der Wissenschaften in Wien. Seit 1983 ist diese einzige wissenschaftliche Bibliothek Südtirols *Landesbibliothek*.

land Tirol,[50] was im Zusammenhang mit dem Prozeß der Identitätssuche steht. Die erstarrte literarische Landschaft ist um 1970 in Bewegung geraten, eine Tendenz zu stofflicher Ausweitung, thematischer Variation und formaler Vielfalt ist klar erkennbar.

Zusammengefaßt ergibt sich folgendes Bild:

- Ablehnung des einheimischen traditionsgebundenen Schrifttums;
- Bemühungen um Überwindung der eigenen Isolation durch Streben nach Anschluß an die deutschsprachige Literatur des „Auslandes";
- Zusammenfall von Literatur und Identitätssuche;
- Hinwendung zu konkreten Problemen des Alltags und sozialkritisches, politisches Engagement;
- Aufnahme von Impulsen aus der italienisch-mediterranen Kulturwelt.[51]

8. Allgemeine Theatertätigkeit

Südtirol besitzt ein lebendiges Volkstheater, wovon die 138 aktiven Volks- und Heimatbühnen, die im Bund Südtiroler Volksbühnen zusammengeschlossen sind, beredtes Zeugnis ablegen.[52]

Diese Laienensembles führen die Tradition des österreichisch-oberbayerischen Dialektstücks fort, spielen hauptsächlich Jäger- und Bauernschwänke und Dorftragödien,[53] pflegen aber auch die volkstümlichen anspruchsvollen und kritischen Bühnenwerke Ludwig Anzengrubers, Franz Kranewitters und Karl Schönherrs. Trotz des kulturell, künsterisch und sozial fragwürdigen Wertes vieler gespielter Vorlagen muß die Bedeutung dieses bodenständigen Theaters in seiner gemeinschaftsfördernden Funktion und als Ausdruck einer traditionsreichen alpenländisch-tirolischen Volkskultur gesehen werden, zumal auch diese Form des Schauspiels aus seiner langjährigen Starre und Unbeweglichkeit herausgetreten ist und sich immer deutlicher zu einem zeitgemäßeren und kritischen Volkstheater hin entwickelt.

50 Krista Hauser: Unveröffentlichtes Statement anläßlich der 1. Gesamttirolischen Literaturtagung in der Brixner Cusanus-Akademie. (Vgl. Anm. 5), und Scheichl: „Probleme einer tirolischen Literaturgeschichte", S. 528.

51 Mumelter (Hrsg.): *Literatur in Südtirol*, und Riedmann, „Die geistig-literarische Einheit Tirols".

52 Diese Zahl bezieht sich auf das Geschäftsjahr 1983. Nicht dazugerechnet sind die Bühnen, welche dem Bund Südtiroler Volksbühnen nicht angeschlossen sind: etwa die Bozner *Initiative*, das *Theater in der Klemme* in Meran, das Ensemble *Dekadenz* in Brixen, das *Kleine Theater* in Bruneck u. ä.

53 Die beliebtesten und am häufigsten gespielten Autoren sind nach wie vor: Hans Lellis, Hans Naderer, Franz Schaurer, Julius Pohl, Emil Stürmer, Riedi Walfried und Maximilian Vitus.

Bemerkens- und anerkennenswert sind die Leistungen jener Ensembles, die im Sommer Freilichttheater bieten und mit ihrer Tätigkeit an eine alte Tradition anknüpfen. Die Freilichtspiele „Südtiroler Unterland" in Neumarkt (gegründet 1967), die „Rittner Sommerspiele" in Lengmoos (gegründet 1973) und „Die Kulisse" in Brixen (gegründet 1981) haben trotz ihrer Verankerung in der Theatertradition neues Leben in die Theaterlandschaft gebracht, weil sie vielfach den unterhaltenden, läppischen ländlichen Schwank und die blutrünstige, bombastische Dorftragödie aus ihrem Repertoire gestrichen und dem Zuschauer Bühnenwerke von überregionaler Gültigkeit geboten und Innovationen im Aufführungsstil gewagt haben. Eine Theaterform sui generis stellt die Tätigkeit der 1978 gegründeten „Arbeitsgemeinschaft für Kinder- und Jugendtheater" dar, weil sie neue Formen des Spiels (Experiment, Interaktion, animazione u. a.) erprobt, bislang jedoch keinen Durchbruch erzielt hat, weil sie die geeigneten Vorlagen nicht gefunden und Organisations- und Strukturschwächen nicht überwunden hat.[54]
Neben dieser traditionsgebundenen Spieltätigkeit entwickelte sich eine zumeist kurzlebige, aber beachtliche Theatertätigkeit engagierter und zeitkritischer spontaner Gruppen, die aktuelle Stoffe und Themen auf die Bühne brachten und neue Wege in der szenischen Umsetzung beschritten; diese Experimente sind nicht ohne Wirkung auf das allgemeine Theaterleben geblieben.[55] Beachtung verdienen vereinzelte kabarettistische Versuche, die ihre Wurzeln teilweise in den beliebten, alljährlich in Brixen und in Meran stattfindenden „Narrenabenden" haben und epigonal großstädtisches Kleinkunsttheater nachbilden und sich eines außerordentlich großen Zuspruchs durch das einheimische Publikum erfreuen. Sie sind Beweis für das große Bedürfnis der Bevölkerung nach Auseinandersetzung mit der eigenen, komplexen und nicht immer widerspruchsfreien Gegenwart.[56]

54 Diese Initiative wurde von Norbert Kühbacher ins Leben gerufen.

55 *Kleine Experimentierbühne*, Bozen (1966 bis 1969), *Die Tribüne* Bozen (1970 bis 1974), *Die Kulisse*, Brixen (seit 1974), *Die Kerze*, Bozen (1967), *Bert-Brecht-Theater*, Bruneck (1968 bis 1970), *Theater in der Klemme*, Meran (seit 1976) *Die Initiative*, Bozen (seit 1981), *Das Kleine Theater*, Bruneck (seit 1983), *Gruppe Dekadenz*, Brixen (seit 1980) und *Theaterwerkstatt*, Innichen (seit 1982); Von all diesen Ensembles, die sich um die Erneuerung des Südtiroler Theaters eingesetzt haben, hat das Theater in der Klemme die beeindruckendsten Leistungen hervorgebracht.

56 Das erste Kabarett *Alles schon dagewesen* wurde 1967 von der Bozner *Kleinen Experimentierbühne* dargeboten. Die Texte schrieb Viktor Guarda. Dieselbe Bühne führte 1968 ein zweites Kabarett unter dem Motto *Wer die Wahl hat, hat die Qual* auf (Texter: Bruno Jul Laner). Das Theater *Dekadenz* von Brixen brachte 1980 und 1981 zwei kabarettistische Produktionen heraus (Texter: Alexander Aichner), 1983 wartete es mit einem Programm auf, das den Frieden zum Hauptthema hatte, und 1984 mit einer sehr gelungenen Produktion *Zum Bedenkjahr 1984*. 1981 spielte das *Theater in der Klemme* ein Kabarett über dem Motto *Sag gute Nacht* (Texter: Viktor Guarda und Gerhard Riedmann).

Hemmend auf die literarische Entwicklung wirkt sich das Fehlen eines Landestheaters in Südtirol aus.[57] Die Forderung nach einem professionellen Repertoiretheater ist für Südtirol wohl unrealistisch, aber die Errichtung eines dramatischen Zentrums und einer Werkstattbühne würde das kulturelle Leben bereichern und positive Erfahrungen aus der Vergangenheit würden eine Initiative in diesem Bereich legitimieren, zumal diese Form des einheimischen Theaters auch wichtige kulturelle Nebenfunktionen (Sprechkurse, Ausbildung von Laienspielern, Hörfunk, Film, Fernsehen u.a.) übernehmen könnte.[58]

9. Die Funktion des Dialekts

Die Mundart ist in Südtirol aus der gegenwärtigen Perspektive heraus zwar nicht mehr so stark historisch belastet wie vor Jahrzehnten,[59] sie aber vermag innerhalb des soziokulturellen Wandels nur ein begrenztes Spektrum von Informationen und Strukturen transparent zu machen. Wurde die Mundart vor allem zwischen 1919 und 1945 in nostalgischer Funktion eingesetzt, hatte sie die Aufgabe, das Fremde und Identitätsgefährdende zu bannen und die Tradition zu verteidigen, so wird sie heute als sozialkritisches Instrument betrachtet; allerdings kann der Südtiroler Dialekt in seinem agrokulturellen Charakter nicht das leisten, wozu andere Mundarten fähig sind, nämlich aktuelle Realitäten und Innovationen zu spiegeln.

Ein typisches Beispiel dieses Syndroms ist Joseph Zoderers Lyrik,[60] der den „Burggräfler" Dialekt nur als Konstrukt zur Vermittlung gesellschaftsverändernder Thesen verwendet. Seine Lyrik will vor allem die bäuerliche Bevölkerung erreichen, dem Autor gelingt es aber nicht, den Widerspruch zwischen Bezeichnung und Bezeichnetem aufzulösen, weil die Bauern in Südtirol kein proletarisches Großstadtbewußtsein haben. Norbert C. Kaser dagegen vermag die Mundart seiner Pustertaler Heimat thema- und situationsadäquat einzusetzen, weil er in der bäuerlichen Welt und in der Volkskultur verankert ist.[61] Ein Sonderfall ist die Lyrikerin Maridl Innerhofer (geb. 1920), die sich in ihren (gereimten) Dialektgedichten konservativ-kritisch der Südtiroler Wirklichkeit zuwendet[62] und wohl die Tradition des Tiroler Volksschriftstellers Sebastian

57 Hölzl: *Theater in Südtirol.*

58 Bis zum 1. Weltkrieg besaß Bozen ein Stadttheater, das regelmäßig Musik- und Sprechtheater bot.

59 Progressive junge Autoren verwenden in ihren literarischen Produktionen neben der Hochsprache den Südtiroler Dialekt. Zoderer und Kaser gehören auch dazu.

60 Josef Zoderer, *'S Maul auf der Erd oder Dreckknuidelen kliabn*, München 1974.

61 Conrad Norbert Kaser, *Eingeklemmt*, Innsbruck 1979 und *Kalt in mir*, Wien 1981.

62 Maridl Innerhofer, *Hennen und Nochtigolln*, (Bozen 1976.) Diese Autorin ist sehr bekannt und volkstümlich. Sie hat in vielen Orten Südtirols gelesen und ist in Bayern mehrmals aufgetreten.

Rieger („Reimmichl") fortsetzt. Eine Ausnahme bildet auch Luis Stefan Stecher mit seinen „Kornnliadr", in denen er die untergegangene Sondersprache der Vinschgauer Zigeuner mit Erfolg verwendet.[63]
Die Mundart wird vor allem im Volkstheater eingesetzt, die jungen Südtiroler Bühnenautoren (Albrecht Ebensperger, Josef Feichtinger, Luis Zagler u. a.) bedienen sich ausschließlich der Mundart, sie alle haben auch vom Dialekttheater Martin Sperrs, Marie Luise Fleißers, Ödön von Horváths und Franz Xaver Kroetz' gelernt.[64]

10. Verlagswesen und Sachbuchliteratur

Das einheimische Verlagswesen leistet Beachtliches und kann wegen seines Standards mit dem Ausland konkurrieren.
In der Regel handelt es sich um Bildbände alpiner und landeskundlicher Natur (Kunstführer, historische Volkskunde, Naturführer u. a.), um triviale Heimatliteratur und vermischte Gebrauchstexte. Die Bücher des Extrembergsteigers Reinhold Messner (1983: 21 Publikationen) und des Alpinisten Luis Trenker (1982: 26 Publikationen) bestimmen das Literaturbild Südtirols im deutschsprachigen Ausland und verfälschen die literarische Realität.
Da „Athesia", das einziger große, leistungsfähige Verlagshaus Südtirols, an der Publikation von Literatur einheimischer junger und kritischer Autoren wenig interessiert ist, sind die Schreibenden vielfach gezwungen, in Medien zu veröffentlichen, die sie selbst ins Leben gerufen haben. Außerdem wird durch die Hypertrophie der Sachbuchliteratur das kreative einheimische Schrifttum in den Hintergrund gedrängt.
Literarischen Anspruch erhebt der Alpinschriftsteller Josef Rampold, der zahlreiche Wander- und Gebietsführer veröffentlicht hat, in denen er (vermischte) Information in blumigem Stil bietet. Hermann Eichbichler redigiert seit 1960 ehrlich und gewissenhaft die „Literarische Beilage" in der Tageszeitung *Dolomiten*; er vertritt darin jedoch ein einseitig konservatives Konzept und neigt dazu, das Schrifttum der Gegenwart abzuwerten.

11. Literarische Randerscheinungen

Seit vielen Jahren wird in den Städten des Landes kein deutscher (und deutsch synchronisierter) Film aus der breiten Gegenwartsproduktion gezeigt, auf dem

63 Stefan Luis Stecher, *Korrniliadr*, Bozen 1978.
64 Martin Sperr (*Jagdszenen aus Niederbayern*, 1970), Ödön von Horváth (*Die Bergbahn*, 1974), Franz Xaver Kroetz (*Mensch Maier*, 1980) und Marie Luise Fleißer (*Der starke Stamm*, 1982).

Land feiern deutsche Trivialfilme fröhliche Urständ. Seit 1978 bringt der „Bozner Filmklub“ internationale Filme nach Südtirol, bemüht sich, regelmäßig Stadt und Land damit zu versorgen, kämpft jedoch immer noch mit personellen und finanziellen Problemen.[65] Die einheimische Filmproduktion beschränkt sich auf die Herstellung von Dokumentarfilmen, die einzigen Spielfilme, die Südtirol zum Gegenstand haben, stammen von jungen Regisseuren, die in der Bundesrepublik ihre Ausbildung erhalten und dort bereits eine Talentprobe abgelegt haben; in Südtirol selbst haben sie kein Betätigunsfeld gefunden.[66] Der Lyriker Konrad Rabensteiner (geb. 1940) hat für Francesco Valdambrinis Singspiel *Der gestiefelte Kater* das Libretto verfaßt,[67] einheimische Komponisten haben Gedichte von N. C. Kaser und K. Rabensteiner vertont[68], und einige Maler haben Gedichtbände von Südtiroler Autoren illustriert.[69]
Diese kulturellen Ereignisse spielen sich zwar am Rand der Literatur ab, haben aber einen bestimmten Einfluß aufs literarische Leben. Zu den Faktoren dieser Art gehören auch die Volkskalender,[70] die nach 1918 in Südtirol eine nicht zu unterschätzende volksbildende Funktion erfüllt haben und heute noch eine beachtliche Breitenwirkung besitzen. Da diese Publikationen in ihrer Konzeption sehr konservativ waren und aus einer volkstumspolitischen Abwehrhaltung heraus entstanden, haben sie in letzter Zeit mit der allgemeinen Entwicklung in Südtirol nicht mehr Schritt halten können. Diese antiquierten Almanache können nur mehr durch öffentliche Subventionen am Leben erhalten werden. Der *Michael-Gaismair-Kalender* stellt in literarischer Hinsicht ein Novum dar: er ist ein gesamttirolisches Erzeugnis und steht in der Tradition des Tiroler Almanachs. Er verfügt über ein beachtliches Niveau und basiert auf einem zeitgemäßen Konzept: das Volk kommt mit seinen Nöten und (weniger) mit seinen Freu-

65 Martin Kaufmann ist der Begründer des Filmklubs (1979). Seit 1983 hat der Verein ein eigenes Lokal und entfaltet eine sehr rege Tätigkeit, die eine sehr gute Aufnahme beim Publikum findet. Im letzten Jahr begann eine bemerkenswerte Zusammenarbeit mit dem Österreichischen Fernsehen, das in Bozen ein Büro unterhält (Redakionsleiter: Reinhard Frauscher).

66 Werner Masten, *Baranski*, München 1979 und *Das Glück beim Händewaschen*, München 1982. In Vorbereitung: *Die Walsche* (Joseph Zoderer). Erwin Schwellensattl, *Der Kumpf*, München 1979. Ivo Barnabó Micheli, *Eingeklemmt. Notizen für einen Film über Norbert C. Kaser*, Rom/München 1984. Es handelt sich um einen ca. einstündigen Dokumentarfilm, der am 25. Februar 1984 im Bozner Filmclub der Öffentlichkeit vorgestellt wurde. Carmen Tartarotte; *Kribus Krabus Domine*, Frankfurt 1982.

67 Uraufführung im Bonner Stadttheater (1975). Regie: Hans-Jürgen Heyse, Musikalische Leitung: Ralf Weikert.

68 Christine Zwischenbrugger und Heinrich Unterhofer.

69 Guido Muss und Luis Stefan Stecher.

70 *Blindenkalender, Reimmichl-Volkskalender, Bozner Illustrierter Hauskalender, St.-Kassian-Kalender* u. a. Dieser Kalender (seit 1889 in Brixen) ist aus dem *Brixner Schreibkalender* hervorgegangen, der auf das Jahr 1725 zurückgeht und wahrscheinlich der älteste Almanach Tirols ist.

den zu Wort, allerdings ergeht er sich mitunter in akademisch-ideologischen Diskussionen, so daß er Gefahr läuft, immer weniger das Volk zu erreichen, für das er geschrieben wird.
In Südtirol erscheinen verschiedene Kulturzeitschriften, die das literarische Leben einbeziehen. Bemerkenswert ist die Qualität der traditionsreichen Monatszeitschrift *Der Schlern*, dessen Schwerpunkt auf der historischen Volkskunde liegt. Die *Jahrbücher* des Südtiroler Kulturinstituts, die in unregelmäßiger Folge erschienen sind, befassen sich ebenfalls mit landeskundlichen Themen. Literatur wird gegenwärtig vor allem von Zeitschriften vermittelt, die die Autoren selbst ins Leben gerufen haben. Der *Skolast* (gegr. 1955) bringt avantgardistische und oppositionelle Texte, die originelle Publikation *Arunda* (gegr. 1976) bemüht sich um internationalen Zuschnitt, gesellschaftskritisch ausgerichtet war das gesamttirolische Organ *Der Föhn*[71], während derzeit die Literatur- und Kulturzeitschriften *Distel* (gegr. 1982) und *Sturzflüge* (gegr. 1982) das literarische Leben in Südtirol am aktuellsten und beziehungsreichsten spiegeln.[72]
Um die Vermittlung des literarischen Geschehens bemühen sich auch die Massenmedien.

12. Joseph Zoderer und Norbert Conrad Kaser

Der Erzähler und Lyriker Joseph Zoderer und der Lyriker Norbert Conrad Kaser haben wegen ihrer literarischen Qualität den Durchbruch im deutschsprachigen Kulturraum erzielt.
Joseph Zoderer wurde 1935 in Meran geboren, wuchs in Graz auf und lebt seit 1950 in Südtirol. Er war Rundfunkjournalist, ehe er sich für den Beruf des freien Schriftstellers entschied (1981). Der Autor unternahm zahlreiche Lesetourneen durch Südtirol, Österreich und Deutschland und war von Anfang an bestrebt, in der Gegenwartsliteratur seinen Platz zu finden; sein Debüt erfolgte spät.
Seine erste Publikation war *'S Maul auf der Erd oder Dreckknuidelen kliabn*,[73] ein Gedichtbändchen in Mundart, worin er sich für die Südtiroler Literatur der Gegenwart insofern als bahnbrechend erwies, als er den historisch belasteten

71 Rudolf Brix/Franz Kranewitter/Richard Polifka (Hrsg.): *Der Föhn. Eine Tirolische Halbmonatsschrift für Literatur, Kunst und Leben*, Innsbruck 1909 bis 1911. Der neue *Föhn* von 1979 bis 1981 setzt die Tradition der ursprünglichen Zeitschrift, von der er den Namen übernommen hat, mit veränderter Akzentsetzung und bescheidenerem Anspruch fort.

72 Gerhard Mumelter, „Texte aus Südtirol", in: *drehpunkt. Schweizer Literaturzeitschrift* 12, 1980, H. 48/49, S. 3–35. Durch diese Publikation wurde erstmals der Versuch unternommen, die Schweizer Öffentlichkeit auf die Südtiroler Literatur aufmerksam zu machen.

73 München 1974.

Dialekt umfunktionierte und ihn ideologischem, sozialem und politischem Engagement dienstbar machte. Mit diesem Werk geriet er jedoch künstlerisch und sprachlich in eine Sackgasse, weil seine „Burggräfler" Mundart, die er mit verkehrssprachlichen Elementen und dialektfremden Ausdrücken vermengte, ein Konstrukt ist.
'S Maul auf der Erd bringt zahlreiche aus persönlichen Erfahrungen, Beobachtungen und Autobiographischem bestehende Texte, welche die Zielgruppe, Bauern und Arbeiter, nicht erreicht haben, weil in Südtirol innerhalb dieser sozialen Gruppen das proletarische Bewußtsein fehlt. Mehrere Gedichte machen betroffen, denn es gelingt dem Autor, Traumata der eigenen Biographie unmittelbar zu verdichten und in überregionale Beziehungen zu stellen. Experimentelle und sprachspielerische Elemente, die nicht frei von Manierismus und Selbstbespiegelung sind, bestimmen den zweiten Gedichtband, *Die elfte Häutung*.[74] Der dritte und bisher letzte Lyrikband, *Pappendeckelgedichte*[75] zeigt einen gewandelten Zoderer: Rückkehr zu konventioneller Bildersprache, Erweiterung des Gesichtskreises, vermehrte Reflexion und karge Rhythmisierung. Gelegentlich verdichten sich Erfahrungen und Einsichten poetisch, und die polemische Aggressivität der ersten Publikationen wird an die Kette gelegt.
Mit dem ersten Roman *Das Glück beim Händewaschen*[76] erzielt Zoderer den literarischen Durchbruch. Es handelt sich um eine Zöglings- und Internatsgeschichte, die persönliche Erfahrungen des Autors verarbeitet. Im kurzen „Roman" geht es um einen Südtiroler Buben, der als Fremder in Österreich, in der Schweiz und in der Heimat auf der Suche nach seiner persönlichen und politischen Identität dem Zwang de Anpassung im „Haus der Regel" unterworfen ist, nach einer tiefen Krise sich von seiner belastenden Vergangenheit lossagt und zu neuen Ufern aufbricht. In *Das Glück beim Händewaschen* gestaltet der Autor mit dem Mittel des Wechsels zwischen linearer und gebrochener Erzählweise ein persönliches, beziehungsreiches Trauma, das als Trauma Südtirols schlechthin angesehen werden kann.
Mit diesem Werk findet Zoderer den Anschluß an die deutschsprachige Gegenwartsliteratur und legt zugleich das Fundament für seinen jüngsten Roman, *Die Walsche*[77]. Das Buch hat in der Bundesrepublik und in Österreich sehr positive Kritiken erhalten, in Südtirol hat es gedämpfte Aufnahme gefunden,[78] weil es als Verzeichnung und Verfälschung der Realität aufgefaßt wurde. Als Mädchen hat die fünfunddreißigjährige Olga zusammen mit ihrer Mutter das Heimatdorf

74 München 1976.
75 Eppan 1979.
76 München 1976. Die zweite Ausgabe des Romans erschien im Carl Hanser Verlag in München 1982. Das Buch wurde im Auftrag des ZDF von Werner Masten verfilmt (1982). Vgl. Anm. 67.
77 München 1982. Joseph Zoderer ist bislang der einzige Südtiroler Autor, der am internationalen *Ingeborg-Bachmann-Literaturwettbewerb* in Klagenfurt teilnahm (1981).
78 Scheichl, „Kritiker", S. 47–51.

verlassen und ist in die Stadt (Bozen) gezogen. Dort lebt sie jetzt mit einem Italiener, Silvano, mit dem sie eine Gastwirtschaft führt. Sie kehrt zur Beerdigung ihres Vaters, der als vereinsamter und verkommener Lehrer gestorben ist, in die Heimat zurück und wird von den Dorfbewohnern als „Walsche", als Fremde und Verfemte, abgelehnt. Nach der Beerdigung kehrt Olga wieder in die Stadt zurück. Trotz gelungener Einzelheiten überzeugt der Roman nicht, weil darin individuelles Schicksal und gesellschaftliche Zusammenhänge verzerrt und lückenhaft dargestellt werden,[79] die Reflexion den Erzählduktus erdrückt und Kompromisse an den bundesdeutschen Lesergeschmack den Stil verfremden.[80] Die Vorzüge des Buches liegen in der detailgetreuen Wiedergabe äußerer Realität, in der formal-kompositorischen Verschnittechnik und in lyrischen Bildern. Zoderer ist immer noch auf der Suche nach der eigenen individuellen und der künsterlischen Identität und hat wesentlich dazu beigetragen, im deutschsprachigen Kulturraum auf die Existenz einer Südtiroler Literatur aufmerksam zu machen.

Als der originellste und eigenständigste Südtiroler Dichter der Gegenwart gilt Norbert C. Kaser. Er wurde 1947 in Brixen geboren, wuchs in Bruneck auf, trat für kurze Zeit in den Kapuzinerorden ein, studierte an der Universität Wien Kunstgeschichte und Philosophie und kehrte nach Auslandsaufenthalten (Norwegen, DDR) nach Südtirol zurück. Er starb 1978 in Bruneck an den Folgen der Trunksucht.

Kasers literarische Position läßt sich folgendermaßen beschreiben:

- kompromißlose Abrechnung mit dem konservativen Schrifttum und den herrschenden gesellschaftspolitischen und kulturellen Verhältnissen ohne analytischen Anspruch,
- Betonung des Konkreten in Geschichte und Gegenwart,
- Darstellung der Traumata der eigenen Biographie,
- Nähe zur experimentellen („konkreten") Poesie,[81]
- Stilistische Originalität,
- Satirischer Grundton.

Norbert C. Kaser reagierte auf die Herausforderung durch die Südtiroler Realität mit einer ideosynkratischen Haltung, die sich verallgemeinernd als Haßliebe definieren läßt. Der überaus verletzliche Dichter versuchte, sich durch literarische Betätigung von seinen gesellschaftlichen, kulturellen und nationalen Syndromen zu emanzipieren. Als er gewahr wurde, daß er durch seine radikalisierte Emotionalität die Realitätsgrundlage verloren hatte, wollte er nur mehr „literarisch überleben",[82] wovon die Glossen zeugen, die er wöchentlich im *Blatt für deutsche Leser* der italienischen Tageszeitung *Alto Adige* publizierte.

79 Riedmann, „Walsche", S. 522ff.
80 Lanthaler, „Die schummrigen Flecken", S. 60ff.
81 Scheichl, „Norbert C. Kaser", S. 288–304.
82 Ebd., S. 298.

Kaser hat nur Splitter hinterlassen, die Hans Haider ediert hat.[83] Lediglich die *Stadtstiche*, literarische Porträts der Städte Südtirols, Innsbrucks und Trients, können als geschlossene literarische Formen betrachtet werden. Der Autor hat auch Kurzprosa verfaßt: Briefe, Gebrauchstexte, polemische Glossen, autobiographische und erzählende Texte, lyrische und politische Prosa und satirische Märchen.

Kaser muß in seiner literarischen Leistung als ein kritischer Heimatdichter begriffen werden, der konkrete Erfahrungen und Beobachtungen gestaltet, religiösen Themen nicht aus dem Wege geht und den Dialekt provokatorisch einsetzt. Der „lyrische Lakonismus"[84] ist stilistisches Gütesiegel Kasers, eines Dichters, der sich allen bisherigen Bemühungen um eine Einordnung in die deutsche Gegenwartsliteratur entzogen und jeder Anpassung versperrt hat und zweifellos ein hervorragender Tiroler und Tiroler Dichter ist. Das gebrochene Verhältnis dieses Menschen und Künstlers zur Südtiroler Gesellschaft läßt sich am anschaulichsten an der Tatsache feststellen, daß am Grabe des Toten, der mit der Begründung „da ich ein religioeser Mensch bin" aus der katholischen Kirche ausgetreten war und nicht in geweihter Erde beigesetzt werden wollte, 16 Geistliche standen. Bei der Bestattung sangen Mitglieder des linksorientierten Südtiroler Kulturzentrums zu Ehren des Verstorbenen, der KPI-Mitglied und früher Kapuzinernovize war, den „Friedhofsjodler", während die Gattin eines SVP-Abgeordneten „Großer Gott, wir loben dich" anstimmte.

Norbert C. Kaser war ein Einzelgänger, der vor seinem Tod wenig Beachtung gefunden hat. Als Satiriker hat er die herrschenden Verhältnisse kompromißlos angegriffen, aber die Probleme Südtirols nicht in einem größeren Zusammenhang betrachtet und dargestellt und die Fehlentwicklungen nicht analysiert. Umso bemerkenswerter ist es, daß er mit seiner Kritik den Nagel sehr oft auf den Kopf getroffen hat.

13. Schlußbemerkungen

Südtirol ist durch die Friedensbestimmungen von Saint Germain seit 1919 teil eines anderen Staates, hat jedoch die tieferen Zusammenhänge mit Österreich bewahrt, aus dem es kulturgeschichtlich und politisch hervorgegangen ist. Die Partizipation an der deutschsprachigen Kultur erfolgt unbehindert. Die Bevölkerung hat im allgemeinen ein großes Interesse am kulturellen Leben, das zwar

83 Neben *Eingeklemmt* (Innsbruck 1971, Wien 1981) und *Kalt in mir. Roman in Briefen* (Wien 1981, vgl. Anm. 62) hat Hans Haider eine Sammlung Kaserscher Texte unter dem Titel *jetzt mueßte der kirschbaum bluehen* im Züricher Diogenes Verlag herausgebracht (1983).

84 Scheichl, „Norbert C. Kaser", S. 298.

provinziell und bescheiden, aber für den Fortbestand der Volksgruppe wesentlich ist. Gegenwärtig ist die Volksgruppe von außen nicht gefährdet, obwohl sie mit der Definition der eigenen Identität zusehends in Schwierigkeiten gerät. In Südtirol gibt es keine überregionalen Höhepunkte, wohl besitzt das Land talentierte Autoren und literarisch Tätige und kann ernsthafte Bemühungen um ein zeitgemäßes Schrifttum aufzeigen. Das einheimische literarische Schaffen gewinnt allmählich an Selbstbewußtsein, Literatur wird immer mehr in den eigenen Identitätsfindungsprozeß eingebaut, die Öffnung nach außen und die Konfrontation mit anderen Regionen werden nicht mehr gescheut. Das deutschsprachige Ausland ist auf die Südtiroler Literatur aufmerksam geworden, eine Literatur, die vor allem in Zeitschriften zu Wort kommt, kritisch und satirisch ausgerichtet, dem formalen Experiment aufgeschlossen ist, die Vergangenheitsbelastungen und herrschende Vorurteile aufzuarbeiten beginnt, moderne Schreibtechniken verwendet, weiterhin Kleinformen (Lyrik und Kurzprosa) bevorzugt und an überregionaler Bedeutung gewinnt.[85]

Literatur

Dörrer, Anton: „Neuere deutsche Dichtung aus Südtirol", in: Karl Grabmayr (Hrsg.): *Süd-Tirol. Land und Leute vom Brenner bis zur Salurner Klause*, Berlin 1919, S. 197–223.

Enzinger, Moriz: „Probleme einer tirolischen Literaturgeschichte", in: *August Sauer, Festschrift*, dargebracht von R. Backmann u. a., Stuttgart o. J. (1925), S. 389–402.

–: *Die deutsche Tiroler Literatur bis 1900. Ein Abriß*, Wien 1929.

Feichtinger, Josef: *Grummetzeit. Volksstück in drei Akten*, Wien 1982.

Flora, Paul (Hrsg.): *Fritz von Herzmanovsky-Orlando*, Wien 1974.

Gatterer, Armin: *Kopfgerüste. Prosa-Skizzen*, Bozen 1983 (Werkreihe Südtiroler Autoren).

Gruber, Alfred: „Zeitgenössische Literatur in Südtirol", in: *Der Schlern* 47, 1973, S. 586–600.

Haslinger, Josef: „Kalt an Leib und Seele. Dichter als Außenseiter: Der Südtiroler Norbert C. Kaser (1947–1978)", in: *Die Presse* (Wien) v. 11. 09. 1982, Beilage S. IV.

Hölzl, Norbert: *Theater in Südtirol. Möglichkeiten und Grenzen.* Hall in Tirol 1975 (Studie im Auftrag der Südtiroler Landesregierung, Maschinenschrift).

Holzner, Johannes: *Literatur innerhalb der Grenzen Tirols – Grenzen der Tiroler Literatur*, Brixen/Innsbruck 1982.

Kaser, Norbert C.: „Südtirols Literatur der Zukunft", in: *Sondernummer des Fahrenden Skolasten zur XIII. Studientagung der Südtiroler Hochschulschülerschaft*, Bozen 1969, S. 16–19.

Lanthaler, „Die schummrigen Flecken", in: *Sturzflüge. Südtiroler Kulturzeitschrift* 1, 1982, S. 60–62.

Mazohl, Klaus: „Fast ein Hamlet", in: *Aspekte* 1, Wien 1969 (Österreichische Dramatiker der Gegenwart 3). Die Farce wurde 1968 im Kleinen Konzerthaustheater in Wien aufgeführt und vom ORF-Fernsehen aufgezeichnet.

85 Riedmann, „Die geistig-literarische Einheit Tirols", S. 18.

Meraner, Rudolf: *Die Situation der Südtiroler Literatur von 1968 bis 1978*, Brixen 1978 (Thesenblatt, Maschinenschrift).
Micheli, Ivo Barnabó: *Eingeklemmt. Notizen für einen Film über Norbert C. Kaser*, Rom/München 1984 (einstündiger Dokumentarfilm).
Mumelter, Gerhard (Hrsg.): *Neue Literatur aus Südtirol*, Bozen 1970.
–: *Arunda* 13, 1983: *Literatur in Südtirol*, Schlanderes 1983.
Mumelter, Hubert: „Schrifttum am Schnittpunkt zweier Kulturen", in: *Alpenpost* 2, 1952, Nr. 50, S. 8.
Nadler, Josef: *Literaturgeschichte Österreichs*, 2. Aufl. Salzburg 1951.
Riedmann, Gerhard: „Notizen zur zeitgenössischen Südtiroler Literatur", in: *Tiroler Tageszeitung* v. 23.05.1974, S. 23.
–: „Anschluß an die Literatur von heute", in: *Tiroler Tageszeitung* v. 06.11.1976, S. 12.
–: „Die Wut der Machtlosen ist in mir", in: *horizont 51. Kulturpolitische Blätter der Tiroler Tageszeitung* v. 28.09.1978, S. 6–7.
–: „Die Walsche", in: *Der Schlern* 56, 1982, H. 10, S. 522–523.
–: „Literatur und Identität in Südtirol. Ein Versuch über ein aktuelles Problem", in: *Europa Ethnica* 41, 1984, H. 1, S. 1–7.
–: „Die geistig-literarische Einheit Tirols aus der Sicht der Schriftsteller", in: *Tiroler Tageszeitung* (Innsbruck) v. 3. 2. 1984, S. 7; v. 4. 5. 1984, S. 18. Vgl. Anm. 86.
Scheichl, Sigurd Paul: „Zwischen Engagement und Verzweiflung", in: *horizont 48. Kulturpolitische Blätter der Tiroler Tageszeitung* v. 29.11.1980, S. 8–9.
–: „Norbert C. Kaser. Ein Dichter aus Südtirol", in: *Österreich in Geschichte und Literatur* 25, 1981, H. 5, S. 288–304.
–: „Probleme einer tirolischen Literaturgeschichte der jüngsten Zeit. Überlegungen aus Anlaß eines mißglückten Buches", in: *Der Schlern* 57, 1983, H. 10, S. 517–532.
–: „Die Kritiker und Zoderers ‚Walsche'", in: *Sturzflüge. Eine Südtiroler Kulturzeitschrift* 4, 1983, S. 47–51.
Schinagl, Helmut: „Zwischen Argwohn und Gleichgültigkeit", in: *Tiroler Kulturbilanz*, Innsbruck 1981, S. 92ff.
Schneider, Rolf: „‚Zu allem Lust & auch zu nichts'. Norbert C. Kaser: *Eingeklemmt – Gedichte und Geschichten*", in: *Die Zeit* v. 04.01.1980, S. 34.
Schneider, Rolf: „Generation eingeklemmt. Norbert C. Kaser: *Kalt in mir*", in: *Die Zeit* v. 11.–12.03.1982, S. 48.
Stadlmayer, Viktoria: *Überlegungen zum Verhältnis Nord-Südtirol*, Innsbruck 1980 (Maschinenschrift).
Surböck-Reier, Walburga: *Literatur und Politik in Südtirol*, Institut für Zeitgeschichte, Wien 1977 (Hausarbeit, Maschinenschrift).
Thurnher, Eugen: „Die Dichtung Südtirols in der Neuzeit", in: Eugen Thurnher (Hrsg.): *Südtiroler Anthologie. Neuzeit*, Graz/Wien 1957, S. 5–10.
–: „Südtirols deutsche Dichtung", in: Franz Hutter (Hrsg.): *Südtirol. Eine Frage europäischen Gewissens*, Wien 1965, S. 68–81.
–: *Dichtung in Südtirol*, Innsbruck/Wien/München 1966.
–: *Tiroler Drama und Tiroler Theater*, Innsbruck/Wien/München 1968.
Vigl, Hermann: „Südtirols Kulturleben in den letzten zwei Jahrzehnten. Literarisches Schaffen", in: *Der Schlern* 41, 1967, S. 256ff.
Waldthaler, Siglinde: *Studien zu einer lexikographischen Darstellung der Südtiroler Literatur im 20. Jahrhundert*, Diss. Padua 1977.
Weinzierl, Ulrich: „Das exemplarische Schicksal eines Unangepaßten. Der Tiroler Schriftsteller Norbert C. Kaser", in: *Neue Zürcher Zeitung* v. 19.02.1982, S. 37.
Wimmer, Paul (Hrsg.): „Wegweiser durch die Literatur Tirols seit 1945", in: *Brennpunkte* 15, 1978, S. 237.

Annelore Engel-Braunschmidt

„Zweig eines großen Baumes"

Die Literatur der deutschen Minderheit in der Sowjetunion

I

Von allen auslandsdeutschen Literaturen ist die sowjetdeutsche sicherlich die eingeschränkteste gewesen und ist es noch. Die Nachkommen deutscher, vornehmlich aus Südwestdeutschland eingewanderter Siedler, die Aufrufen Katharinas der Großen gefolgt waren, hatte in ihren geschlossenen bäuerlichen Gemeinschaften mehr als ein Jahrhundert lang faktisch keine das notwendigste Gebrauchsschrifttum überschreitende eigene Literatur entwickelt. Ihre geistige Nahrung waren Bibel und Gesangbuch, ihr Erleben fand im Volkslied, ihr Denken im Spruch seinen Ausdruck. Erst gegen Ende des 19. Jahrhunderts gestalteten einzelne schreibbegabte Rußlanddeutsche Stoffe aus dem Leben der Kolonisten. Die an der Wolga in sprachlich-dialektal homogenen Dörfern ansässigen Deutschstämmigen waren durch religiöse und konservativ-bäuerliche Wertvorstellungen geprägt und natürlich durch die Russifizierungspolitik der drei letzten Zaren – 1871 wurden die Kolonistengesetze aufgehoben – in ihrem Deutschtum bedroht. Erst die Leninsche Nationalitätenpolitik im Gefolge der Revolution von 1917 bestärkte die deutsche Minderheit in ihrem nationalen Bewußtsein und führte schließlich zur Gründung der Autonomen Sozialistischen Republik der Wolgadeutschen im Jahre 1924.
Zwar entwickelte sich in den 20er Jahren deutsches kulturelles Leben in der Sowjetunion in Fülle und Vielfalt, mit bewußtem Blick auf russische und reichsdeutsche Leistungen, aber die zur Verfügung stehende Zeitspanne war zu kurz, um über vielversprechende Anfänge hinaus zur Blüte zu treiben. Schon der neue Begriff „Sowjetdeutsch", der Ende der 20er Jahre in Opposition zu „Rußlanddeutsch" kreiert wurde, setzte die politische Funktion von Literatur über das formale Experiment.[1] Wohl konnten sowjetdeutsche Schriftsteller im März 1934 einen ersten eigenen Kongreß in Moskau abhalten, wohl konnten sie zum Ersten Allunionskongreß der Sowjetschriftsteller (17. 8. – 1. 9. 1934) eine eigene Delegation entsenden; aber ihr Deutschsein erwies sich angesichts der Verpflichtung auf die künstlerische Methode des Sozialistischen Realismus als nebensächlich, traten die Schriftsteller aller Völker der UdSSR doch als Kollektiv auf, „einig in der Idee, organisiert und schöpferisch versammelt um die Partei und die Sowjet-

1 Vgl. Der *Sturmschritt* 11, 1932, S. 64.

macht, geeint im Verband der Sowjetschriftsteller."[2] An diesem Gleichschritt hat sich bis heute im Grunde nichts geändert.
Vor diesem Hintergrund muß die von Alexander Ritter oder Johann Warkentin implizit gestellte Frage gesehen werden, ob wir es bei den heutigen sowjetdeutschen Schriften überhaupt mit Literatur im eigentlichen Sinne oder lediglich mit einem Schrifttum zu tun haben, dem mit ästhetischer Wertung allein nicht beizukommen ist. Ritter, der 1974 die bisher einzige außerhalb der Sowjetunion erschienene Anthologie sowjetdeutscher Literatur unter dem Titel *Nachrichten aus Kasachstan* herausgab, stellte 1975 seine Analyse dieser Literatur unter die Überschrift „Patriotische Akklamation und nationale Existenzbeschreibung". Von „patriotischer Akklamation" will hingegen Johann Warkentin, sowjetdeutscher Autor, Übersetzer und Kritiker, von dem 1977 eine Aufsatzsammlung *Kritisches zur sowjetdeutschen Literatur* erschien, nichts wissen. Warkentin nimmt die Tatsache, daß jetzt zum ersten Mal auch in der DDR ein Sammelband mit sowjetdeutscher Prosa *Zehn sowjetdeutsche Erzähler* vorgelegt werden soll, zum Anlaß, in einem literarhistorischen Abriß die Existenz einer rußland- und sowjetdeutschen Literatur nachzuweisen, fördernde und hemmende Faktoren vorsichtig gegeneinander abzuwägen und um Nachsicht zu bitten für den „noch vorwiegend laienhaften Charakter dieser Literatur."[3] Damit übt er zwar Kritik an der in seinen Augen herablassenden Behandlung der Materie durch Ritter, muß aber zugeben, daß die DDR – immerhin sozialistisches Bruderland der Sowjetunion – bisher für die (immer noch diskriminierte) Minderheit der Sowjetdeutschen so gut wie nichts getan hat. (Es fällt in diesem Zusammenhang auf, daß Spätaussiedler gewöhnlich in die Bundesrepublik kommen und nicht in die DDR, deren gesellschaftliches System – sollte man annehmen – sie doch eher vor Enttäuschungen zu bewahren imstande sein müßte als dasjenige Westdeutschlands).

II

Konkret ist zunächst zu untersuchen, was das für eine Sprache ist, in der sowjetdeutsche Autoren schreiben, und für wen sie es tun. Es macht doch stutzig, wenn die *Zehn sowjetdeutschen Erzähler* im Leipziger Verzeichnis der Vorankündigungen in der Abteilung „Übersetzte Literatur sozialistischer Länder" auftauchen und zusätzlich zu Titel und Herausgeber des Bandes mitgeteilt wird „Aus dem Russischen".[4] Daß heute, da jeder Sowjetdeutsche des Russischen mächtig ist und sich der Gebrauch des Deutschen auf den Familienkreis beschränkt, überhaupt noch in deutscher Sprache geschrieben wird, versucht der 1916 in Char-

2 Schmitt/Schramm, *Realismuskonzeptionen*, S. 139.
3 Warkentin, „Leser und Autor", S. 687.
4 *Buch der Zeit* 8, 1982, S. 15 – NOVA 12, 1982, Best.-Nr. 8480273.

kow geborene, russisch und deutsch publizierende Alexey Debolski zu erklären: „Wie beweise ich“, fragt er, „daß die deutsche Sprache bei uns nicht dem Untergang geweiht ist, daß sie im Gegenteil eine Zukunft hat und dementsprechend geübt, gepflegt und gefördert werden muß?“ Der Gebrauch einer Sprache sei „mit einer bestimmten Denkart verbunden“, lautet seine Antwort. Es geht Debolski um die Rettung „einer schönen und reichhaltigen Sprache, die der angeborenen, von den Vorfahren geerbten Denkweise am besten angepaßt ist“, etwa um den Konjunktiv im Deutschen und um die Möglichkeit, Komposita zu bilden.[5] Damit ist aber das sprachliche Dilemma, in dem die Sowjetdeutschen sich befinden, schon angesprochen. Jüngst hat Alfred Bohmann noch einmal auf die Schwierigkeiten hingewiesen, denen Schüler deutscher Abkunft in der Sowjetunion begegnen, wenn sie Deutsch als Muttersprache lernen wollen.[6] Deutsche Schulen, an denen alle Fächer in deutscher Sprache unterrichtet würden, existieren für die Sowjetdeutschen nicht.
Was aber ist überhaupt „Deutsch als Muttersprache“? Nelly Wacker, eine Autorin, die 1919 in einer deutschen Lehrerfamilie auf der Krim geboren wurde, grenzt Muttersprache gegen die Sprache des Vaterlandes ab, das Deutsche gegen das Russische:

> Als seltnen Reichtum hat das Leben
> zwei Muttersprachen mir gegeben:
> Bei Mutter ich die eine fand,
> die andre spricht mein Vaterland.[7]

Verse eines H. Steppbauer, die den Dialekt als Muttersprache beschreiben, wurden 1972 im *Neuen Leben* abgedruckt:

> Mei Moddrsproch is gor net schwer
> fer den, der wu so mouch,
> doch wer se hortig lerne muß,
> fer den is se a Plouch.[8]

Der Dialekt war aber gerade diejenige Sprachform, die den Schauspieleleven, die an der Moskauer Stschepkin-Theaterhochschule als erste Generation deutscher Berufsschauspieler für das 1980 neu eröffnete deutsche Theater in Temirtau ausgebildet wurden, am meisten zu schaffen gemacht hatte (und ihren Lehrern nicht minder): Deutsch, vor allem Bühnendeutsch, mußten diese Studenten

5 Debolski, „Denkart“.
6 Bohmann, „Schwieriger Zugang“. Spezialisten beschreiben die gegenwärtige Schulsituation bei den Sowjetdeutschen als „nach wie vor unklar“. Vgl. die Äußerungen von Anweiler und Oschlies in: *Deutsche in der Sowjetunion*, S. 14–19.
7 Gedicht „Zwei Muttersprachen“, zuletzt in: *Anthologie der sowjetdeutschen Literatur* II, S. 220.
8 *Neues Leben* 51, 20.12.1972, S. 16. Nachgedruckt in dem Sammelband: *Sage über meine Freunde*, S. 483–485.

überhaupt erst lernen, ehe sie sich anderen Aufgaben widmen konnten.[9] Ob sie dann aber über die Rampe hinweg das Publikum erreichen, scheint wiederum fraglich, wenn man das Bei-sich-selbst-Sein im Dialekt, die zu Herzen gehende Kraft der dialektalen Rede vor Augen hat, wie sie Johann Warkentin beschreibt:

> […] was gäb ich
> nicht für paar Brocken, ruppig, rüde,
> in Wolgadeutsch, in Platt, in Schwäbisch,
> wie sie das Volk im Munde führt.[10]

Die Diskussion über den Stellenwert von Dialekt und Hochdeutsch in der Literatur durchzieht die Jahrgänge des *Neuen Lebens* bis heute. Die beliebte Gattung des Schwanks kann auf den Dialekt nicht verzichten, von der Bühne soll es aber letztlich doch hochdeutsch klingen. Das hat der Disput um die Dramatisierung von Erzählungen des sowjetrussischen Autors Wassilij Schukschin für das Deutsche Dramentheater deutlich gemacht. Um die kraftvolle Sprache der Schukschinschen Helden aus dem Volk wiedergeben zu können, hatten die Übersetzer auf deutsche Mundart zurückgegriffen, ohne zu bedenken, welcher Dialekt denn allen sowjetdeutschen Zuschauern in gleicher Weise verständlich sein könne. Die Kritik aber,[11] unterstützt von Leserzuschriften aus Pädagogenkreisen,[12] war der Ansicht, das Theater solle „die gepflegte Hochsprache propagieren" (womit es zugleich zur Sprecherziehung und Sprachnormierung der sowjetdeutschen Bevölkerung beitrüge). Das kann es natürlich nur, wenn die Stücke entsprechend beschaffen sind. Soll aber die Literatur „lebensnah" sein, das heißt, die zeitgenössische multinationale Situation der sowjetdeutschen Minderheit in ihrer regionalen Streuung und sprachlichen Heterogenität behandeln, dann bleibt kaum eine Alternative zu Mischformen. Wird die Mischung bewußt vorgenommen, wie in Dominik Hollmanns Erzählung *Der Neujahrsschuß*[13], in der Hochdeutsch, Dialekt und Kasachisch gesprochen wird, so erheben sich keine Bedenken. Mißlich ist es dagegen, wenn Interferenzerscheinungen nicht auf künstlerische Absicht, sondern auf Unvermögen des Autors schließen lassen und – ohne jeden literarischen Reiz – nur für schlechtes Deutsch stehen.[14]
Für den ehemaligen Offizier Bernhard Ludwig von Platen (1733-1774), der mit den ersten Kolonisten nach Rußland gelangte und ein vielstrophiges Gedicht über die Hoffnungen und Enttäuschungen der Auswanderer verfaßte[15] – woraufhin die Sowjetdeutschen die Geschichte ihrer Literatur gern bei ihm begin-

9 Vgl. Warkentin, „Unser deutsches Studio".
10 Gedicht „Mein Moskauer Tag", in: *Ein Hoffen in mir lebt …*, S. 125f.
11 Etwa Wiebe, Kornelius: „Lebensnah", in: *Neues Leben* 15, 7.4.1982, S. 7.
12 Brief der Deutschlehrerin R. Tobias aus Karaganda, in: *Neues Leben* 22, 26.5.1982, S. 15.
13 *Neues Leben* 52, 25.12.1974, S. 8f.
14 Vgl. Engel-Braunschmidt, „Russisches und Deutsches", S. 147ff.
15 Vgl. Sinner, „Platen"; Klein, *Literaturgeschichte*, S. 211.

nen lassen[16] –, war die Situation insofern eine ganz andere, als er als Dreißigjähriger aus dem deutschen Sprach- und Kulturraum kam und der Sprache des Gastlandes gar nicht mächtig war. Für die deutschen Steppenbewohner brach die Verbindung mit dem Mutterland sehr bald ab – was ihre Dörfer zu Sprachinseln machte –, und selbst die Deutschen in den russischen Städten sahen sich fern vom kulturellen Leben in Deutschland (man denke nur an das Schicksal der beiden Stürmer und Dränger Lenz und Klinger). Trotzdem versuchen die sowjetdeutschen Verfasser literarhistorischer Aufsätze immer wieder, die Traditionslinie möglichst weit zurückzuverfolgen und so das Selbstbewußtsein zu stärken, auch wenn sie sich dazu – wie Woldemar Ekkert – auf unerlaubtes Gebiet begeben müssen. So entstammte zwar Eduard Huber (1814–1847), der erste Übersetzer des *Faust* ins Russische, einer wohlgadeutschen Pastorenfamilie und schrieb anfänglich auch deutsche Gedichte (der Leningrader Literaturwissenschaftler Ju. D. Levin hat sie erstmals einer Analyse unterzogen),[17] ansonsten aber ist er in der russischen Literaturgeschichte beheimatet. Auch die Puschkinfreunde Delwig und Küchelbecker, aus mehr oder minder russifizierten deutschen Familien stammend, lassen sich nicht durch den bloßen Hinweis auf die deutschen Vorfahren für eine rußlanddeutsche Literaturgeschichte vereinnahmen. Noch viel weniger ist das bei Boris Pilnjak (eigtl. Wogau) zulässig, Sohn eines Veterinärarztes an der Wolga und bedeutender russischer Schriftsteller des 20. Jahrhunderts, der für seine literarischen Experimente keines Seitenblicks auf deutsche Literatur bedurfte.[18]

Solange das Deutschtum in der Sowjetunion intakt war – daß es dann den Vorstellungen eines Piscator etwa, der in Engels antifaschistisches deutsches Theater machen wollte, doch nicht entsprach, ist eine andere Sache –, bestand Hoffnung auf Entwicklung. Der radikalste Bruch trat erst 1941 mit der Auflösung der Autonomen Republik der Wolgadeutschen ein, mit der durch diese Auflösung bedingten Zerschlagung aller kulturellen, kirchlichen und schulischen Institutionen und mit dem per Dekret vom 28. 8. 1941 erlassenen Schreibverbot für sowjetdeutsche Autoren. Damals wurde „alles, was deutsch ist, in Verruf“ gebracht, später dann mußten die Sowjetdeutschen, beschuldigt, „den faschistischen deutschen Landräubern aktive Hilfe und Vorschub geleistet zu haben“,[19] noch jahrelang „die Last des Mißtrauens“ tragen. So jedenfalls empfinden sie es selbst und hat es einer von ihnen, der Schriftsteller Hugo Wormsbecher, in Worte gekleidet[20]. Für den katastrophalen Irrtum, daß „überall dort,

16 Vgl. Ekkert, „Literatur der Rußlanddeutschen“, S. 16.
17 Levin, „Nemecko-russkij poėt“
18 Vgl. Ekkert, „Literatur der Rußlanddeutschen“, S. 11–14.
19 Bohmann, *Menschen und Grenzen*, S. 79.
20 Wormsbecher, Hugo: *Deinen Namen gibt der Sieg dir wieder*. Rez. dazu von Debolski, Alexey: „Der Heldenweg des Paul Schmidt“, in: *Neues Leben 19*, 5. 5. 1982, S. 10 – Vgl. auch den „Kümmernisse einer Mutter“ überschriebenen Brief der Valentina Dewiwje,

wo Menschen leben, die deutsch reden und deutsch fühlen, deutsch Land ist, also Deutschland", wie es ein Vertreter volksdeutscher Gesinnung 1934 formulierte,[21] haben die Sowjetdeutschen einen besonders hohen Preis bezahlen müssen.[22]

III

Von den Hauptphasen der geschichtlichen Entwicklung rußland- und sowjetdeutscher Literatur, wie Ritter sie skizziert hat,[23] kann die letzte, die Gegenwartsliteratur umfassend, erst mit dem Jahr 1955 angesetzt werden. Mit Verordnung vom 17. September 1955 wurden die Deutschen aus den „Sondersiedlungen" entlassen, in die sie 1941 deportiert worden waren,[24] mußten aber ausdrücklich versichern, nicht in ihre früheren Heimatgemeinden zurückzukehren. Damit erhielt das Rußlanddeutschtum zum ersten Mal nach dem Zweiten Weltkrieg wieder eine existenzsichernde rechtliche Grundlage. Von besonderer Bedeutung war das Dekret vom 29. August 1964, mit dem die Regierung die pauschalen Beschuldigungen, die 1941 gegen die Sowjetdeutschen erhoben worden waren, offiziell zurücknahm und der schweren Diskriminierung, der sie bis dahin begegnet waren, die Basis entzog.[25]
Wer geglaubt hatte, die harten Schicksalsschläge hätten eine Volksgruppe endgültig zum Schweigen gebracht, sah sich bald eines anderen belehrt. Die Rehabilitierung bewirkte eine kulturelle Aktivität, die umso beachtlicher ist, als die Sowjetdeutschen bis heute eines nationalen administrativen Zentrums entbehren und sich ihren Weg zueinander und an die Öffentlichkeit immer wieder erkämpfen müssen. Vor etwa einem Vierteljahrhundert, im Mai 1957, erschien in Moskau die erste Nummer der Wochenzeitung *Neues Leben, Zentralzeitung der sowjetdeutschen Bevölkerung*, herausgegeben von der *Prawda*. Heute umfaßt jede Nummer sechzehn Seiten und bietet neben Innen- und Außenpolitik Erfolgsmeldungen über den Aufbau des Kommunismus, einen Literaturteil, die Kinderecke, Leserbriefe und Unterhaltung. Ebenfalls 25 Jahre alt wurde das

einer in Georgien ansässigen Sowjetdeutschen: „Es ist doch bekannt, daß wir immer noch die Folgen eines Krieges tragen müssen, der für die ganze Welt seit 37 Jahren beendet ist." In: *Die Welt* Nr. 199, 28.8.1982, S. 6.

21 Pleyer, Wilhelm: *Der Puchner*. Zitiert bei Zimmermann, „Literatur im Dritten Reich", S. 382.

22 Vgl. die Selbstzeugnisse rußlanddeutscher Aussiedler *Laßt sie selber sprechen. Berichte rußlanddeutscher Aussiedler*, protokolliert und bearb. von Katharina Drotleff, Hannover, 3. Aufl. 1980. Ingeborg Fleischhauer: *Das Dritte Reich und die Deutschen in der Sowjetunion*, Stuttgart 1983.

23 „Patriotische Akklamation", S. 47.

24 Über die verschiedenen Phasen der Deportation vgl. Pinkus, „Die Deutschen".

25 Vgl. Bohmann, *Menschen und Grenzen*, S. 76–80.

Schwesterblatt des *Neuen Lebens*, das in Slawgorod erscheinende „Fähnchen“ (*Rote Fahne*), dessen regionaler Einfluß nicht unterschätzt werden sollte: Immerhin hat es Anteil an der Gründung des Museums für sowjetdeutsche Literatur in dem Altai-Dorf Kussak im Gebiet Slawgorod.[26] Seit dem 1. Januar 1966 erscheint in Zelinograd die als Tageszeitung für die deutsche Bevölkerung in Kasachstan gedachte *Freundschaft* mit 156 Nummern pro Jahr, in denen die Probleme der Sowjetdeutschen oft direkter behandelt werden als im Moskauer Zentralorgan *Neues Leben*. Diese drei Zeitungen versorgen heute rund zwei Millionen Sowjetdeutsche – vor dem Zweiten Weltkrieg soll es allein in der Wolgarepublik einundzwanzig Blätter gegeben haben.[27]
Vor allen anderen Publikationsformen bildeten die Zeitungen das Forum, auf dem sich die ältere Generation mit literarischen Produktionen wieder und die jüngere erstmalig zu Wort melden konnte. Als erste Auswahl und zusammenhängende Präsentation eines literarischen corpus, das sich über fünf Jahre größtenteils in den Literaturspalten des *Neuen Lebens* aufgebaut hatte, erschien 1960 im Moskauer „Verlag für fremdsprachige Literatur“ die Anthologie *Hand in Hand*, der Johannes Weininger als programmatisches Motto das „Sowjetdeutsche Sonett“ vorausstellte.

> In das Orchester unsrer Poesie
> reiht sich die sowjetdeutsche Dichtung ein.
> Obzwar ihr Platz noch in den letzten Reihn,
> ist sie ein Teil der großen Symphonie.

Schon der allererste sowjetdeutsche Buchtitel betont deutlich den Gedanken des Internationalismus, der bis heute, vielfach variiert, wiederkehrt. *Hand in Hand* II folgte 1965 bei Progreß in Moskau. Der erste Sammelband bezweckte noch, „nicht nur bekannte Dichter und Erzähler“ vorzustellen, wie das Vorwort verlauten ließ, „sondern auch einfache werktätige Menschen in Stadt und Land, denen das vielgestaltige, reiche Leben unserer Heimat zu solchen Höhen der Kultur verholfen hat, daß sie es wagen können, sich in ihren Mußestunden mit der Feder zu versuchen.“ Eine vergleichbare Anspruchslosigkeit – hier sicher als Ausdruck totaler Desorientierung und als Versuch zur Selbstfindung zu verstehen – ist später nicht wieder bekundet worden. Entsprechend hat sich auch der Bestand an Autoren gegenüber der ersten Sammlung geändert.
Die Anthologie stellt immer noch den verbreitetsten Publikationstyp auf dem sowjetdeutschen Buchmarkt dar, wie an den jüngeren Sammelwerken abzulesen ist: *Immer in der Furche* (1967), *Durch der Heimat weite Fluren* (1967), *Wir selbst (1968), Er lebt in jedem Volk* (1970), *Ein Hoffen in mir lebt*... (1972), *Sage über meine Freunde* (1974), *Wir sind jung* (1976), *Lichter in den Fenstern* (1979), *Fragen an das Leben* (1980). Neben diesen repräsentativen Anthologien aus Moskau

26 Vgl. Fischer, Jakob: „Wir lesen die *Rote Fahne*“, in *Neues Leben* 28, 7.7.1982, S. 14.
27 Vgl. *Conquest*, S. 183; Hagin, „Die Wolgadeutsche Republik“. S. 75.

nehmen sich die Lyriksammlungen der Altai-Dichter vergleichsweise unbedeutend aus: *Freundschaft* (1965), *Licht über der Steppe* (1970), *Schulter an Schulter* (1975), *Steppenlied* (1981). Anthologien sowjetdeutscher Dichtung in russischer Übersetzung gibt es noch nicht lange. Verse von siebzehn deutschen Autoren in Kasachstan enthält *Moj Kazachstan* (*Mein Kasachstan*) (1978), ebenfalls siebzehn Autoren (von denen zehn auch in *Moj Kazachstan* vorkommen) stellt der überregionale Sammelband *Sozidanie (Die Erschaffung)* (1981) vor. Ins Russische übersetzte Prosa sowjetdeutscher Autoren Kasachstans wählte Herold Belger für einen Sammelband mit dem Titel *V stepnom kraju* (*Im Steppenland*) (1974) aus. Den Schlußpunkt unter diesen Editionstyp setzt einstweilen die dreibändige *Anthologie der sowjetdeutschen Literatur*, von der Band I und II 1981 in Alma-Ata in der geringen Auflage von 5000 Exemplaren herauskamen. Von ihr wird noch zu sprechen sein.

Der besondere politische Status der Sowjetdeutschen, der das Fehlen eines nationalen administrativen Zentrums bedingt, wirkt sich auf dem kulturellen Sektor außerordentlich negativ aus, verhindert er doch eine systematische und zielgerichtete Kulturpolitik. Kulturell sind die Sowjetdeutschen überall zu Gast, auch wenn sie lange bleiben und inzwischen Heimatrecht erworben haben. Immerhin ist es zahlreichen Autoren gelungen, in die regionalen Schriftstellerverbände der Republiken aufgenommen zu werden; vierzehn von ihnen waren 1974 sogar unter die 7607 Mitglieder des Schriftstellerverbandes der UdSSR aufgerückt.[28] Beim Gesamtverband der Union besteht seit Jahren eine „Ständige Kommission für sowjetdeutsche Literatur“, deren Vorsitz anfangs der Literaturwissenschaftler Alexander Dymschitz innehatte, einst rühriger Kulturoffizier in der damaligen sowjetischen Besatzungszone,[29] zuletzt stellvertretender Direktor des Gorki-Instituts für Weltliteratur. Nach seinem Tode 1975 wurde der Schriftsteller Rober Weber (geb. 1938) zu seinem Nachfolger gewählt.[30] Die Schriftstellerorganisationen zeichnen maßgeblich für Literaturseminare oder Literaturtage verantwortlich, auf denen Werke gelesen werden und Kritik geübt wird, auf denen in Referaten „Neuerscheinungen und Entwicklungstendenzen in der Literatur der DDR“, „Die sowjetdeutsche Prosa heute“ oder die Möglichkeiten der Übersetzung sowjetdeutscher Lyrik ins Russische abgehandelt werden, auf denen die deutsche Bevölkerung ihre Schriftsteller hören und man sich gegenseitig der deutschprachlichen Verbundenheit versichern kann.

Ein Blick auf die Erscheinungsorte sowjetdeutscher Bücher veranschaulicht, welche Publikationsmöglichkeiten sich den etwa 60 deutsch schreibenden Autoren aller Altersgruppen eröffnen. Etwa die Hälfte aller Ausgaben in der Originalsprache Deutsch erscheint in Alma-Ata beim Verlag Kasachstan, dessen Deutsche Redaktion seit 1967 tätig ist (bis Ende 1980 sind dort 177 Buchtitel heraus-

28 Saks, Andreas: „Nach vierzig Jahren ...“, in: *Neues Leben* 37, 11.9.1974, S. 3.
29 Vgl. Dymschitz, *Frühling*.
30 Vgl. *Neues Leben* 14, 2.4.1975, S. 8f.

gekommen)[31], ein Drittel bei Progreß in Moskau. Neben deutschen Texten bietet Kasachstan auch Musik sowjetdeutscher Komponisten. *Sonnenregen* z. B. ist eine Sammlung von Liedern, deren Texte die erfolgreiche Kinderbuchautorin Nora Pfeffer (geb. 1919) geschaffen und die Oskar Geilfuß (geb. 1933), ehemals Mitglied des Kasachischen Komponistenverbandes, vertont hat; sogar als Schallplatte sind sie erhältlich.[32] *Deutsche Volkslieder*, darunter „Im schönsten Wiesengrunde“ und „Drunten im Unterland“, hat Geilfuß zusammen mit Egon Wangler bearbeitet.[33] Einige original russisch geschriebene oder ins Russische übersetzte Werke sowjetdeutscher Autoren sind aus den Verlagen Žazušy und Žalyn in Alma-Ata bekanntgeworden sowie aus dem renommierten Moskauer Haus Sowjetskij pisatel.

Mehrfach gelangen deutsche Titel im Altaier Buchverlag in Barnaul, selten dagegen bei Kyrgystan in Frunse an die Öffentlichkeit. Der ursprüngliche „Reichsdeutsche“ Rudolf Jacquemien (geb. 1908 in Köln), seit 1963 Mitglied des Schriftstellerverbandes der UdSSR, publiziert seine ins Russische übersetzten Gedichte an seinem jetzigen Heimatort Kaliningrad, früher Königsberg. Auch in Nowosibirsk werden hier und da Werke sowjetdeutscher Autoren in russischer Sprache verlegt. Die Deutsch-Lesebücher für Schulen mit muttersprachlichem Deutschunterricht dürfen zwar von Sowjetdeutschen zusammengestellt werden, müssen aber die Zensur des sowjetischen Ministeriums für Volksaufklärung passieren und erscheinen bei „Proswestschenije“ in Moskau.[34]

Den vielfachen Klagen in Leserbriefen an das *Neue Leben* läßt sich entnehmen, daß nur ein Bruchteil der Literatur in Buchform zum sowjetdeutschen Leser gelangt; auch Bibliotheken bleiben unterversorgt. Sowjetdeutsche Spätaussiedler der jungen Generation äußerten auf Befragen regelmäßig ihre Unkenntnis hinsichtlich der eigenen Literatur. Zwar mag die rein äußerlich durch Papierknappheit bedingte geringe Auflage, mag die Fehlplanung bei der Verteilung schuld sein an dieser Unkenntnis. Aber der Verdacht ist noch nicht entkräftet, es könnte sich bei einem Teil der sowjetdeutschen Publikationen lediglich um ein „Feigenblatt“ handeln. Besonders fallen hier die bei Progreß verlegten Bücher auf, die sich durch ihren größeren Umfang, die gute Papierqualität und den festen Einband stark von den in asiatischen Druckorten herausgekommenen unterscheiden, deren Ausstattung mehr als bescheiden ist.

31 *Neues Leben* 9, 25.2.1981, S. 6.

32 Pfeffer, Nora (Text), Geilfuß, Oskar (Musik): *Sonnenregen*, Alma-Ata, zum Druck zugelassen 1973. – Die Schallplatte, russisch bezeichnet, aber deutsch gesungen, *Pesni dlja detej*, wurde von der Taschkenter Fabrik der Allunionsfirma „Melodija“ herausgebracht. - Geilfuß, der erst im Januar 1981 in die Bundesrepublik übergesiedelt war, verunglückte hier im Sommer desselben Jahres tödlich. Vgl. *Volk auf dem Weg* 10, 1981, S. 2 u. 12.

33 *Deutsche Volkslieder*, bearb. von Oskar Geilfuß und Eugen Wangler, Alma-Ata 1977.

34 Als Beispiel s. Klein/Warkentin, *Poesie und Prosa*.

IV

Daß von einer Volksgruppe, die sich „nicht im sicheren Besitz der Literatursprache" weiß, „keine schriftstellerischen Leistungen zu erwarten" sind, gilt heute genauso wie 1936, als Wilhelm Schneider die auslanddeutschen Literaturen Revue passieren ließ.[35] Energisch verwahrte sich Herold Belger allerdings in einem Interview mit der russischen *Literaturnaja gazeta* (*Literaturzeitung*) gegen „die westliche Propaganda", die hartnäckig vom allmählichen Niedergang der sowjetdeutschen Literatur überzeugt sei, von ihrer nationalen Isolation und ihrer provinziellen Beschränktheit.[36] Richtig ist, daß es der sowjetdeutschen Literatur zur Zeit äußerlich so gut geht wie schon lange nicht mehr. Davon legt die *Anthologie der sowjetdeutschen Literatur* als Bilanz einer Minderheitenliteratur ebenso Zeugnis ab wie der neue Almanach *Heimatliche Weiten*, der seit 1981 zweimal jährlich als Beilage zum *Neuen Leben* erscheint und aktuelle Tendenzen der sowjetdeutschen literarischen Entwicklung vorstellt.

Die Frage der Wertung bewußt ausklammernd, interessiert hier, was die sowjetdeutschen Autoren schreiben. Vertreten sind alle Gattungen, die lyrische am stärksten, die dramatische am schwächsten. Gepflegt werden die kleinen Formen der Humoreske und des Schwanks, der Roman ist ein Sorgenkind. Man übt sich in Literaturkritik, und die journalistische Reportage ist oft so spannend und so gut geschrieben wie eine Kurzgeschichte.

Während in der modernen deutschen Lyrik Reim und Metrum seit langem als veraltet gelten, bedienen sich sowjetdeutsche Autoren – und darin stehen sie ihren russischen Kollegen näher – beider Elemente bis heute. Am verbreitetsten sind volksliedartige Strophen zu vier Versen im schlichten Kreuzreim, als höchste Kunstform gilt offenbar das Sonett, denn in der *Anthologie (II)* ist es mehrfach vertreten. Während nicht ein einziger freier Vers in *Hand in Hand (I)* (1960) das Gleichmaß der Metren störte, überrascht *Heimatliche Weiten* (2/1981) durch die fast ausschließliche Verwendung freier Rhythmen, und wo das einmal nicht der Fall ist („Ich habe lange nachgesonnen" von Robert Weber, S. 193f.), spricht gerade die gebundene Form für den Experimentiercharakter des Gedichts.

Gegen das melodische Einlullen[37] hat sich der klarere Gedanke, das selbstbewußter gewordene Wort durchgesetzt. Als Wegbereiter des freien Verses muß Robert Weber angesehen werden, der als freier Schriftsteller in Moskau lebt, also nicht im Hauptberuf Lehrer ist wie viele seiner Kollegen.[38] Anfangs wurden

35 *Die auslanddeutsche Dichtung*, S. 106.

36 „Al'manach *Rodnye prostory*", in: Literaturnaja gazeta 52, 23.12.1981, S. 3.

37 Eine Gefahr, die Woldemar Herdt (geb. 1917) in seinen Versen „An den Dichter" bewußt gemacht hat, in: Ders., *Lyrischer Widerhall*, S. 5.

38 Über die doppelte Funktion von Lehrer und Schriftsteller der meisten sowjetdeutschen Autoren und über ihre Bedeutung für die Erhaltung der Minderheitskultur vgl. Ritter, „Deutschsprachige Literatur der Gegenwart", S. 645.

seine Verse gehörig ins Kreuzfeuer genommen,[39] aber Victor Klein (1909–1975) und Johann Warkentin (geb. 1920), die großen Kenner und Beförderer aller sowjetdeutschen kulturellen Bestrebungen, hatten schon früh die Besonderheit der Weberschen Gedichte erkannt und ihnen einen Platz in ihrem *Deutschen Lesebuch* eingeräumt, wobei sie die klassische Tradition bis zu Klopstock zurückverfolgten[40], während in einem Band mit russischen Übersetzungen Weberscher Verse, *Obeščanie* (*Das Versprechen*), modernistische Einflüsse von Majakovskij und Brecht geltend gemacht werden.[41] Inzwischen haben sich auch Autoren der älteren Generation (Oswald Pladers, Heinrich Kämpf) von Reim und Metrum gelöst.

Eine Sonderstellung nimmt Lia Frank ein, die 1921 im litauischen Kaunas geboren wurde, 1969 in Psychologie promovierte und heute als Lektorin für Deutsch und Latein an der Universität Duschanbe in Tadschikistan arbeitet. Unter den sowjetdeutschen Stimmen ist sie eine der intelligentesten. Anfangs schrieb sie lettisch, erst seit 1962 erscheinen ihre Gedichte in deutscher Sprache,[42] und trotzdem spürt man in den Zeilen, daß die Autorin ein Gefühl für die Valeurs der Wörter hat:

> Buntes Bandgras hat sich angesamt
> am Rand der großen Regenpfütze
> Der Busch gedeiht und fächert nachlässig
> die schlanken Blätter, als stünde er am Ufer eines Sees,
> der ihm allein gehört ...[43]

Neben solchen Bemühungen um den adäquaten Ausdruck, die auch Viktor Heinz (geb. 1937) oder Wandelin Mangold (geb. 1940) auszeichnen, die hier und da zu sinnlicher Anschauung oder seltenerer Metaphorik vordringen, findet sich viel breite Geschwätzigkeit und Substanzlosigkeit. Sepp Österreicher (eigentlich Boris Brainin, geb. 1905) verfügt wohl über die größte Routine beim Verseschmieden. Um Reime ist er nicht verlegen, und da er sich meistens im komischen Genre bewegt, bricht er sie, wenn es sein muß (Purzelbaum/Wurzel kaum) oder erfindet sie auch (Wurzeln/verkurzeln).[44]

Wie stark allgemein „ideologische Klarheit" oder Themen wie „Mensch und Natur", Liebe, Freundschaft und „Poesie der Arbeit" im Vordergrund stehen und auch stehen sollen, formal-ästhetischen Problemen jedoch keine Beachtung

39 Siehe z.B. Wagner, David: „Grübeleien um einen Grübler", in: *Neues Leben* 12, 19.3.1975, S. 8f.
40 Klein/Warkentin, *Deutsches Lesebuch*, s. 301.
41 Weber (Veber), *Obeščanie*, S. 4.
42 Vielfach in den drei sowjetdeutschen Zeitungen. Einzelausgaben: *Improvisationen*, Moskau 1973. – *Zaubersprüche*, Alma-Ata 1976.
43 *Heimatliche Weiten* 2, 1981, S. 214.
44 „Der Purzelbaum", in: *Anthologie der sowjetdeutschen Literatur* II, S. 151.

geschenkt wird, zeigt die Jahresübersicht über die sowjetdeutsche Poesie 1981 von Ella Repina, „Und noch ein Jahr, und noch ein Tag ...“[45]
Ängstlich darauf bedacht, keine Sonderrolle zu spielen, stellen die sowjetdeutschen Autoren jeden Aufschwung zu individuellem Ausdruck sogleich wieder in Reih und Glied mit Bestrebungen anderer Sowjetvölker und bezeichnen sich defensiv als „Zweig eines großen Baumes“. Die Formel, ursprünglich von Dymschitz geprägt, hat sich mittlerweile bei den sowjetdeutschen Autoren derart eingebürgert, daß sie besser als jede andere deren Selbstverständnis charakterisiert.[46] Sie skizziert zugleich das thematische Programm, dem sich alle Autoren zu fügen haben, pathetisch und positiv formuliert bei Dymschitz: „Das gewaltige Aufbaugeschehen unserer Zeit mit seinen herausragenden Großtaten und seinem schlichten Arbeitsheldentum, das Sinnen und Streben der Sowjetmenschen, der angespannte Kampf in der Weltarena – all das bewegt und inspiriert auch die sowjetdeutschen Dichter in ihrem Schaffen.“[47]
Die immer wieder bekundete Inhaltsästhetik ist natürlich nicht nur der Lyrik, sondern ebenso der Prosa vorgeschrieben. Aber neben atheistischer Propaganda (Traktoristenkursus versus Betstunde) und sozialistischer Moral (Kollektivgeist versus Egoismus des einzelnen), Planerfüllung, Kriegsheldentum und Fortschrittsgläubigkeit hatte der Krimdeutsche Alexander Reimgen (geb. 1916, seit 1966 Mitglied des Schriftstellerverbandes der UdSSR) schon früh – wenn auch unter dem allgemeinen Vorzeichen der nützlichen Neulanderschließung – die Exotik des mittelasiatischen Kasachstan entdeckt. Seine in die spätere Einzelausgabe *Freunde neben dir* (1970) aufgenommenen Erzählungen über befremdliche Vorgänge, „Die Frösche“ und „Das Grab am See“, spannend in ihrer Sprödigkeit, waren schon 1960 in *Hand in Hand (I)* gedruckt. In Reimgens Geschichten wird etwas von der Ferne greifbar, in die Deutsche in der Sowjetunion verschlagen worden sind, etwas von dem, was ihren Alltag ausmacht.
In den 70er Jahren, als die gleichzeitige russische Literatur vehement Vergangenheit bewältigte, sich mit aktueller Gegenwart auseinandersetzte und durch ihre überragende Qualität allerorten auf sich aufmerksam machte (Bitov, Rasputin, Trifonov, Šukšin, Vojnovič, Iskander), zeichnete sich in der sowjetdeutschen Prosa die Tendenz zur Behandlung der eigenen Geschichte in Roman- oder Dramenform ab. Dominik Hollmann (geb. 1899), der 1935–1941 als Oberlehrer an der Deutschen Pädagogischen Hochschule in Engels wirkte und schon 1940 Mitglied des Schriftstellerverbandes der UdSSR wurde, griff 1979 mit seinem Vorschlag, man müsse „ein Buch über die Geschichte der Sowjetdeutschen“

45 *Neues Leben* 27, 30.6.1982, S. 9.
46 Vgl. Dymschitz, „Kleiner Zweig eines großen Baumes“ (1972) und – unter Fortlassung des schmälernden Epithetons – „Zweig eines großen Baumes“ (1974). Letzteres titelgebend für Belger (Hrsg.), *Zweig eines großen Baumes*. – Belger später spezifizierend: „Zweig des multinationalen literarischen Baumes“ (1980).
47 „Zweig eines großen Baumes“ (1974), S. 7.

schreiben,[48] alte Pläne wieder auf; Herold Belger hatte sie 1974 auch schon geäußert.[49] Vorarbeiten gab es bereits in den 20er Jahren, etwa die *Beiträge zur Heimatkunde des deutschen Wolgagebiets* oder die *Kurzgefaßte Geschichte der deutschen Wolgakolonien* von Peter Sinner (beide 1923), die Bibliographie von Franz Schiller, *Literatur zur Geschichte und Volkskunde der deutschen Kolonien in der Sowjet-Union für die Jahre 1764–1926* (1927). Aber die „Zeit des Schweigens" – ein Euphemismus, mit dem Belger die durch Stalin und Hitler vernichteten Aktivitäten der Sowjetdeutschen bezeichnet[50] – hat diese frühen Versuche unauffindbar werden oder in Vergessenheit geraten lassen. Welche Schwierigkeiten allein dem Abfassen einer sowjetdeutschen Literaturgeschichte entgegenstehen, hat Ernst Kontschak (1903–1979) wiederholt betont. Kontschak stand mit Dominik Hollmann, Andreas Saks und Heinrich Kämpf „an der Wiege" der sowjetdeutschen Literatur und rettete seine Erinnerungen an die lebhaften literarischen Auseinandersetzungen der 20er Jahre in die Nachkriegszeit hinüber. Fast jedes Kapitel seiner *Unvergeßlichen Begegnungen* (1975) – Begegnungen mit Literaten der ehemaligen „Charkower Gruppe" sowjetdeutscher Schriftsteller – schließt mit dem Hinweis, ein Nachlaß sei entweder vernichtet, verschollen oder befinde sich in einer sowjetischen Bibliothek (und dort sicher unter Verschluß). Ehe sich die Archive nicht öffnen und Material der 20er und 30er Jahre freigeben, kann für viele Bereiche eine exakte Darstellung gar nicht gegeben werden. Im Rahmen der Literaturgeschichtsschreibung ist es daher bemerkenswert, wenn der erste Band der *Anthologie der sowjetdeutschen Literatur* den Leser „mit dem Erbe der rußlanddeutschen Literatur bis 1917 und der sowjetdeutschen Literatur aus den Jahren 1917–1957 vertraut" machen will (S. 5). Zwar tauchen die Vertreter der „bürgerlich-klerikalen" Richtung der zweiten Hälfte des 19. Jahrhunderts auf, „alle diese Harders, Kellers, Kruschinskis, Wahlbergs, Kratzs, Külpes" (S. 16), ohne Proben und negativ beurteilt, aber wenigstens werden sie doch einmal genannt. Könnten die heutigen Sowjetdeutschen in ihren Werken lesen, müßten sie mindestens zugeben, daß die rußlanddeutschen Autoren vor hundert Jahren die Sprache beherrschten. Erst nach einer kurzen Übergangsphase – bestimmt durch David Kufeld und August Lonsinger – setzt die *Anthologie* dann mit den Wegbereitern der sowjetdeutschen proletarischen Literatur, mit Franz Bach und Georg Luft, mächtig ein, bietet Biographien und vor allem Textproben, die für einen breiteren Leserkreis seit Jahrzehnten unzugänglich gewesen sein dürften.

Archivstudien – wenn auch nicht über die brisante Vergangenheit im 20. Jahrhundert – konnte der Historiker Lew Malinowski betreiben. In einer sich über zahlreiche Nummern hinziehenden Artikelserie mit dem Titel „Geschichtliche Streiflichter" schrieb er ab Januar 1971 im *Neuen Leben* über „Vorfahren und

48 *Neues Leben* 29, 18.7.1979, S. 6.
49 „Das Reifen der Literatur", S. 9.
50 Ebd.

Vorläufer der Rußlanddeutschen", über „Einwanderung", „Gründungszeit" und „Hintergründe von Reichtum und Armut" und gelangte schließlich zu Februarrevolution und Bürgerkrieg. Dabei benutzte er entlegene Quellen und Archivmaterialien aus Nowosibirsk. Über die „Einwanderung" kann der Sowjetdeutsche jetzt erneut in *Heimatliche Weiten* (1/1981) nachlesen, „Leben und Weben der Altkolonisten" unter Verwendung von Dokumenten aus dem Odessaer Staatsarchiv folgte in der nächsten Nummer des Almanachs (2/1981). Beide Texte Malinowskis sollen ins Russische übersetzt werden.[51]
Die von Malinowski bereitgestellten Informationen und Darstellungen bedeuteten eine Fundgrube für die sowjetdeutschen Autoren. Reimgen verdankt ihnen den Stoff zu seinen Erzählungen *Die Abenteuer des Martin Kühnle*[52] und *Das Herz in beiden Händen.*[53] Von Wilhelm Brungardt erschienen im *Neuen Leben* erste Auszüge aus dem Einwandererroman *Sebastian Bauer*[54] der zweite Teil des Romans wurde in den *Heimatlichen Weiten* (1/1982) veröffentlicht. Wenn die sowjetdeutschen Autoren historisches Material spontan zu Erzählungen oder Romanen verarbeiten und dabei keine künstlerische Umformung oder Aktualisierung vornehmen, so bezeugen sie zwar einerseits, wie sehr ihnen an der Popularisierung von Geschichtskenntnissen gelegen ist, verraten aber andererseits auch, daß ihnen die große Form offenbar identisch mit Stoffülle erscheint. Bisher hat einzig Alexey Debolski mit *Nebel* (1971) und *Dieser verlängerte Sommer* (1975) zwei erfolgreiche Romane vorgelegt, die beide auch schon (vom Verfasser) ins Russische übersetzt worden sind.[55]
Der für die Selbsterkenntnis und das Selbstbewußtsein eines Volkes unerläßliche Blick in die Geschichte ist auch die Motivation für das sowjetdeutsche Schauspiel, mit dem das Deutsche Dramentheater in Temirtau, einer Satellitenstadt von Karaganda, am 26. Dezember 1980 eingeweiht wurde: *Die Ersten* von Alexander Reimgen. Das Stück, aus älteren Erzählungen des Verfassers zusammengebaut, behandelt die jüngste Vergangenheit der Sowjetdeutschen, ihre Probleme bei der Neulanderschließung in der Hungersteppe.
Die Existenz einer deutschen Bühne muß als weiteres Indiz für den Überlebenswillen der Sowjetdeutschen gewertet werden. Gegenüber den ersten Jahren nach der Rehabilitierung haben sie Zug um Zug neues kulturelles Terrain erobert. Einst hatte es in Engels ein akademisches Deutsches Staatstheater gegeben:[56]

51 Vgl. den Leserbrief von M. Ullmann, „Verdienste um die sowjetdeutsche Kultur", in: *Neues Leben*, 38, 15.9.1982, S. 14.
52 *Neues Leben* 22–26, 1978; Vorlage war Malinowskis Folge „Der Weg nach Rußland", in: *Neues Leben* 38–39 und 41–43, 1976.
53 *Neues Leben* 33–37, 1979.
54 *Neues Leben* 37–39, 1981 und 27, 1982.
55 Debol'ski, Aleks: *Takoe dolgoe leto. Romany. Perevod s nemeckogo avtora*, Moskau 1979. – Eine Neuauflage ist vom kasachischen Verlag „Žazušy" für 1982 angekündigt. Vgl. *Novye knigi SSR* 2, 1982, Nr. 110.
56 Vgl. die Arbeiten von Haarmann/Schirmer/Walach und Diezel, S. 167–225.

Andreas Saks, der in den 30er Jahren für dieses Theater schrieb und nach dem Krieg erneut Stücke hervorbrachte,[57] trat als Wahrer der Kontinuität auf, indem er in einem Aufsatz für das *Neue Leben*, „Wie wir anfingen", die Theatersituation von damals mit der von heute in Beziehung setzte.[58]
Als Ernst Kontschak 1974 seinen Überblick über die „Sowjetdeutsche Bühnenliteratur" vorlegte, standen ihm einzig die Produkte für die Klubbühne zur Verfügung.[59] Das Theater in Temirtau verfügt jedoch über Berufsschauspieler, die eines anderen Repertoires bedürfen. Entsprechend müssen sich die sowjetdeutschen Autoren umorientieren, wenn jemals ein Stück von ihnen erfolgreich inszeniert werden soll. Einstweilen versucht das junge Ensemble, das häufig in der Provinz gastiert, mit Lessing, Goldoni und Ostrowski, mit Reimgen, Schukschin und – für die Kinder – Evgenij Schwarz ein Publikum anzusprechen, das weder an Theater als Kunst noch an Bühnendeutsch gewöhnt ist.
Mit Erleichterung – so ist zu vermuten – greift der einfachere sowjetdeutsche Leser (wenn er nicht gleich russische Literatur vorzieht) auf eine Sammlung von Schwänken zurück,[60] einer auch von der sowjetischen Forschung beachteten,[61] im Hinblick auf ihre literarische Qualität jedoch umstrittenen Gattung, auf sowjetdeutsche Lieder, wie sie in der seinerzeit ungeduldig erwarteten Sammlung von Victor Klein, *Schön ist die Jugend,*[62] enthalten sind, auf sowjetdeutsche Kinderliteratur mit ihrem relativ hohen Niveau.[63] In den letzten 25 Jahren ist viel erreicht worden, aber für wirklich anspruchsvolle Literatur sind die Sowjetdeutschen noch nicht frei.
Der sowjetdeutschen Literaturkritik vorzuwerfen, sie bemühe sich nicht um die Hebung des allgemeinen literarischen Niveaus, wäre verfehlt. Die Schriften von Alexander Henning (1892–1974), dem „Nestor" der sowjetdeutschen Literatur, von Belger, Kontschak und Warkentin beweisen das Gegenteil. Die Komposition eines Werks, die Schilderung der Charaktere, den Stil oder gar Grammatikfehler kritisierend, versuchen sie dennoch, nicht zu entmutigen, als wüßten sie, daß der Weg, den die Autoren (und auch sie selbst, die Kritiker) zwischen politischer Gängelung und sprachlicher Hemmung gehen können, schmal ist. In der Sprachregelung des Ostens heißt die alle Autoren bindende Losung „national nach der Form" (das heißt, in deutscher Sprache verfaßt), „sozialistisch nach

57 Vgl. Engel-Braunschmidt, „Sowjetdeutsches Theater".
58 *Neues Leben* 48, 23.11.1976, S. 7.
59 Kontschak, „Sowjetdeutsche Bühnenliteratur"; zur Illustration: *Auf der Klubbühne*, Bd. I und II, Alma-Ata 1968 und 1976.
60 *Nicht aufs Maul gefallen. Schwänke von einst und jetzt*, Alma-Ata 1968. – *Schwänke von einst und jetzt*, Moskau 1967.
61 Vgl. „Švanki sovetskich nemcev", in: *Voprosy literatury* 10, 1969, S. 244.
62 Moskau 1975. – Vorausgegangen war eine Studie von Victor Klein: *Unversiegbarer Born.*
63 Pfeffer, *Fracki, der Kaiserpinguin*, – Leis, *Reimmärchen*. – Katzenstein, *Schön ist die Welt*.

dem Inhalt".[64] Information aus dem nichtsozialistischen deutschsprachigen Ausland (Bundesrepublik, Schweiz, Österreich) darüber, wie Literatur auch sein kann, erreicht die Sowjetdeutschen überhaupt nicht, und fraglich ist auch, ob sie die gegenwärtige gute DDR-Literatur zur Kenntnis nehmen können. Sprachlich isoliert – was für Linguisten interessant war und es heute noch ist[65] –, aber auch literarisch in der Isolation, kulturpolitisch benachteiligt, als Teil der „einheitlichen multinationalen Sowjetliteratur"[66] den Prinzipien des Sozialistischen Realismus unterworfen, im besten Falle in Kontakt mit der DDR,[67] stehen die Sowjetdeutschen vor der Alternative, entweder die Isolierung zu durchbrechen oder aber zu verkümmern. Die Prognosen für den Untergang des Deutschtums in der Sowjetunion, der mit dem Aussterben der Sprache einsetzt, sind zahlreicher[68] als die Anzeichen für das Heraustreten aus der Isolation. Wenigstens als Übersetzer russischer oder auch kasachischer Literatur könnten sowjetdeutsche Autoren, die ja mehrsprachig aufwachsen und im Umkreis der Originaltexte leben, sicher mehr und Besseres leisten als bisher[69] und damit auch hierzulande stärker beachtet werden. Der 1974 aus Leningrad nach Paris emigrierte Literaturwissenschaftler Efim Etkind hat in seiner großen, dreihundert Jahre russischer Verskunst umfassenden Anthologie *Russische Lyrik*[70] zum ersten Mal in einem westlichen Verlag Übertragungen von sowjetdeutschen Autoren gleichrangig neben solche von deutschen Übersetzern gestellt. Nur sind die sowjetdeutschen Vermittler (Simon Ellenberg, Woldemar Herdt, Sepp Österreicher, Johann Warkentin) bei uns unbekannt, und darum hat sie von den Rezensenten auch niemand eigens bemerkt.

64 *Anthologie der sowjetdeutschen Literatur* I, S. 20.

65 Erinnert sei an die frühen Untersuchungen von W. v. Unwerth, an die Arbeiten von Viktor Žirmunskij, die jetzt wieder zugänglich sind (in: *Obščee i germanskoe jazykoznanie*), an Georg Dinges und Andreas Dulson, auf die kürzlich Matthias Hagin noch einmal die Aufmerksamkeit gelenkt hat („Namhafte Wolgadeutsche"). An der Pädagogischen Hochschule Nowosibirsk besteht ein „Zirkel für deutsche Mundartforschung" (vgl. *Neues Leben* 2, 8.1.1975, S. 6). Neueste Studien liegen von den sowjetischen Wissenschaftlern Hooge und Vejlert vor. – Siehe auch: Otto, „Deutsche Sprache".

66 *Anthologie der sowjetdeutschen Literatur* I, S. 20.

67 Einen dreimonatigen Aufenthalt in der DDR nutzte Johann Warkentin zum Einstieg in Berliner Umgangssprache und Jargon. Vgl. seinen Bericht „Sprachliches und einiges mehr aus der DDR".

68 Als jüngste zitiere ich Leo Sievers: „Da es geschlossene Siedlungsräume nicht mehr gibt, läßt sich die Minderheitensprache auf die Dauer nicht am Leben erhalten" (Sievers, „Die Wolgadeutschen", S. 195).

69 Wichtige Ausgaben sind: Warkentin, Johann: *Stimmen aus den fünfzehn Republiken*. – Ders: *Gesammeltes*. – Österreicher, Sepp: *Wo fängt denn unsere Heimat an? – Kasachische Novellen.*

70 München-Zürich 1981.

Literatur

Anthologie der sowjetdeutschen Literatur. In drei Bänden, Bd. I: Auswahl Ernst Kontschak, Konstantin Ehrlich; Bd. II: Auswahl Rudolf Jacquemien, Alma-Ata 1981.

Auf der Klubbühne, Bd. I, Alma-Ata 1968; Bd. II, Alma-Ata 1976.

Belger, Herold: „Das Reifen der Literatur. Gedanken über die sowjetdeutsche Prosa“, in: ders. (Hrsg.), *Zweig eines großen Baumes*, Alma-Ata 1974, S. 8–33.

–: (Hrsg.): *Zweig eines großen Baumes*, Alma-Ata 1974.

Bohmann, Alfred: *Menschen und Grenzen*. Bd. 3: *Strukturwandel der deutschen Bevölkerung im sowjetischen Staats- und Verwaltungsbereich*, Köln 1970.

–: „Schwieriger Zugang zur Muttersprache“, in: *Das Ostpreußenblatt* 36, 4.9.1982, S. 5.

Conquest, Robert: *The Nation Killers. The Soviet Deportation of Nationalities*, London 1970.

Debolski, Alexej (auch Alexey): *Nebel. Roman*, Alma-Ata 1971.

–: *Dieser verlängerte Sommer*, Alma-Ata 1975.

–: *Takoe dolgoe leto. Romany*, Moskau 1979.

–: „Denkart und Sprache“, in: *Neues Leben* 33, 11.8.1982, S. 6f.

Deutsche in der Sowjetunion. Bericht über eine Konferenz am 8. und 9. Februar 1982 in Köln, Ständiges Sekretariat für die Koordinierung der bundesgeförderten Osteuropaforschung, Köln 1982.

Diezel, Peter: *Exiltheater in der Sowjetunion 1932–1937*, Berlin 1978.

Durch der Heimat weite Fluren. Sowjetdeutsche Poesie und Prosa, Moskau 1967.

Dymschitz, Alexander: *Ein unvergeßlicher Frühling. Literarische Porträts und Erinnerungen*, Berlin 1970.

–: „Kleiner Zweig eines großen Baumes“, in: *Sowjetliteratur* 3, 1972, S. 94–107. – Dass. (verkürzt) in: *Sowjetunion heute* 1. Febr. 1973, S. 30. – Dass. als „Zweig eines großen Baumes“ in: Belger, H. (Hrsg.): *Zweig eines großen Baumes*, Alma-Ata 1974, S. 5–8.

Ein Hoffen in mir lebt … Almanach sowjetdeutscher Lyrik, Moskau 1972.

Ekkert, Woldemar: „Die Literatur der Rußlanddeutschen bis 1917 und der Sowjetdeutschen von 1917 bis 1957“, in: *Anthologie der sowjetdeutschen Literatur*, Bd. I, Alma-Ata 1981, S. 9–55.

Engel-Braunschmidt, Annelore: „Russisches und Deutsches bei den Sovetdeutschen“, in: *Korrespondenzen. Festschrift für Dietrich Gerhardt zum 65. Geburtstag*, Gießen 1977, S. 139–166.

–: „Sowjetdeutsches Theater: Fakten und Probleme“, in: Eberhard Reißner (Hrsg.): *Literatur- und Sprachentwicklung in Osteuropa im 20. Jahrhundert* (Beiträge zum 2. Weltkongreß für Sowjet- und Osteuropastudien in Garmisch 1980), Berlin 1982, S. 20–36.

Er lebt in jedem Volk. Sowjetdeutsche Poesie und Prosa, dem großen Lenin gewidmet, Moskau 1970.

Fragen an das Leben, Moskau 1980.

Freundschaft. Poesie, Barnaul 1965.

Haarmann, Hermann/Schirmer, Lothar/Walach, Dagmar: *Das ‚Engels‘-Projekt. Ein antifaschistisches Theater deutscher Emigranten in der UdSSR (1936–1941)*, Worms 1975 (Deutsches Exil 1933–45, Bd. 7).

Hagin, Matthias: „Die Wolgadeutsche Republik“, in: *Heimatbuch der Deutschen aus Rußland* 1964, S. 64–76.

–: „Namhafte Wolgadeutsche“, in: *Heimatbuch der Deutschen aus Rußland* 1973–1981, S. 150–157.

Hand in Hand. Gedichte und Erzählungen, Moskau 1960.

Hand in Hand II. Gedichte und Erzählungen sowjetdeutscher Autoren, Moskau 1965.

Henning, Alexander: *Für Gedeihen und Neuerblühen. Literaturfreuden und -sorgen*, Alma-Ata 1970.

Herdt, Woldemar: *Lyrischer Widerhall*, Barnaul 1972.

Hooge, David: „Slavisches Sprachgut im niederdeutschen Dialekt der UdSSR“, in: H. Rupp/H.-G. Roloff (Hrsg.): *Akten des VI. Internationalen Germanistenkongresses Basel 1980*, Teil 2, Frankfurt am Main/Las Vegas 1980 (Jb. f. Intern. Germ., Reihe A, Bd. 8), S. 155–162.

Immer in der Furche. Sowjetdeutsche Erzählungen und Gedichte, Moskau 1967.

Kasachische Novellen. Sammlung, Alma-Ata 1979.

Katzenstein, Ewald: *Schön ist die Welt. Ein Buch für Kinder*, Moskau 1978.

Klein, Karl Kurt: *Literaturgeschichte des Deutschtums im Ausland*, Leipzig 1939 (Neudruck Hildesheim/New York 1979).

Klein, Victor: *Unversiegbarer Born. Vom Wesen des Volksliedes der Sowjetdeutschen*, Bd. I, Alma-Ata 1974.

Klein, Victor/Warkentin, Johann (Hrsg.): *Deutsches Lesebuch. Sowjetdeutsche Literatur. Lehr- und Lesebuch für die 7. und 8. Klassen der Schulen mit muttersprachlichem Unterricht*, 4., verb. und erw. Aufl., Moskau 1971.

–: *Poesie und Prosa der deutschsprachigen Schriftsteller der UdSSR. Lehr- und Lesebuch für die 8. Klasse der Schulen mit muttersprachlichem Deutschunterricht*, 3. Aufl., Moskau 1980.

Kontschak, Ernst: „Sowjetdeutsche Bühnenliteratur“, in: Belger, H. (Hrsg.): *Zweig eines großen Baumes*, Alma-Ata 1974, S. 73–78.

–: *Unvergeßliche Begegnungen*, Alma-Ata 1975.

Leis, Reinhold: *Reimmärchen*, Alma-Ata 1980.

Levin, Ju. D.: „Nemecko-russkij poėt Ė. I. Guber“, in: M. P. Alekseev: *Mnogojazyčie i literaturnoe tvorčestvo*, Leningrad 1981, S. 106–123.

Licht über der Steppe. Poesie. Sammelband, Barnaul 1970.

Lichter in den Fenstern. Sowjetdeutscher Almanach, Moskau 1979.

Moj Kazachstan. Stichi kazachstanskich nemeckich poėtov, Alma-Ata 1978.

Nachrichten aus Kasachstan, Deutsche Dichtung in der Sowjetunion, hrsg. v. Alexander Ritter, Hildesheim/New York 1974.

Nicht aufs Maul gefallen. Schwänke von einst und jetzt, Alma-Ata 1968.

Österreicher, Sepp: *Wo fängt denn unsere Heimat an? Ausgewählte Nachdichtungen sowjetischer Poesie*, Moskau o. J.

Otto, St.: „Deutsche Sprache und deutsch-slawische Sprachkontakte auf dem Territorium der UdSSR. Bibliographische Auswahl 1965–1975“, in: *Zeitschrift für Slawistik*, Bd. 23, 1978, S. 876–882.

Pfeffer, Nora: *Fracki, der Kaiserpinguin. 15 lustige Tiermärchen*, Alma-Ata 1978.

Pinkus, Benjamin: „Die Deutschen in der Sowjetunion beim Ausbruch des Zweiten Weltkriegs“, in: *Heimatbuch der Deutschen aus Rußland* 1973–1981, bearb. v. Eduard Markstädter, hrsg. v. der Landsmannschaft der Deutschen aus Rußland e. V., Stuttgart 1981, S. 9–19.

Reimgen, Alexander: *Freunde neben dir. Erzählungen*, Alma-Ata 1970.

Repina, Ella: „Und noch ein Jahr, und noch ein Tag ... Über die sowjetdeutsche Dichtung 1981“, in *Neues Leben* 27, 30. 6. 1982, S. 9.

Ritter, Alexander: „Sowjetdeutsche Literatur. Patriotische Akklamation und nationale Existenzbeschreibung“, in: *Akzente* 22, 1975, S. 46–74.

–: „Deutschsprachige Literatur der Gegenwart im Ausland“, in: Manfred Durzak (Hrsg.): *Deutsche Gegenwartsliteratur. Ausgangspositionen und aktuelle Entwicklungen*, Stuttgart 1981, S. 632–661.

Russische Lyrik. Gedichte aus drei Jahrhunderten. Ausgewählt und eingeleitet von Efim Etkind, München – Zürich 1981.

Sage über meine Freunde. Sowjetdeutscher Almanach, Moskau 1974.

Schiller, Franz: *Literatur zur Geschichte und Volkskunde der deutschen Kolonien in der Sowjet-Union für die Jahre 1764–1926*, Pokrowsk 1927.
Schmitt, Hans-Jürgen/Schramm, Godehard (Hrsg.): *Sozialistische Realismuskonzeptionen. Dokumente zum I. Allunionskongreß der Sowjetschriftsteller*, Frankfurt a.M. 1974.
Schneider, Wilhelm: *Die auslanddeutsche Dichtung unserer Zeit*, Berlin 1936.
Schön ist die Jugend. Sowjetdeutsches Liederbuch, Moskau 1975.
Schulter an Schulter. Poesie, Barnaul 1975.
Schwänke von einst und jetzt, Moskau 1967.
Sievers, Leo: „Die Wolgadeutschen“, in: *Sowjetunion*, hrsg. von Peter Bizer/Fritz Pleitgen, Hamburg 1982, S. 194f.
Sinner, Peter: *Beiträge zur Heimatkunde des deutschen Wolgagebiets*, Pokrowsk 1923.
–: *Kurzgefaßte Geschichte der deutschen Wolgakolonien*, Pokrowsk 1923.
–: „Bernhard Ludwig von Platen, der erste wolgadeutsche Dichter und sein Gedicht“, in: *Teuthonista* 2, 1925/26, H. 3 u. 4, S. 270–286.
Sozidanie. Stichi sovetskich nemeckich poètov. Perevod s nemeckogo, Moskau 1981.
Steppenlied. Verse sowjetdeutscher Lyriker des Altai, Moskau 1981.
„Švanki sovetskich nemcev“, in: *Voprosy literatury* 10, 1969, S. 244.
Unwerth, Wolf von: *Proben deutschrussischer Mundarten aus den Wolgakolonien und dem Gouvernement Cherson*, Berlin 1918 (Abhandlungen der Preußischen Akademie der Wissenschaften 1918, Phil-hist. Klasse, Nr. 11).
Vejlert, Arthur A.: „Etymologische Textstruktur. Nach Angaben des mitteldeutschen Dialekts im Gebiet von Karaganda (Kasachstan)“, in: *Zeitschrift für Dialektologie und Linguistik* 48, 1981, S. 1–16.
V stepnom kraju. Rasskazy nemeckich pisatelej Kazachstana. Sostavlenie, vstupitel'naja stat'ja i primečanija G. Bel'gera, Alma-Ata 1974.
Warkentin, Alex: „Unser deutsches Studio beim Unterricht“, in: *Neues Leben* 52, 23.12.1975, S. 6f.
Warkentin, Johann: *Stimmen aus den fünfzehn Republiken. Ausgewählte Nachdichtungen*, Moskau 1974.
–: „Sprachliches und einiges mehr aus der DDR“, in: *Sage über meine Freunde. Sowjetdeutscher Almanach*, Moskau 1974, S. 57–74.
–: *Kritisches zur sowjetdeutschen Literatur*, Moskau 1977.
–: *Gesammeltes. Verse und Nachdichtunen*, Moskau 1980.
–: „Leser und Autor in der sowjetdeutschen Literaturlandschaft“, in: *Sinn und Form* 34, 1982, S. 680–688.
Weber, Robert (russ.: Veber, Robert): *Obeščanie. Stichi*. Übersetzung aus dem Deutschen von Evgenij Vitkovskij, Moskau 1980.
Wir selbst. Sammelband sowjetdeutscher Prosa, Moskau 1968.
Wir sind jung. Erstmeldungen sowjetdeutscer Autoren, Moskau 1976.
Zehn sowjetdeutsche Erzähler, hrsg. von Lothar Grünewald und Marijke Lanius, Berlin 1982.
Zimmermann, Peter: „Literatur im Dritten Reich“, in: Jan Berg/Hartmut Böhme u.a.: *Sozialgeschichte der deutschen Literatur von 1918 bis zur Gegenwart*, Frankfurt a M. 1981, S. 351–416.
Žirmunskij, V.M.: *Obščee i germanskoe jazykoznanie*, Leningrad 1976.

Erika Nielsen

Historische Bedingungen und regionale Kultur

Anmerkungen zum Standort der gegenwärtigen rumäniendeutschen Literatur

Zum angemessenen Verständnis dieses Literaturkomplexes müssen schon eingangs informative Hinweise gegeben werden, die auch einen kurzen Exkurs in die Vergangenheit einschließen.

Die rumäniendeutsche Literatur von heute wird von einem Leserkreis rezipiert, der sich aus knapp 400000 Rumänen deutscher Nationalität, einer Handvoll literarisch interessierter deutsch lesender Rumänen und bisher nur in Ausnahmefällen aus Lesern der deutschsprachigen Länder rekrutiert. Die Deutschsprechenden machen etwa 3% der Gesamtbevölkerung aus und sind damit die zweitgrößte der sogenannten „mitwohnenden Nationalitäten", deren Rechte in der Verfassung der Volksrepublik verankert sind. Es gibt daher deutsche Schulen, deutsche Abteilungen an allen Schularten, deutsche Radio- und Fernsehprogramme, deutsche Theater, mehrere Tages- und Wochenzeitungen und monatlich erscheinende Kulturzeitschriften.[1] In Spezialverlagen werden laufend deutsche Bücher herausgebracht (nach einer 1975 erfolgten Schätzung seit 1949 über 5000 Titel).[2] Die generelle Unterstützung der Minderheitenliteratur durch die staatliche Kulturpolitik hat zweifellos mit eine der Grundlagen dafür geboten, daß nach dem Krieg ein durch das völlige Fehlen binnendeutscher Publikationen entstandenes Vakuum durch eigene Produktion gefüllt werden konnte und auch weiterhin deutschsprachigen Autoren die Möglichkeit zur Veröffentlichung gegeben ist.

Da sich aber die Existenz eines nach Umfang und Qualität beachtenswerten Literaturbetriebs wohl nicht allein aus dem Vorhandensein einer staatlichen Subvention erklären läßt, muß nach anderen Voraussetzungen gefragt werden. Zunächst wird die Überschaubarkeit dieser nach dem Krieg zahlenmäßig drastisch reduzierten Minderheit durch die Tatsache kompliziert, daß sie ihrer Herkunft und Entwicklung nach drei verschiedene Traditionsstränge repräsentiert, sich also durchaus nicht homogen entwickelt hat.

Das älteste Siedlungsgebiet wurde im 12. Jahrhundert durch von ungarischen Königen als Kolonisten ins Land gerufene rhein-fränkische Bauern und Ritter in einem Bereich gegründet, der heute in der geographischen Mitte Rumäniens

1 Tageszeitungen: *Neuer Weg, Neue Banater Zeitung*. Wochenzeitungen: *Die Woche, Karpatenrundschau*. Monatsschriften: *Volk und Kultur, Neue Literatur*.

2 Stiehler, „Einführung", S. VIII.

liegt. Diese sogenannten „Siebenbürger Sachsen“ genossen jahrhundertelang eine durch Königsprivilegien gesicherte Sonderstellung, die sie durch erfolgreiche Siedlungstätigkeit, Städtegründung und Bautätigkeit festigten, gegen vielfache äußere Bedrohungen verteidigten und die schließlich zu ausgeprägtem Überlegenheitbewußtsein führte.[3] Zu den äußeren Gemeinschaftsmerkmalen dieser Kolonistengruppe gehörte die noch heute gesprochene sächsische Mundart und die Zugehörigkeit zu der von eigenen Reformatoren eingeführten lutherisch-sächsischen Landeskirche, die bis ins zwanzigste Jahrhundert kulturelle und politische Bedeutung hatte und das sächsische Schulwesen entscheidend bestimmt hat.

Die bedeutend jüngere Sprachinsel der sogenannten „Banater Schwaben“ entstand als Resultat der Siedlungspolitik Maria Theresias. Die vor allem aus dem Elsaß, aus Luxemburg und der Pfalz stammenden Bauernsiedler genossen nie die Privilegen der Siebenbürger Sachsen, so daß sich hier im Gegensatz zur überlegenen Herrenmentalität eher dörfliches Gemeinschaftsgefühl vielfach unterdrückter, vorwiegend katholischer Siedler abzeichnete.

Das dritte Sprachgebiet im Nord-Osten des Landes unterschied sich durch seine heterogene Bevölkerungszusammensetzung erheblich von den beiden anderen Regionen. Der größte Teil dieses früher deutschsprachigen Kulturkreises ist seit dem Zweiten Weltkrieg ein Teil der Sowjetunion, muß aber in diesem Zusammenhang eingeführt werden, weil literarische Ströme dieses Gebietes in die heutige rumäniendeutsche Literatur einmünden und einen wichtigen Teil dieser Literatur konstituieren. In der Bukowina fehlt die Herkunft aus einem gemeinsamen Ursprungsgebiet und die Einwanderung in einem begrenzten Zeitraum. Die deutsche Sprache, oft in der spezifischen Färbung der österreichischen Administrationssprache, verband hier deutsche Bauernsiedler, österreichische Offiziere und Beamte und nicht zuletzt einen jüdischen Bevölkerungsanteil. Vor allem die aus der letzteren Gruppe hervorgegangenen Intellektuellen wurden zu den Trägern der deutschsprachigen Literatur dieses Gebietes. Die deutsche Sprache als verbindender Faktor überdauerte hier sogar das Ende der österreichischen Herrschaft in Galizien und der deutschen Universität in Czernowitz. Nach dem Krieg überlebende Autoren aus dieser Region wurden wichtige Glieder der Literaturszene in Bukarest.

Zu kulturellem Austausch zwischen diesen drei wichtigsten Siedlungsgebieten kam es erst zu Beginn dieses Jahrhunderts. Energisch betriebene Magyarisierung mobilisierte bestehende Tendenzen zu innerer Festigkeit durch deutsche Schulbildung und Sprachpflege, die vor allem in Siebenbürgen in der Hand der Lehrer und Pfarrer (oft in Personalunion) lag. Der Literatur wurde im Dienste der Selbsterhaltung eine didaktische Funktion zur Stärkung des Heimatgefühls und der gemeinschaftserhaltenden Tugenden aufgenötigt. Ein erster Ansatz, aus einem sich innerhalb engster Grenzen abspielenden Literaturbetrieb auszubre-

3 Iorga, *Siebenbürger Sachsen*, S. 6ff.

chen, stellt die im Jahre 1907 erfolgte Gründung der Kulturzeitschrift *Die Karpathen* durch den Kronstädter Pädagogen und Schriftsteller Adolf Meschendörfer dar. Er verstand diese Publikation als Organ einer Gegenbewegung gegen die programmatische Egozentrik sächsischer Heimatkunst. Sie sollte von provinzieller Isolation befreien und nicht nur den Anschluß an die Strömungen der europäischen und deutschen Literatur ermöglichen, sondern auch erste Beziehungen zu anderen deutschsprachigen Gruppen des Karpatenraumes und der rumänischen und ungarischen Literatur einleiten. Wenn auch Meschendörfers Zeitschrift die selbstgestellten Forderungen nur bis 1914 erfüllen konnte, so eröffnete sie doch neue Aspekte, an denen man sich in den folgenden politisch und ideologisch so wechselvollen Jahrzehnten orientieren konnte.
Nach der 1919 erfolgten Gründung des rumänischen Staates, in dem die drei genannten deutschen Sprachgebiete nun geopolitisch vereint waren, setzte in ganz Rumänien nach Jahren kultureller Stagnation rege Literaturtätigkeit ein, von der auch deutsch schreibende Autoren nicht unberührt blieben. Beweis dafür sind eine Reihe neuer, meist kurzlebiger Literaturzeitschriften verschiedener politischer und ästhetischer Orientierung. Zu den jungen Autoren, die stark unter dem Eindruck des Expressionismus standen und in Literaturzeitschriften wie *Das Ziel* und *Der Nerv* publizierten, gehörten vor allem auch Bukowiner. Gemeinsam war ihnen die Auflehnung gegen die Manifestationen bürgerlicher Tradition, die geistige Landschaft des Vielvölkerraumes und das Zerrissene, Unvollendete, Gestörte ihrer persönlichen Lebensumstände. Emigration, Internierung, früher Tod oder Flucht aus dem Leben verbinden viele aus dieser Dichtergruppe mit dem Schicksal Paul Celans, dem Landsmann und jüngeren Zeitgenossen. Nur wenige, wie Alfred Kittner, Immanuel Weißglas und Alfred Margul-Sperber leben oder lebten noch im Nachkriegsrumänien. Der Lyriker Alfred Kittner hat den Versuch einer ersten Anthologie dieses Bukowiner Kreises und Ansätze einer kritischen Sichtung geliefert.[4]
1924 erschien unter der Redaktion von Heinrich Zillich die Zeitschrift *Klingsor*, die die Nachfolge der *Karpathen* antreten sollte. Zunächst führte sie auch die Tradition fort, die Leser mit literarisch wichtigen Ereignissen in Deutschland bekanntzumachen und Erscheinungen lokaler Autoren kritisch und offen zu kommentieren. Noch will man in einem Artikel die deutsche Minderheit nicht mit deutschem Antisemitismus identifiziert wissen,[5] noch wird auf die Bedeutung des jungen Moses Rosenkranz hingewiesen,[6] noch 1933 ein Gedicht der Bukowiner Lyrikerin Rose Ausländer veröffentlicht.[7] Aber schon im selben Jahr verstärkt sich die Übereinstimmung mit den Tendenzen Nazi-Deutschlands. Das romantische Spiel mit dem von *Klingsor* beschworenen Teufel des

4 Alfred Kittner, „Verhallter Stimmen Chor“, in: *Neue Literatur* 11/1971, S. 36ff.
5 In: *Klingsor* 4/1926, S. 315ff.
6 Ebd., 7/1933, S. 132.
7 Ebd., 10/1933, S. 138.

Irrationalen liefert den ideologischen Versuchern den entscheidenden Ansatzpunkt.[8] Daß jahrhundertelanges Überleben ohne nennenswerte Identitätsverluste die Enklavenbewohner zu günstigen Objekten einer Propaganda von der Sendung der überlegenen deutschen Stämme im Osten machen konnte, ist begreiflich. Wenn auch vor allem die Sachsen sich durchaus nicht immer als „verhinderte Deutsche", nicht als identisch mit Binnendeutschland, sondern eben als Sachsen mit eigener Geschichte und eigenen Erfahrungen verstanden haben, so war es doch nur zu leicht, sich in dem geschickt hochgespielten Volkstumsmythus bestätigt zu finden.

Das Ende des Krieges brachte einschneidende Veränderungen. Die deutschsprechende Bevölkerung war durch Kriegshandlungen, Flucht und Verschleppung etwa auf die Hälfte reduziert worden. Als sich, ähnlich wie nach dem ersten Weltkrieg, in der rumänischen Literatur ein spontaner Aufschwung abzeichnete, waren die Rumäniendeutschen davon zunächst ausgeschlossen. Auswanderung, Enteignung und Zwangsverschickungen zu Reparationsarbeiten machten schon normales Leben, umso mehr kulturelles Leben unmöglich. Einen ersten Schritt zu einem neuen Anfang, mit Rückgriff auf vorhandene Substanz und Ausblick auf völlig neue politische und soziale Gegebenheiten, bedeutete im Jahre 1949 die Gründung einer zunächst in Temesvar erscheinenden Literaturzeitschrift durch eine Gruppe rumänischer Schriftsteller deutscher und ungarischer Nationalität, die gemeinsam aktiv am Widerstand gegen die faschistischen Elemente beteiligt gewesen waren. Diese Publikation konnte sich in den Jahren des Aufbaus in inneren und äußeren Schwierigkeiten behaupten, übersiedelte schließlich in die Landeshauptstadt und hat unter dem Titel *Neue Literatur* bis heute eine zentrale Funktion in allen Belangen des literarischen und kulturellen Lebens der Minderheit. Wie zu Jahrhundertbeginn Meschendörfers *Karpathen* vermittelt die *Neue Literatur* ihren Lesern (ca. 3000 festen Abonnenten) Einblick in die zeitgenössische Literatur der deutschsprachigen Länder und des übrigen Auslandes in Auszügen und Übersetzungen – eine Aufgabe, der eine für den westlichen Beobachter schwer zu ermessende Bedeutung zukommt. Ausländische Bücher sind im Buchhandel oft unerreichbar, die Auflagen der in Rumänien gedruckten Bücher meist zu klein.

Milieukundige und sprachsichere Übersetzungen neuer Texte aus den umgebenden Literaturen, vor allem aus dem Rumänischen und Ungarischen, weisen in Auszügen auf interessante Neuerscheinungen hin, da ja die meisten Literatur konsumierenden Deutschen in Siebenbürgen und im Banat heute zwei- oder mehrsprachig aufwachsen. Darüber hinaus bringt die *Neue Literatur* kritische Essays, Autoren-Interviews und Diskussionen zu aktuellen literarischen Themen und referiert über Büchererscheinungen und künstlerische Veranstaltungen im In- und Ausland. Vor allem aber haben alle deutsch schreibenden Autoren des Landes auf den Seiten dieser Zeitschrift entweder debütiert, laufend veröf-

8 Ebd., 1/1924, S. 1 ff. vgl. „Aufruf".

fentlicht oder nach langem Schweigen neuen Kontakt mit alten und neuen Lesern aufgenommen. Die gesamte Entwicklung der rumäniendeutschen Literatur der letzten Jahrzehnte läßt sich in den Heften dieser wichtigen, ausgezeichnet redigierten Publikation verfolgen.
Nach der Ende der vierziger Jahre erfolgten öffentlichen Zurücknahme der anfänglich gegen die Deutschen gerichteten Vergeltungspolitik war die Eingliederung in die neue Gesellschaft im privaten wie im literarischen Leben ebenso oft ehrlich angestrebt wie problematisch.[9] Im ersten Jahrzehnt, der Epoche eines dogmatisch starren sozialistischen Realismus, waren ja die begrenzten Themenkreise von Partei, Fortschritt und neuer Gesellschaft so schematisch vorgegeben, daß sie auch in primitiven Formulierungen reproduziert werden konnten, solange sie nur thematisch den Erwartungen von oben entsprachen. Man kann sich bei der Betrachtung der Literaturprodukte aus dieser ersten Zeit manchmal nicht des Verdachts erwehren, daß so mancher, der normalerweise ausschließlich Literaturkonsument gewesen wäre, zum Literaturproduzenten geworden ist. Auch der eine oder andere Autor von Rang ließ sich im Zuge des Neuanfangs zu Agitprop-Versen hinreißen, um in Anthologien seine Solidarität unter Beweis zu stellen.[10] Auch die wenig ergiebige Prosaliteratur dieser Zeit verfehlte meist ihren Leserkreis, stand der thematische Optimismus doch in offenbarem Gegensatz zu den Erfahrungen der eben erst überwundenen Diffamierung.
Nach dem Tod dreier bedeutender Autoren, die die Nachkriegsjahre noch im Alter miterlebt hatten, erschienen nun Neudrucke ihrer Werke, die zwar keine direkte Nachfolge auslösten, jedenfalls aber schon erreichtes Niveau ermutigend demonstrierten und zumindest für einige Prosatexte Ansatzpunkte lieferten. Auf Adolf Meschendörfers (1877–1963) Verdienste als Theoretiker und Publizist ist schon im Zusammenhang mit den *Karpathen* hingewiesen worden, als Lyriker und vor allem als Prosaautor hat er zwar seine theoretischen Anforderungen nicht ebenso überzeugend erfüllt, jedoch immer wieder spezifisch siebenbürgische Gegebenheiten und Probleme aus mehr oder weniger kritischer Sicht (*Der Büffelbrunnen*) und etwa in dem Roman *Leonore* mit den damals progressiven Ausdrucksmitteln des Expressionismus zu gestalten versucht.
Oscar Walter Cisek (1897–1966) hat als Bukarester, unbelastet durch jede Sprachinselmentalität, schon früh am kulturellen Milieu der jungen Intellektuellen des rumänischen Staates der Zwischenkriegszeit teilgenommen und sich nicht nur als Lyriker und Prosaautor, sondern auch als Kritiker und Übersetzer einen Namen gemacht. In seinem Prosawerk (*Die Tatarin,* 1929; *Der Strom ohne Ende*, 1937), zu Anfang in deutschen Verlagen erschienen und von Thomas Mann beachtet, wird die Verschmelzung von deutschen und rumänischen Elementen in der Schilderung der Landschaft, der Menschen (als Hirten, Fischer

9 Vgl. dazu Arnold Hauser, *Der fragwürdige Bericht Jakob Bühlmanns*, Berlin o. J. (Erstmals 1968).
10 Siehe dazu, *Blühe, meine Heimat*, Bukarest 1959.

und Bauern Teil der Natur) und ihrer Geschichte sichtbar. Daß der späte historische Roman aus der Zeit des Bauernaufstandes *Reisigfeuer* in einer Periode erschien, in der historische Themen zwecks Stärkung des Nationalgefühls begrüßt wurden, wirft Licht auf die Bewegungen kulturpolitischer Art und nicht auf die Intentionen des Autors. Jedenfalls zählt Cisek, dessen hermetische Lyrik erst spät an die Öffentlichkeit gekommen ist,[11] zu den repräsentativsten Erscheinungen der rumäniendeutschen Literatur.
Auch der aus der Bukowina stammende, in Bukarest tätige Alfred Margul-Sperber (1898–1967) war schon vor dem Krieg eng mit rumänischem Geistesleben verbunden. Daß er dann aktiv schreibend und publizierend am politischen Neubeginn teilnahm, machte ihn zu einer mitunter mißverstandenen, umstrittenen Figur und wirft die Problematik dichterischen Engagements auf, wie sie sich etwa in der Frühzeit der DDR-Lyrik abgezeichnet hat. Margul-Sperber produzierte gleichzeitig vielpublizierte Propaganda-Verse und erst viel später veröffentlichte Gedichte, die ihn als Meister der Sprache ausweisen und in denen die Motive der Wanderschaft und des Todes wiederkehren:

„... Weiß ich, was mir das Los beschied
Werd ich nun Wolke oder Lied
Ein Baum, der groß die Äste hebt?
Ein Vogel, der in Fernen schwebt?
Was immer meine Wandlung sei:
Nicht ist das tiefe Spiel vorbei.
Bis wieder ich im blauen Raum
Mit Sternen blühe meinen Traum."[12]

Über diese Seite von Sperbers lyrischem Werk sagt Peter Motzan zur posthumen Rehabilitation: „Im Gedicht konnte er glaubwürdig widerrufen, was er einmal eindringlich beschworen hatte."[13] Als Freund und Förderer hat er in der Biographie Paul Celans einen festen Platz.
Demselben Kulturboden – Bukowina-Bukarest – gehören auch Alfred Kittner (geb. 1906) und Immanuel Weißglas (1920–1979) zu und teilen wie Cisek und Sperber Bildungserlebnisse und literarische Traditionen der ersten Jahrhunderhälfte. Weißglas, ein früher Gefährte Celans, verarbeitete seine Leidenserfahrungen in Konzentrationslagern in streng metrischen Konfigurationen und mythischen Bildern, die jüdischen, christlichen, germanischen und antiken Vorstellungen entnommen sind:

Am Flusse starren Pappeln, starren Schergen,
Es ragt das Haupt des mondverklärten Fergen.
Wir schürfen Trümmer Tränen, Trümmer Taus,
Und schaufeln selbst das Grab, ziehn selbst uns aus.
Beim ersten Spatenstich zur letzten Ruh

11 Oscar Walter Cisek, *Gedichte*, Bukarest 1972.
12 Alfred Margul Sperber, *Das verzauberte Wort*, Bukarest 1969, S. 284.
13 Motzan, *Die rumäniendeutsche Lyrik nach 1944*, S. 118.

Rafft sie, die Nachtbrut, Nickel, Hemd und Schuh.
Mond Charon führt im Nachen geistge Netze,
Daß er die Seelen übers Wasser setze:
Uns trägt die Welle, die ans Styxboot schlug,
Und birgt ein Grab, ein rauschendes, im Burg.[14]
Die Nacht verhüllt, was uns geschah,
Und hat uns ewge Hut geboten.
Die Flüchtgen, keiner Heimat nah,
Begehrten Einlaß von den Toten.[15]

Die Wahl angemessener Mittel zur Auseinandersetzung mit der Realität der neuen Umwelt war erst möglich, als Mitte der sechziger Jahre kulturpolitisches „Tauwetter" das Abrücken von eng gesteckten Formen des sozialistischen Realismus und Experimente mit neuen poetischen Techniken erlaubte. Da nun auch die Rezeption binnendeutscher Literatur in größerem Umfang möglich wurde, sah sich, wie der junge Banater Autor Richard Wagner dazu feststellt, „... die Lyrik aus einem Ausnahmezustand in den anderen geführt. Das soll kein Vorwurf sein. Was sie gemacht haben, war das Einüben in die Mittel der Moderne..."[16]

Nach einer Periode des Experimentierens mit übernommenen Mustern zeichnen sich Ansätze überzeugender Bewältigung der Existenz im spezifischen Lebensraum ab. Der unter dem Einfluß der neuentdeckten Lyrik Celans unvermeidliche Exkurs ins Dunkle, Hermetische wurde für die meisten nur zu einem kurzen Ausbruch nach Jahren gelenkten Leerlaufs im Oberflächlichen, Überdeutlichen. Während z.B. die Banater Lyrikerin Irene Mokka in der naturmagisch-beschwörenden Form ihren Ausdruck fand und der auch als Schauspieler tätige Christian Maurer sich vom rumänischen Volkslied beeinflussen ließ, hat sich die Mehrzahl der zum Teil schon im Nachkriegsrumänien geborenen Autoren einer realitätsbezogenen Lyrik zugewandt, die sich schon in ihrer lapidaren Form bewußt vom pathetischen Ton der vergangenen Ära absetzt. „Als wir 1971 anfingen, galt es, die Sprache des Gedichts in die Wirklichkeit der Gesellschaft zurückzuholen".[17] In diesem Zusammenhang wird oft die Lyrikerin Annemone Latzina zitiert:

Dies aber ist das Land in dem ich lebe.
Dies sind die Menschen.
Das Gras ist grün.
Der Schnee ist weiß.
Der Himmel hoch.
Das Volk macht mit.
Dies aber sind die Menschen.
Die Menschen in dem Land in dem ich lebe.[18]

14 Weißglas, *Der Nobiskrug*, S. 42.
15 Ebd., S. 40.
16 Fromm, „Interview mit Richard Wagner", S. 53.
17 Ebd.
18 Latzina, „Schlußfolgerung", in: Stiehler (Hrsg.), *Nachrichten aus Rumänien*, S. 84.

Der Einfluß Brechts ist unübersehbar und läßt sich an Widmungen, Gedichttiteln und Aufsätzen dokumentieren. Neben deutlich kritischem Engagement (Werner Söllner: Unhymnische Feststellung) wird dem Persönlichen der legitime Platz eingeräumt:

das war am zweiten mai neunzehnhundertsiebig
da hingen noch vom ersten die fahnen
von den häusern
da standen verlassen die verkaufsbuden herum
die sonne kletterte gerade die wände hoch
die dämmerung kroch in die schornsteine zurück
und an diesem morgen (des 2. mai 1970)
sah ich dich zum erstemmal in einen
Autobus einsteigen.[19]

Heute verfügen die rumäniendeutschen Lyriker über ein Instrumentarium, das ganz verschiedene Möglichkeiten der Gegenwartsbewältigung anklingen läßt. Töne der Resignation (Franz Hodjak: „Orpheus Tod") werden ebenso angeschlagen wie die des vorsichtigen Glaubens an die aufschließende Kraft des Wortes:

…die Anzahl meiner Worte ist um eins
größer als die Anzahl der vorhandenen Wände
also werde ich den Fisch öffnen
ein Wort werde ich noch besitzen
dann werde ich mich
versprechen (Richard Wagner: „Der Fischbesprecher").[20]

Die komprimierte kritische Feststellung:

„in seinem neuesten buch
schrieb x
es sei ihm alles zu eng:
seine Schuhe
seine verhältnisse
man gab ihm eine größere Wohnung" (Werner Söllner: „über die atemluft"),[21]

wird noch – schier unglaublich – übertroffen durch das Umreißen einer intellektuellen Szene in acht Worten:

tisch des schweigens (brancusi)
in dieser runde kann
jeder mitsprechen
in gedanken (Franz Hodjak).[22]

19 Wagner, „Gedicht mit einem Autobus", in: Stiehler (Hrsg.): *Nachrichten aus Rumänien*, S. 86. Vgl. auch: Söllner, „Unhymnische Feststellung", ebd., S. 96.
20 Ebd., S. 85.
21 In: Söllner, *Wetterberichte*, Cluj 1975, S. 15.
22 Hodjak, „tisch des schweigens (brancusi)", in: Stiehler (Hrsg.): *Nachrichten aus Rumänien*, S. 70.

Der Bezug auf die heimatliche Umwelt reicht von knapper Evokation der Landschaft:

Abends
die Landschaft hinauf
reiht sich
Baum an Baum
frierend
im Schweigen
Kommen
die Holzfäller –
lärmend aus
bestaubten Gesichtern
Spät noch
übt sich
der Wald
im leiseren Rauschen (Claus Stephani: „Marmatien")[23]

bis zum Hinweis auf eigene Schwächen:

„viel honig in den
lindenblütentee
viel honig auf das
margarinebrötchen
viel honig um den
mund geschmiert
sparsam mit kohle strom
und den fragezeichen
umgehn" (Nikolaus Berwanger: „Heimatklänge anno '81")[24]

Die Problematik der Sprache selbst wird wiederholt zum Thema des Gedichts – sie stellt sich jedem Rumäniendeutschen täglich unter verschiedenen Vorzeichen dar als Verbindendes, als Trennendes, als Offizielles, als Intimes, als Treffendes (oft in der Mundart) als Unzulängliches (im Alltag der Industriegesellschaft). Gedichttiteln wie „Vorurteile der Zeichensprache"[25] stehen solche wie „Aufmunterung zum Sprechen"[26] gegenüber. Der rumäniendeutsche Kritiker Walter Fromm hat zur Bestimmung einer Schreibhaltung, die private und gesellschaftliche Intentionen vereint, den Begriff *engagierte Subjektivität* vorgeschlagen.[27] Jedenfalls scheint gerade die breite Fächerung in nur scheinbar widersprüchliche Aspekte eine überzeugende Gestaltung der komplexen inneren und äußeren Situation aufzuweisen und eine tragfähige Basis für künftige Entwicklungen zu versprechen.

23 In: Stephanie, *Ruf ins offene Land*, S. 9.
24 Berwanger, „Heimatklänge", S. 7.
25 In: Stephanie, *Ruf ins offene Land*, S. 9.
26 Werner Söllner, „Aufmunterung zum Sprechen", in: *Neue Literatur* 2/1976, S. 29.
27 Walter Fromm, „Vom Gebrauchswert zur Besinnlichkeit", in: *Die Woche* 1/1979, zitiert nach: Motzan Die rumäniendeutsche Lyrik nach 1944, S. 165.

Die Prosatexte haben bis heute weder im künstlerischen Anspruch noch im publizierten Umfang mit der Lyrik Schritt halten können. Vor allem stehen längere epische Arbeiten – von wenigen Ausnahmen abgesehen – noch aus. Manchem heiklen Thema läßt sich wohl im Gedicht eher beikommen, kurze Texte haben größere Chancen der Veröffentlichung in Periodika. Auch mag die Tatsache, daß die meisten Autoren hauptberuflich in Verlagen, Redaktionen und anderen öffentlichen Medien tätig sind, die Produktion kürzerer Texte begünstigen.

Von den Romanen, die die Themen des neuen Gesellschaftssystems verarbeiteten, sei hier *Drei schwere Tage* von Franz Storch erwähnt, wo die Neuorganisation der Landwirtschaft im Mittelpunkt steht und sowohl die beruflichen wie auch die persönlichen Schwierigkeiten des Protagonisten zum notwendig guten Ausgang geführt werden. Mit der Revidierung des Minderheitenbewußtseins und der Zeit des Antifaschismus setzen sich die frühen Romane des weitaus fruchtbarsten Prosaschriftstellers Georg Scherg auseinander. Es ist ihm nachgesagt worden, in der Nachfolge Meschendörfers zu stehen, was wohl in Siebenbürger Thematik und Sprachform im Frühwerk zutrifft. Obwohl in *Da keiner Herr und keiner Knecht* (1957) die angebliche Klassenlosigkeit des sächsischen Volksgefüges in Frage gestellt und in *Das Zünglein an der Waage* (1968) die Situation der sächsischen Intellektuellen, Bürger und Kleinbürger in der Zeit der Nazi-Infiltration dargestellt wird, verleiht der ungebrochen übernommene, bildungsbürgerliche Schreibstil der Vorkriegszeit der Erzählerperspektive merkwürdig anachronistische Züge. In seinen späteren Romanen zeigt Scherg, der mit Meschendörfer auch ein umfangreiches Bildungserlebnis an europäischen Universitäten gemeinsam hat, seine stilistische Wandlungsfähigkeit in phantasievollen, mitunter etwas manierierten und wohl nicht von allen Lesern nachvollziehbaren Ausflügen in historische und mythologische Bereiche. Daß ihm auch der rumänische Volkston vertraut ist, beweist Scherg in seinem Roman *Paraskiv Paraskiv* (1976)

Die Tradition der sächsischen Dorf- und Heimatgeschichte wird von Paul Schuster in dem umfangreichen Familienroman *Fünf Liter Zuika* (1961) in den Dienst neuer Intentionen gestellt. Die scheinbar so behagliche Schilderung der Leiden und Freuden einer sächsischen Bauernfamilie weisen gleichzeitig auf die aufsteigenden Gefahren und Verführungen der Zwischenkriegszeit und die daraus für die Zukunft (die Leser-Gegenwart!) zu ziehenden Lehren. Im engeren Sinne handelt es sich um das Wirkungspotential der Sprache – zu Manipulation, Verschleierung, Verständigung und Aufklärung. Als durchgehendes Strukturelement hat Schuster aus sächsischer Mundart, Kirchendeutsch und moderner Umgangssprache ein neues Sprachgebilde entwickelt, das dem Leser helfen soll, die feine Grenze zwischen Heimatliebe und Nationalfanatismus, zwischen echter Not und politischer Manipulation, zwischen echtem Dialekt und Kokettieren mit dem Volkstümlichen zu erkennen." .. Er verschandelt ja unsere deutsche Sprache. Statt Februar sagt er Hornung, statt Respekt Gefolgschaftstreue, statt

Gott Vorsehung und statt Siebenbürgen Ostraum.... ich habe mir vorgestellt, wie diese Worte in unserem Dialekt klingen würden – aber bei Gott, kein einziges läßt sich übersetzen. Unsere Sprache nimmt sie nicht an."[28] Inwiefern sich der Wertmesser des etwas lächerlichen Pfarrers auf spätere Schlagwort-Invasionen anwenden läßt, mag der Leser nach guter sächsischer Schulmeisterart für sich selbst ableiten. Paul Schuster, dem auch einige beachtenswerte Erzählungen gelungen sind, lebt heute nicht mehr in Rumänien.

Auch die launigen „Weißkircher-Geschichten" Hans Liebhardts gehen aus der Sicht des Dorf-Milieus auf allgemein menschliche, aber auch sehr spezifische Probleme der Kriegs- und Nachkriegszeit ein. So wie in vielen Prosatexten auch jüngster Autoren, wird die enge Welt des unmittelbaren Lebensraumes als vertraute Gegebenheit gesehen, als Idealbild aber energisch in Frage gestellt. – 1968 befaßte sich erstmals Arnold Hauser in seinem Kurzroman *Der fragwürdige Bericht Jakob Bühlmanns* mit den zwei Jahrzehnte lang nicht zur Sprache gekommen Integrationsschwierigkeiten und schildert die durch den starren Parteiapparat frustrierten Bemühungen eines jungen Rumäniendeutschen um die Eingliederung in die neue Volksrepublik. Der Roman, der jedenfalls einen Markstein auf dem Weg der notwendigen Vergangenheitsbewältigung darstellt, ist auch in Österreich und der DDR erschienen und ins Rumänische und Ungarische übersetzt worden.

Auf dem Gebiet der Bühnenliteratur haben die letzten Jahrzehnte kaum Bemerkenswertes aufzuweisen. Zwar bestehen im Banat und in Siebenbürgen Theater mit deutschen Abteilungen, ihr Repertoire setzt sich aber vor allem aus Stücken der älteren und neueren deutschen Literatur und aus deutschen Übersetzungen rumänischer Bühnenwerke zusammen. In der in den Dörfern nie ganz erloschenen Tradition der Volks- und Laienbühnen könnten sich nach allerersten Ansätzen der neuerlich wieder zur Diskussion stehenden Mundartliteratur neue gestalterische Möglichkeiten bieten.[29]

Wie im bildungsbewußten Siebenbürgen der ersten Jahrhunderthälfte nicht andes zu erwarten, kann die wissenschaftliche und kritische Beschäftigung mit der eigenen Literatur auf eine nicht unbedeutende Tradition zurückblicken. Obwohl Richard Csaki und Karl Kurt Klein vor überhöhten Erwartungen warnten und das Fehlen überragender literarischer Erscheinungen betonten, unternahm vor allem der letztere die Bearbeitung des älteren und neueren Schrifttums.[30] Allerdings erscheint heute diese Auseinandersetzung mit Minderheitenliteraturen durch überholte Methoden gekennzeichnet und vor allem durch die in der Nach-

28 Schuster, *Fünf Liter Zuika*, S. 328.

29 Siehe dazu Nikolaus Berwanger, „Hello, mei Knecht!", in: *Neue Literatur* 12/1981, S. 45ff.

30 Vgl. dazu Richard Csaki, *Vorbericht zu einer Geschichte der deutschen Literatur in Siebenbürgen*, Hermannstadt 1920; Karl Kurt Klein, *Deutsches Schrifttum in Siebenbürgen*, Dresden 1930.

folge Josef Nadlers vorgenommene „volksbiologische“ Einordnung in die „Stammesliteraturen“ vorbelastet.[31] Die entschiedene Distanzierung von diesen Methoden hat nach dem Krieg die westliche Germanistik dazu veranlaßt, sich jeder Beschäftigung mit den Literaturen deutscher Minderheiten zu enthalten. Glücklicherweise waren rumänische Germanisten in der Lage, nach klarer Feststellung der untragbaren Prämissen die brauchbaren, vor allem deskriptiven Aspekte früherer Forschung zu verwerten. Erst in den letzten Jahren wurde mit der Sichtung und Bearbeitung der zeitgenössischen Literatur, zunächst in Aufsätzen und Vorträgen, schließlich auch in umfangreicherer Form begonnen. Hier müssen vor allem zwei wichtige Texte Erwähnung finden: Emmerich Reichrath (Hrsg.) *Reflexe*[32] und Peter Motzan *Die rumäniendeutsche Lyrik nach 1944*.[33] Der letztere Band erhält eine umfassende Bibliographie der Literaturszene im allgemeinen und der Lyrik im besonderen. Eine ähnliche Arbeit über Prosaliteratur steht noch aus. Eine Durchsicht der kritischen Aufsätze und Buchbesprechungen in *Volk und Kultur* und *Neue Literatur* zeigt den weiten Weg, den auch die Literaturkritik seit den fünfziger Jahren zurückgelegt hat. Wurden damals an literarischen Texten und an Rezensionen mangelnde ideologische Ausrichtung gerügt und Kritikerkollegen unzulässige Präokkupation mit formalen Aspekten vorgeworfen,[34] so sind heute offene Auseinandersetzungen über inhaltliche und ästhetische Intentionen vorherrschend. – In der binnendeutschen Literaturkritik ist auf diesem Gebiet ein Nachholbedarf zu verzeichnen. Jahrelang trat die Nachricht von einem deutschen Literaturbetrieb in Rumänien nur vereinzelt in Form von kurzen Reportagen auf. Gelegentlich erscheinen Gedichte, französische Germanisten nehmen die Existenz deutscher Autoren im Herkunftsland Paul Celans zur Kenntnis.[35] – Erst Mitte der siebziger Jahre wurden erste Sichtungen von Heinrich Stiehler unternommen[36] und eine schmale Anthologie rumäniendeutscher Texte herausgegeben.[37] Alexander Ritter lenkte im Rahmen seiner allgemeinen Untersuchungen auch die Aufmerksamkeit auf die rumäniendeutsche Literatur.[38]

Von rumäniendeutscher Seite werden die literarischen Entwicklungen in der Bundesrepublik, in Österreich und der DDR heute ebenso intensiv verfolgt, wie dies immer, sofern es praktisch möglich war, geschehen ist. Direkte Einflüsse

31 Vgl. Alexander Ritter, „Deutschsprachige Literatur der Gegenwart im Ausland“, in: Manfred Durzak (Hrsg.), *Deutsche Gegenwartsliteratur*, Stuttgart 1982, S. 632–661.
32 Emmerich Reichrath (Hrsg.), *Reflexe. Kritische Beiträge zur rumäniendeutschen Gegenwartsliteratur*, Bukarest 1977.
33 Motzan, *Die rumäniendeutsche Lyrik nach 1944*.
34 In: Neue Literatur 2/1959, S. 135ff.
35 Philippe Préaux et Cécile Millot, „Paul Celan et la poésie romaine d'expression allemande“, in: *Documents. Revue des questions allemandes* 2/1979.
36 Heinrich Stiehler, „Zwischen Utopie und Idylle“, in: *Akzente* 1/1974.
37 Stiehler, ebd.
38 Ritter, „Deutschsprachige Literatur“, wie Anm. 31.

waren wohl unmittelbar nach der längeren Isolationsperiode am stärksten, doch lassen sich Wirkungen von Autoren wie Celan, Brecht, Bachmann, Eich, Kunert, Kunze u. v. a. durch Autorenaussagen und Textanalysen nachweisen. Das Bestehen auf eigenständigen Positionen aber zeigt sich selbst gegenüber der DDR-Literatur, mit der man ja nicht nur die Sprache gemeinsam hat. Dazu gibt der Lyriker und Verlagslektor Franz Hodjak zu bedenken: „... das gemeinsame Gesellschaftssystem beinhaltet auch verschiedene Realitäten, aus denen es selbst erwachsen und die es seinerseits gezeitigt hat. Und ebenso liegen in der gleichen Sprache in gewissem Maße auch verschiedene Traditionen aufgespeichert, die ihrerseits geschichtsbedingt sind."[39] – In Bezug auf die unmittelbar gegenwärtige rumänische Literatur weist Motzan auf gegenseitiges Interesse hin, das sich in reger Übersetzertätigkeit und parallellaufenden Intentionen und Methoden auch jüngster Autoren ausweist.[40]
Nicht unerwähnt bleiben darf das ständige, intensive Aufeinanderwirken der in engem räumlichen und beruflichen Kontakt lebenden Autoren in den Verlags- und Universitätszentren wie Bukarest, Temesvar, Klausenburg, Hermannstadt und Jassy. Diese sicher nicht immer reibungslose Angewiesenheit garantiert aber sachkundige Leserschaft, unmittelbare, kontextkundige Kritik, Vergleichsmöglichkeiten, eben jenen Widerhall, der vom allgemeinen Leserpublikum nur beschränkt zu erwarten ist und besonders den in Literaturkreisen vereinten Nachwuchsautoren wichtige Hilfestellung leistet. – Von den früher der Minderheiten-Identität dienenden Faktoren ist heute praktisch nur noch die Sprache erhalten, wenn man von schwindenden ländlichen Gewohnheiten und Festen absieht. Die dörflichen Gemeinschaften werden mit fortschreitender Industrialisierung zunehmend gelöst,[41] in den siebenbürgischen Städten ist die Zahl der Deutschsprechenden heute klein. Viele täglich gebrauchte technologische Begriffe sind der Umgangssprache in rumänischer Form beigemischt, westdeutsche Modewörter werden aufgenommen. So kommen zu alten Sprachschichten wie Mundart, Kirchensprache, Schriftsprache neue Varianten hinzu, die gerade Schreibende vor neue Entscheidungen stellen.
Die gegenwärtige Situation gestattet es zum ersten Mal, statt von sächsischer, Banater oder Bukowiner Literatur, von *rumäniendeutscher Literatur* zu sprechen, denn heute werden Autoren, Texte und Tendenzen aller dieser ethnischen Gebiete als kultureller Boden der eigenen Arbeit verstanden. Freilich schreibt der deutsche Autor trotz erfolgter Liberalisierung auch weiterhin in der Spannung zwischen politischen Anforderungen und eigenen künstlerischen Positionen, zwischen der Stellung in der Erfahrungsgemeinschaft der Minderheit und der rumänischen Gesellschaft.

39 In: *Neue Literatur* 5/1974, S. 97.
40 Motzan, *Die rumäniendeutsche Lyrik nach 1944*.
41 Nach Angaben aus dem Jahre 1974 (vgl. Eduard Eisenburger, *Wegzeichen der Heimat*, Cluj 1974) ist nur mehr ein Viertel der Sachsen in der Landwirtschaft tätig.

Am Ende eines solchen Überblicks drängt sich unabweisbar die Frage nach der Zukunft dieses in seiner Art einmaligen Literaturphänomens auf, eine Frage, die zwar in den Texten älterer und jüngerer Autoren gelegentlich mitschwingt, die zögernd auszusprechen aber vielleicht nur einem Außenstehenden ansteht. Bedenklich stimmen können die oben erwähnten normalen Assimilationtendenzen, die durch weitere Abwanderung kleiner werdende Basis der Deutschsprechenden, die Emigration von Autoren, die gerade für die Minderheitsliteratur einen empfindlichen Substanzverlust bedeutet.[42] Dem ist jedoch gegenüber zu halten, daß diese Literatur zu Kriegsende nach einem Bevölkerungsverlust von nahezu fünfzig Prozent sich keineswegs um die Hälfte reduziert und nach kurzer Stagnation erstaunliche Widerstandsfähigkeit bewiesen hat. Da jede Weiterentwicklung an kaum wägbare kultur- und bevölkerungspolitische Faktoren gebunden ist, scheinen Prognosen, die diese Aspekte unberücksichtigt lassen müssen, wenig sinnvoll. Wichtig und zeitgemäß aber ist es festzustellen und zu untersuchen, wie hier eine Minorität mit alter mehrschichtiger Tradition sich in literarischer Aussage über ihre eigene Existenz in der geschichtlichen Realität von heute verständigt und orientiert.

Literatur

Berwanger, Nikolaus: „Heimatklänge", in: *Neue Literatur* 9/1981, S. 7–9.
Constantinescu, Magdalena/Schlesak, Dieter: *Briefe über die Grenze. Gedichte*, Göttingen 1978.
Csejka, Gerhardt: „Bedingtheiten der rumäniendeutschen Literatur", in: *Neue Literatur* 8/1973, S. 25–31.
–: „Als ob es mit ALS OB zu Ende ginge," in: *Neue Literatur*. 12/1972, S. 25–31.
Fromm, Walter: „Interview mit Richard Wagner", in: *Neue Literatur* 2/1979, S. 52–54.
Gabanyi, Ute Anneli: *Partei und Literatur in Rumänien seit 1945*, München 1975 (Untersuchungen zur Gegenwartskunde Südosteuropas 9).
Hodjak, Franz: *Spielräume*, Bukarest 1974.
Iorga, Nicolae: *Die Siebenbürger Sachsen. Wer sie sind und was sie wollen*, Köln/Wien 1969.
Kittner, Alfred: *Die schönsten Gedichte,* Bukarest 1973.
Latzina, Annemone: *Was man heute so dichten kann,* Cluj 1971.
Liebhardt, Hans (Hrsg.): *Worte unterm Regenbogen,* Anthologie, Bukarest 1973.
Margul-Sperber, Alfred: *Aus der Vorgeschichte,* Bukarest 1964.
–: *Geheimnis und Verzicht,* Bukarest 1975.
Markel, Michael (Hrsg.) *Transsylvanica,* Studien zur deutschen Literatur in Siebenbürgen, Cluj 1971.

42 Zu den heute im Westen lebenden Autoren seien – ohne Anspruch auf Vollständigkeit – hier einige Namen genannt: Oskar Pastior, Paul Schuster, Günther Schulz, Dieter Schlesak, Alfred Kittner u. a. Nur wenigen ist der Anschluß an den deutschen Büchermarkt gelungen. Ihre noch in Rumänien erschienen Texte werden dort öffentlich kaum mehr erwähnt, wenn doch, dann offiziell in wissenschaftlichen Zusammenhängen. Ihre im Westen verfaßten Texte finden in Rumänien natürlich keine Beachtung.

Motzan, Peter: *Die rumäniendeutsche Lyrik nach 1944. Problemaufriß und historischer Überblick*, Cluj/Napoca 1980.
Pastior, Oskar: *Gedichte*, Bukarest 1965.
Reichrath, Emmerich (Hrsg.): *Reflexe. Kritische Beiträge zur rumäniendeutschen Gegenwartsliteratur*, Bukarest 1977.
Schlesak, Dieter: *Grenzstreifen*, Bukarest 1968.
Schuster, Paul: *Fünf Liter Zuika* [1961], Graz 1968.
Söllner, Werner: *Wetterberichte*, Cluj 1975.
Stephanie, Claus: *Ruf ins offene Land*, Bukarest 1975.
Stiehler, Heinrich: „Deutschsprachige Dichtung Rumäniens. Zwischen Utopie und Idylle", in: *Akzente* 21, 1974, S. 21–52.
– (Hrsg.): *Nachrichten aus Rumänien. Rumäniendeutsche Literatur*, Hildesheim/New York 1976 (Auslandsdeutsche Literatur der Gegenwart 2).
–: „Einführung", in: Heinrich Stiehler (Hrsg.): *Nachrichten aus Rumänien. Rumäniendeutsche Literatur*, Hildesheim/New York 1976 (Auslandsdeutsche Literatur der Gegenwart 2), S. VII–XL.
–: *Paul Celan, Oscar Walter Cisek und die deutschsprachige Gegenwartsliteratur Rumäniens. Ansätze zu einer vergleichenden Literatursoziologie*, Frankfurt am Main 1979 (Europäische Hochschulschriften, Reihe XVIII, Vergleichende Literaturwissenschaften 22).
Wagner, Richard: *Klartext*, Bukarest 1973.
Weißglas, Immanuel: *Der Nobiskrug*, Bukarest 1972.
Wittstock, Erwin: *Das Jüngste Gericht in Altbirk*, Bukarest 1971.
Wittstock, Joachim: *Erwin Wittstock, das erzählerische Werk*, Cluj 1974.